● 教育部人文社科重点研究基地
浙江工商大学现代商贸研究中心资助项目
● 浙江省哲学社会科学规划课题研究成果

对外开放与商贸流通产业政府管制方式变革

杜丹清 著

浙江大學出版社

内 容 摘 要

随着中国经济的发展，商贸流通产业日益发展成为国民经济的先导产业。中国加入WTO，商贸流通产业面临着新的发展机遇，也遭遇了外资进入的严峻挑战。传统的政府计划管制体制，以及改革开放以来政府管制政策缺位，都不利于商贸流通产业的健康发展。本书分上、下两篇，上篇利用产业组织理论分析方法，剖析中国商贸流通产业组织结构现状，结合本人近年来参与的大量地方政府部门商贸业发展规划编制工作的实践感受，提出政府管制必要性与政府管制思路创新思想；下篇从管制工作实践出发，从商会制度的建立与完善、商业网点规划的编制、产业安全监测预警系统的构建、政府推进现代流通方式与业态的发展等角度剖析今后政府管制的具体工作内容。中国商贸流通产业国际竞争力的提升最终应借助于政府与市场双重力量的发挥。

目　录

导 言

中国经济的快速发展与人民收入水平的不断提高,国内产业结构进入了新的调整、升级阶段。在这一进程中,商贸流通产业已经从根本上突破了传统的单纯受制于生产的、仅为生产提供服务的功能地位,成长为国民经济的基础产业、先导产业。改革开放以后,随着中国市场化体制的推进,传统计划经济体制下政府对流通产业的严格管制措施绝大多数已被取消,二十多年短缺经济条件下的跳跃式自由发展,在带给中国流通企业数急速增加的同时,产业内部"散、小、弱"的弊病也暴露得越来越严重,国内流通市场竞争秩序十分不规范,流通产业未能担当起应有的责任。中国加入 WTO,融入世界经济一体化的潮流,使商贸流通产业所处的内部条件、外在环境均发生了巨大的变化,外资大量进入国内流通领域,本土传统流通企业缺乏国际竞争力,隐含了严重的产业安全乃至国家经济安全危机。在经历了从严格管制到自由放任的大起大落的波浪式发展道路后,面对中国已经进入全面开放与市场化运行的政治经济大环境,商贸流通产业政府管制的理由,政府管制政策措施的创新,是需要重点论证的两大课题。

经济环境的改变,原有的平衡就会被破坏,管制措施也就不得不重新建立。政府需要采取一些新行为方式来替代旧的做法,经济全球化本身意味着我们不得不改变平衡,我们需要在国际层面上采取更多的集体行动,防止反民主与社会公正的指责。中国目前正面临着一个全新的发展年代,如何在这样的年代里创造更辉煌的前景而不是埋下更多的隐患,这是经济学者与政府决策者们需要共同警惕与探讨的问题。

单靠市场的力量解决流通领域面临的现实问题是不明智的,政府适度、合理的干预、管制措施能实现产业发展在时间、成本、效率上的最优化。中国今天的挑战在于,如何在政府和市场之间,在地区、国家和全球水平的集体行动之间,以及在政府行为和非政府行为之间保持适当的平衡。中国在选择经济改革的方向时,要借鉴发达国家的经验教训,更多地结合中国的国情与经济发展的实际需要,多一些谨慎,少一些盲从,争取在政府和市场的角色之间建立起一种平衡。要清醒地认识到,一个国家既可能由于过度管制而遭受损失,也可能由于缺乏管制而遭受损失;政府能够帮助稳定经济,但是设计不当的政策更可能给经济波动火上浇油。我们需要探索并选择一个更加关注一国社会经济生活中的现实问题的经济和社会体制,并在这个过程中,选择一条能够实现更加安全、更具有发展潜力与发展前景的道路。

本着这样的基本思想分析中国商贸流通产业政府管制的必要性,我们看到,对外开放条件下,中国商贸流通产业目前存在的一些具体问题客观上对政府提出了新的产业管制要求:中国商贸流通产业目前正面临着自身发展壮大与防止国外企业控制国内市场的两大既矛盾又统一的现实问题,如何在不违反国际贸易基本准则的基础上,打一场时间差战役与地域差战役,小则涉及中国企业的生死存亡,大则关系到国民经济整体的健康、稳定、协调发展及未来在国际市场上的竞争力。政府的作为应该超越一般意义上的控制与限制,一方面应积极鼓励、扶持市场及企业作用的自我建立与完善,为产业发展创造良好的市场环境;另一方面政府应站在国家宏观经济发展整体的角度,全面、综合地参与到产业发展活动中去。本书在摈弃传统的行政计划管制手段的基础上,提出政府需运用规划、引导、扶持、限制等一系列广义的管制措施引导国内产业发展,构筑起一套适应本国产业发展需要的结构合理、组织优化、绩效优良的商贸流通产业体系,实现本国产业国际竞争力的整体提升。

目前国内对政府管制问题的研究重点在于自然垄断产业、公共产品领域,从产业组织角度分析,商贸流通产业是竞争性产业,一般具有较为彻底的竞争性,理论上说政府的作用是尽可能维护其竞争性,除了必要的反垄断、维护市场竞争性的政策措施外,一般无须采取其他诸如对于自然垄断性产业常常采取的进入管制、价格管制等措施,故而政府管制理论对商贸流通领域的管制问题涉猎不多;而目前学界对全面开放以后的中国流通产业的研究重点较多地集中在研究新形势下中国商品流通的现状特点、转轨过程中的商业现象以及流通现代化问题,较少从政府管制角度去分析流通产业。本书的基本写作意图是结合政府管制理论与中国商贸流通产业现状两个层面,从理论上剖析政府商业管制的必要性,从实践上结合本人近年来参与的大量实际部门商贸业发展规划编制的工作经验,提出管制工作的具体思路,从而使中国商贸流通产业在产业结构升级与全面开放的新环境下,在市场作用的充分发挥与政府管制措施的合理引导下,快速提升竞争力。本书针对商贸流通产业的政府管制理论与市场化管制实践进行了较为深入、系统的理论研究，目的在于推动中国商贸流通产业政府管制思路的创新，以期取得最佳的管制效果。

本书的结构体系分上、下两篇，共9章。上篇是商贸流通产业政府管制理论部分。在充分论证当前中国商贸流通产业在国民经济中的先导地位的基础上，主要运用管制经济学原理及产业组织分析的基本方法，剖析中国商贸流通产业的市场结构、行为与绩效现状，阐述政府管制的必要性。下篇是商贸流通产业政府管制实践部分。主要是围绕具体的管制措施，强调政府管制方式应从行政性、计划性的传统管制思路中跳出来，转入市场化管制，重视立法管制，规范管制行为；要借助地区商贸流通产业发展规划的编制，完善计划管制；引导、培育行业协会，强化行业内部自我管理；树立现代流通理念、引入现代流通方式，提升商贸流通产业国际竞争力；完善流通产业信息统计、建立流通产业安全预警系统等等。基本研究思路是：首先，分析某种管制措施的基本内涵（含义与特点）；其次，阐明该政策措施区别于计划与行政等传统管制手段，所具有的现实与长远意义；再次，研究国内目前在这一领域存在的问题；最后，提出完善这种管制措施的基本思路。全书的最后部分分析了日本、法国、美国、德国等发达国家政府商业管制的一些基本做法，剖析了其对中国政府管制实践的经验和教训。

本书项目的研究与完成，首先得益于笔者近年来参与浙江财经学院院长、浙江工商大学博士生导师王俊豪教授主持的多个有关政府管制理论与实践的国家社会科学基金、国家自然科学基金项目的锻炼与启发，使笔者对政府管制领域有所涉猎，产生了浓厚的兴趣，在阅读了相关著作的同时，开始有了自己的一点想法。2002年以来，受地方政府部门委托，笔者作为主要成员，连续参与了由浙江工商大学经济学院王传维教授主持的浙江慈溪、余姚、临安、海宁、宁海和宁波市的北仑、镇海等七个市（区）的商贸业发展规划的制定，在这期间实地调研了国内许多城市商贸流通业发展现状，看到了零售业开放以后外资企业在国内的快速扩张，而国内零售企业尤其是农村商贸业发展的滞后性。面对加入WTO后国内流通领域发生的各种变化，深切地感受到国内商贸业发展在许多方面需要重新规范、重新整合，市场的作用固然巨大，但政府在这一领域的职能缺位或越位，最终仍是不利于一个开放的经济环境中维护产业的健康发展的。于是设想应重新确立流通领域政府管制理念，尤其是强化政府管制思路创新，这是中国商贸流通产业提升竞争力的客观需要。

近年来，笔者对商贸流通产业政府管制问题陆续有一些研究成果发表，一直期盼着能把这些散碎的心得汇集起来，本书的写作完成，使我心愿得遂。本项目的立项、研究完成，得益于浙江省哲学社会科学规划课题的立项资助。本书的顺利出版，得到了教育部省属高校人文社会科学重点研究基地——浙江工商大学商贸研究中心的资助。浙江大学出版社的领导和有关同志为本书的及时出版给予了大力的支持。本书汲取和引用了国内外许多专家学者的研究成果，并尽可能在书中作了说明与注释，在此对有关专家学者一并表示感谢。

本书是笔者主持的浙江省哲学社会科学规划课题“对外开放与商贸流通产业政府管制方式变革研究”（课题编号：N04LJ05）的最终研究成果。在本书中，浙江工商大学经济学院讲师、浙江大学博士生程艳参与了第二章部分内容的写作。

中国加入 WTO，在商贸流通领域如何创新政府管制理念，完善政府具体工作，这是涉及许多理论与实践的问题，而且随着中国经济的发展，又不断有新情况、新问题出现，虽然作者尽了很大的努力，但由于个人水平有限，难免存在着许多不足，敬请广大读者批评指正。

上篇　理论篇

第一章

政府产业管制的基本理论

传统政府管制理论重在研究政府对市场失灵的纠正，例如削弱垄断性定价、减少环境污染、促进产品质量或作业场所安全等，目的是提高资源配置的效率。自然垄断产业、公共产品领域基于其所提供产品或服务的网络经济性、巨大的规模经济性、成本沉淀性等，客观上不适宜过多地强化竞争，因而是政府管制的重要领域；在竞争性产业领域，政府管制则呈现出多样性特征。现代市场经济不应排斥政府的作用，政府管制也不应凌驾于市场经济之上，政府与市场在完善市场机制方面都有其一方作用天地。现代经济学的发展，经历了从亚当·斯密的"自由竞争论"到凯恩斯主义的"政府干预论"的演变历程；至20世纪70年代，又出现了放松管制的"芝加哥革命"；进入21世纪，现代经济学的"政府有限干预论"思想受到越来越多的人的认同。可以说，对整个经济学理论的研究无不贯穿着管制与放松管制的争议。在世界经济一体化的大潮中，政府管制理论更面临着新的挑战，需要从管制理论、管制实践等各方面进行创新研究。

一、管制的基本内涵——广义的管制与狭义的管制

（一）狭义的政府管制理论及其基本特征

狭义的政府管制概念来源于英文 Government Regulation 或 Government Regulatory Constrain，解释为具有法律地位的、相对独立的政府管制者（管制机构），以治理"市场失灵"为己任，依照一定的法规，对被管制者（主要是企业）的市场进入与退出、价格、数量、质量、投资、财务会计等，进行限制性的行政管理与监督行为。"管制通常是对经济事件或市场失灵感应的特

殊回应"。[①]"它通过修正或控制生产者或消费者的行为，来达到某个特定的目的，这是衡量政府和市场之间相互作用的一个尺度，政府管制可以决定商品的价格，或者对生产什么及生产多少产生影响"。[②] 日本的一些学者为区别于计划经济体制下的政府行政管理，通常更多地从规范性、立法性角度出发，将政府管制称为"政府规制"。"通常意义上的规制，是指依据一定的规则对构成特定社会的个人和构成特定经济的经济主体的活动进行限制的行为"。[③]"管制"和"规制"两个术语在学术界使用较多，而在政府层面上，一般较多用的词是"监管"，专指监管机构根据一定规则对被监管者的相关行为进行限制。

综上所述，狭义的"管制"一般有严格的限定作用领域与作用内容，归纳起来有以下基本特征：

(1)管制主体的公共性。它是在以市场机制为基础的经济体制下，由政府干预市场主体(特别是企业)活动的行为，而且随着社会经济的发展，非政府部门的一些社会公共机构正越来越多地担当起管制主体的责任。

(2)管制目的的单一性。管制的目的主要是为了矫正或改善市场机制内在的问题，或者说是解决广义的"市场失灵"问题。

(3)管制方式的限制性。政府或公共机构干预经济活动有积极指引和消极限制两种角度。通常所说的产业市场管制专指后者，即为了维护公共利益，通过限制市场主体的主观行为，对阻碍市场机制发挥应有功能的现象加以限制，如价格限制、数量限制或经济许可等。

(4)管制范围的微观性。狭义的市场管制虽然对宏观经济会产生影响，但其直接管制对象是微观企业的经济行为。

(5)管制标准和程序的合法性。无论管制主体是政府还是非政府部门的公共机构，在履行市场管制职能时，必须遵循一定的客观标准和办事程序。

(6)管制政策的动态性。由于市场的不确定性，市场管制始终处于动态之中。作为经济政策的一部分，管制政策的选择——如对什么进行管制，对什么不进行管制，从紧管制还是放松管制，管制的松紧如何结合，等等，随着社会经济形势的变化而呈现动态变化。

---

① [美]丹尼尔·F·史普博：《管制与市场》，上海三联书店 2003 年版，第 15 页。

② [美]小贾尔斯·伯吉斯：《垄断和反垄断经济学》，上海财经大学出版社 2003 年版，第 4 页。

③ [日]植草益：《微观规制经济学》，中国发展出版社 1992 年版，第 1 页。

(7)管制内容的经济性。狭义的市场管制是以克服“市场失灵”为出发点的经济性管制,以反不正当竞争、反垄断和保护消费者权益为着力点,维护市场秩序。

(二)广义的政府管制理论与产业政策

广义的政府管制理论是基于政府公共机构的全部作为展开的,其内涵包括政府对经济活动的扶持与限制两个方面。

在现代经济社会中,公共机构并不仅仅只是单纯地限制经济主体的活动,而是以多种多样的形式参与经济生活。例如,政府为了实现宏观经济的稳定增长、充分就业和公正分配,会更多地以财政金融政策为主要手段参与和干预经济;同时,在市场经济中,由于市场失灵的存在,市场同样不能充分保证公共产品的供应,政府必须以提供这类产品与服务的形式介入和干预经济,现代政府正越来越多地参与了对产业的保护、扶持及合理化转换等。所以,政府在市场经济中的作为不是简单的公共机构对经济主体活动的“限制行为”,更多地应看成是广义的“国家干预”。① 从这一角度去认识现代管制,管制就是产业政策层面上的政府或社会公共部门为了实现一定的经济和社会目标而对产业的形成和发展进行的各种形式的干预措施,这里的“干预”,亦即广义的政府管制,是政府依据一定的规则,对构成特定社会的个人和构成特定经济的市场主体的活动进行限制或鼓励的行为,它通常包括政府狭义的市场管制与宏观经济调控,具体包括政府对产业的规划、引导、促进、调整、保护、扶持、限制等涉及产业政策的多方面内容。

产业政策是20世纪70年代以来才在世界各国广泛使用的概念,但事实上,产业政策的实践伴随着最古老的产业——农牧业的出现和国家的诞生就已经存在了。鼓励农牧业发展、抑制商业的传统思想在一些国家根深蒂固,尤其在中国,受历代统治者治国思想的影响,历史上“重农轻商”的思想十分严重,千百年来传统产业政策措施实施的直接后果就是鼓励与扶持农牧业发展,压制商业发展,这是统治者对产业发展的一贯政策导向。

“产业政策一般以各个产业为直接对象,保护和扶持某些产业,调整和整顿产业组织,其目的是改善资源配置,实现经济稳定增长,增强国际竞争力,改善与保护生态环境等。为了实现这些经济性的或社会性的目标,产业政策要求政府对每个产业和企业的生产活动、交易活动进行积极或消极的

---

① [日]植草益:《微观规制经济学》,中国发展出版社1992年版,第2页。

干预,直接或间接地的介入市场的形成和市场机制。”① 日本是世界产业政策实施最为成功的国家,随着日本经济的快速发展,产业政策的作用已经越来越多地受到世界其他国家的重视。

产业政策的实质是政府为实现特定的政策目标,对经济活动的一种自觉干预,包括实现经济振兴与赶超、结构调整与转换以及保持经济领先地位与维持经济增长势头等。显然,这种政策是对社会整体利益的维护。“一般来说,在产业政策的制定与实施过程中,政府代表的是社会共同利益,而不是某种政府利益。这是产业政策的一大特点,并以此与自由经济下的其他一些政府政策相区别。”② 显然,若从产业政策的目标来看,产业政策对社会整体利益的维护在国际层面上则是为了增强和维持本国经济整体在国际竞争中的有利地位,其实质体现了国家之间的经济竞争。“产业政策是市场竞争的产物,反映一种赶超的思想。”③

概括上述对广义与狭义的政府产业管制的内涵,狭义的管制只是政府经济行为的一个部分,即政府产业政策中的对产业主体及其行为的限制政策,而广义的管制则是包括限制与扶持两方面内容的公共机构的经济行为。

(三)广义的政府管制政策的分类

从广义的政府管制角度出发,可依据不同的指标将管制政策归为三大类。

1. 依照管制内容不同,分为经济性管制、社会性管制和辅助性管制

(1)经济性管制。市场不完全理论是经济性管制出现的前提。不完全理论认为,在许多行业中,都存在着阻碍进入的障碍,只要这些障碍存在,垄断利润就不会由于竞争而消失,与这些进入障碍伴随而来的就是垄断及由此带来的超额利润、低效率。垄断的“问题”引发了两类不同形式的经济管制的需要:一是公用事业管制,一般用来控制自然垄断的行为;二是反垄断管制,用来防止出现非法垄断行为。经济性管制主要涉及产业行为的市场方面,如费率、服务的质量和数量、竞争行为等的控制。

(2)社会性管制。社会性管制作用主要在于纠正不完全或不健康的产

---

① 长谷川启之(日)、梁小民、刘甦朝:《经济政策的理论基础》,中国计划出版社 1995 年版,第 205 页。

② 陈淮:《日本产业政策研究》,中国人民大学出版社 1991 年版,第 3 页。

③ 高帆:《行政权力与市场经济》,中国法制出版社 1995 年版,第 140 页。

品生产与销售行为，以及防止生产过程中产生有害的副产品。这项工作一般由政府职能部门或独立的社会机构完成。

(3)辅助性管制。辅助性管制仅指与执行各类社会福利计划（如社会保险、公费医疗、药品、食品标签）有关的管制措施，如对健康护理业（医师、医院、家庭护士及药房等）的控制。①

2. 依照管制的目的不同，分为积极管制与消极管制

(1)积极管制。积极管制是通过制定和实施交易和竞争中必要的规则，从正面引导市场主体按照法定的有效要件实施市场行为。

(2)消极管制。消极管制是通过制定和实施交易和竞争中不应或禁止行为的规则，从反面限制或矫正市场主体的不当行为。

在管制政策制定与实施过程中，政府一般都需要积极管制与消极管制两手抓，相互配合，共同发挥作用，以期达到最佳的管制效果。

3. 依照政府管制方式的不同，分为直接管制与间接管制

(1)直接管制。直接管制主要是指政府或公共机构通过价格管制、产业管制和合同管制等方式直接干预市场。

(2)间接管制。间接管制方式有两种，一是通过影响消费者决策从而影响市场均衡的管制，如汽车尾气排放量限制及购买保险条件等；二是通过干扰企业决策从而影响市场均衡的规则，如产品特征的限制、企业投入物和产出物或生物技术的限制、进入限制、税收和补贴等。②

本书的研究遵从于广义的政府管制基本思想，从政府对产业发展的经济性扶持与限制两个层面探讨政府管制理论与实践。

二、管制的经济学边界

(一)关于政府干预与市场作用的争议

在世界经济史发展进程中，一直存在“国家干预论”与“自由放任论”两大对立观点的争议，特别是20世纪以来，干预和反干预的争论更加激烈，两大派学说兴衰交替，不断纷争。目前，比较公认的观点是“政府有限干预论”，强调政府在特定领域作用的发挥，“看不见的手”与“看得见的手”共同

① Heffron F. A. The Administrative Regulatory Process. New York: Longman, 1983.

② 陈富良：《我国经济转轨时期的政府规制》，中国财政经济出版社2000年版，第9—10页。

作用。但如何统一认识,协调政府与市场两者之间的关系,以更好地实现经济发展目标,却一直是困扰经济学的一大难题。

1."市场失灵"理论:从亚当·斯密的"经济自由主义"到凯恩斯的"政府干预主义"

亚当·斯密于1776年发表了《国民财富的性质和原因的研究》一书,书中反对国家干预,主张自由放任,把赋予经济活动以完全的自由看作是不断增加国民财富的最好办法,认为自由竞争仿佛是一双"看不见的手",会引导追求自我利益的个人行为向公共利益方向靠拢,并进而增进整个社会福利,而政府则仅仅是一个"守夜人"。斯密提出的"自由论"思想在西方国家盛行了相当长的一段时期,并且在相当大程度上推动了资本主义经济的发展。

随着市场经济的进一步发展,资本主义经济危机不断出现,市场机制的固有弊端日益显露。由于斯密及其后继者总是把市场假定为完全竞争的市场,并且具有完全的信息,而在现实经济生活中,市场却恰恰是竞争不完全和信息不完善的,垄断的问题,经济的外部性问题,公共产品的生产与提供问题,分配的公平性问题等,都是市场机制自身运作所无法克服的矛盾,都可能导致资源配置不合理。在某些领域与场合,市场无法自发实现资源的最优配置,从而导致"市场失败"。

20世纪30年代空前严重的世界经济危机终于导致了传统的自由经济论学说的破产,以凯恩斯为代表的"国家干预理论"逐渐占了上风,凯恩斯的"国家干预理论"从宏观经济分析的角度证明了市场缺陷的客观存在,构成了西方正统经济学的理论核心,对发达国家和一些发展中国家产生了很大的影响,凯恩斯时代替代了斯密时代。

在西方经济学文献中,20世纪70年代以前,经济学对政府管制的理论和经验的研究主要集中于考察公用事业(电力、管道)、通讯、交通与金融等特殊产业的价格与进入的控制,以探讨在规模报酬递增情况下的定价与费率结构问题。

2."政府失败"理论:"从国家干预论"到"新自由论"的复归

第二次世界大战以后,西方国家借助于国家干预,经济快速从战争创伤中得到恢复,并且在20世纪50—70年代出现了高速增长。然而出现在70年代后期的西方国家"经济滞胀"现象,却对凯恩斯主义提出了挑战,凯恩斯主义对此完全无能为力,于是西方学者开始怀疑凯恩斯主义的政府干预政策,"新自由论思想"开始抬头。在这期间,以弗里德曼为代表的新货币主义,以卢卡斯、华莱士为代表的理性预期学派,以科斯为代表的产权学派,以布坎南为代表的公共选择学派等新自由主义思潮开始活跃，向政府经济干预理论提出了挑战。例如布坎南认为，政府本身也有不可克服的致命缺陷，国家的行动要受到一些规则、制度的影响，而这些制度也是人们自己制定的，它们不一定比社会中其他组织的规则更正确。理性预期理论则认为，过多的政府干预只能引起产业结构的混乱，之所以会出现市场失效，其原因正是因为政府干预的结果而不是市场自身的原因，所以为保证经济稳定、产业发展有序，惟一有效的办法就是尽量减少政府对经济生活的干预，充分发挥市场调节的作用。上述著名学者的研究成果在理论上促动了政府放松对产业的管制。

进入20世纪70年代，由于美国的钢铁、汽车等主要产业国际竞争力日益下降，美国财政出现了大量的财政与贸易赤字，一些重要产业的生产活动向国外转移，发生了所谓的“产业空心化现象”，越来越多的观点认为，过紧的反垄断政策是导致这种困境的主要原因之一，因此，围绕着反垄断政策的放松，以施蒂格勒(George J. Stigler)、德姆塞茨(H. Demsetz)等人为代表的“芝加哥学派”政府管制思想逐渐兴起，施蒂格勒等人通过实证分析，对政府管制的实际效果进行了检验，指出政府管制在很多产业中并未能收到预期效果，反而产生了显著的不良影响，因此对政府介入的正当性提出了质疑。“芝加哥学派”的放松管制思想对美国20世纪70年代末以来的放松管制政策产生了直接影响。虽说“芝加哥学派”的放松管制思想主要被用在反垄断与政府微观管制领域，但它对政府的经济干预理论产生了直接的冲击，直接推动了美国反垄断政策的重大转变，掀起了一场捍卫自由论思想、反政府管制的芝加哥革命浪潮。人们将这一时期美国理论界这一系列变化称为反垄断政策的“芝加哥革命”。

英国撒切尔政府是放松管制理论的实践者。在以放松管制为核心的“新自由论”思想的引导下，20世纪80年代英国撒切尔政府将国内的自来水、铁路等企业进行了私有化改革，英国政府将低效率的国有垄断企业出售给私营企业，减轻了维持国有企业正常运作的财政负担，在一定程度上改善了英国经济运行的效率，实施之初社会效益较好，引起了世界范围的普遍关注；美国政府自70年代以后也逐步放松了对产业的经济、行政性管制，1970年美国环境保护委员会建立，政府将管制工作的重心转向环境保护、产品与服务的质量控制、产品安全及工作场所安全监测等，对政府管制问题，尤其是狭义管制问题的研究逐渐从经济性角度的探讨更多地转入了社会性管制和其他辅助性管制。

综观自1968年创立以来的诺贝尔经济学所有的获奖者,有六位可称为是公认的自由市场经济的捍卫者,哈耶克(Friedrich A. Hayek)是第一位,然后依次是1976年获奖的米尔顿·弗里德曼(Milton Friedman),1982年的乔治·斯蒂格勒(George J. Stigler),1986的詹姆斯·布坎南(James M. Buchanan),1991年的罗纳德·H·科斯(Ronald H. Coase),1992年的加里·贝克(Gary S. Becker)。上述学者思想的广泛传播,充分反映了20世纪60—70年代以来政府放松管制思想在国外的兴盛。

3.“政府适度干预论”——现代市场经济的基本要义

21世纪政府管制思想出现新一轮的回归。2001年诺贝尔经济学奖得主约瑟夫·斯蒂格利茨(Joseph Stiglitz)从理论上证明了不对称信息如何扭曲市场并最终导致市场失败。斯蒂格利茨认为因为市场参与者不能得到充分的信息,市场的功能是不完善的,常常对人们的利益造成损害。所以政府和其他机构必须巧妙地对市场进行干预,以使市场正常运作。斯蒂格利茨作为“市场失灵”方法的主要倡导者之一,强调在诸如环境、公共健康、公共安全以及研究开发等领域,市场本身难以产生有效率的结果,必须借助政府的力量。

从放松管制的实践效果看,英国撒切尔政府推行公用事业民营化改革后,虽说在一定程度上增强了产业的竞争性,但政府管制过度放松下的自由化倾向也引发了一系列现实问题:相当一部分英国人认为,政府将国家垄断产业私有化,在供排水、煤气等公共产品领域并未形成预期的普遍竞争的局面,消费者的选择仍然有限;私有化后企业所提供的服务质量虽有所提高,但也是通过提价来实现的。有资料表明,1989—1993年,英国供排水行业私有化后,税前利润增加了50%以上,而同一时期一般居民家庭用水价格却上涨了60%,排水费支出增加了66%,价格上涨幅度大于利润上涨幅度。而英国20世纪90年代中期对铁路实行私有化后,私营企业在改善和维护铁轨设施方面投资不足,加之管理不善,责任意识淡漠,经营公司无法在运营标准和保障安全方面达到政府管理部门的要求,铁路运输中暴露出来的问题越来越多,铁路运营事故频出,英国民众要求把铁路收归国有的呼声高涨。上述情况迫使英国及其他一些倡导放松管制思想的国家政府开始重新审视自身在产业发展中的作用。而历来崇尚自由主义的美国其经济发展也绝非完美无缺,美国经济面临的种种问题甚至远比其他国家复杂。这些普遍经验和教训不仅对于美国很重要,对于世界上其他国家和地区来说也同等重要。在放松或加强政府管制问题上,理论界两派势力不断地此消彼长。

在目前经济学领域，政府对经济活动的“有限干预论”，适度的政府管制的经济思想正日益为政府、企业、理论界所普遍认同，成为21世纪的主流经济学思想。

从目前中国经济发展形势看，发达国家经济发展过程中曾经出现过的许多现象都在中国不同程度地上演着，问题出现的原因不能简单地归结于中国改革转型期或经济活动不够市场化，中国市场化进程中过度强调放松管制，并不利于中国目前经济的良性发展。如果仅从西方国家，其中主要是从美国，去寻找解决中国问题的药方，那么只可能使中国经济陷入更深的困境并难以自拔。例如，美国政府对于证券部门和金融市场的妥协与纵容，使得股市节节攀升和一派繁荣，最后却出现了安达信、安然、世界通信的轰然倒塌。希望对国外现成的东西照搬照抄，而不是自己下力气研究本国经济的实际情况，其结果必定是与许多措施与措施施行的初衷南辕北辙。

(二)产业分类与政府管制

竞争性产业与垄断性产业的界定，可从其市场结构进行分析。规模经济性、进入与退出壁垒、产品差别化及产业内部现行集中度情况，是判断产业垄断性与竞争性的主要经济指标。垄断性的市场结构形成了垄断性的产业，竞争性的市场结构则使产业呈现出竞争性。

判断产业是竞争性与垄断性，还可以从具所提供的产品（或服务）在消费上是否具有排他性，以及产业运行溢出效应的强弱等几个方面加以区分。把有关指标放入一张立体表中，可以对国民经济所有产业进行归类考察（见图1-1所示）。

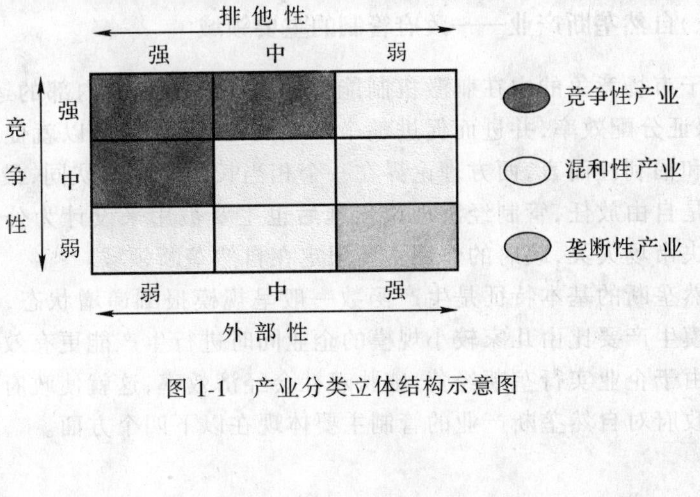

图1-1　产业分类立体结构示意图

1. 竞争性产业

这类产业的共同特征是排他性强、外部性弱，私人企业完全可以提供生产和经营，通过营业收入筹资，形成竞争性价格。由于竞争具有一种内在的刺激机制，能促使企业自觉追求生产效率，努力提高企业内部的运作、管理效率，能保证实现按照包括正常利润在内的成本定价，以促进整个产业的经济效率与分配效率，并自发竞争完成资源的最佳配置，所以在这一领域客观上政府无须过多加以干预和控制，政府的职责主要在于维护产业或产业内各具体业务的竞争性。

2. 混和性产业

这类产业的共同特征是相对居于中等的排他性与外部性。例如，重要的基础设施、钢铁、化工、冶炼、海关、码头等，大多属于重要的制造业或国民经济重点产业，具有不完全的公共产品特性，过度竞争可能导致资源配置浪费，一般可采取政府招标筹集民间资本或政府民间混合经营，政府可通过参股、控股的方式引导其发展。政府的另一项工作就是加强产业监管，促使民营企业、民营资本正常运作，维护产业健康发展。

3. 垄断性产业

垄断性产业主要指自然垄断产业。自然垄断产业的一个显著特点是具有成本弱增性，由一家或极少数家企业提供特定的产品或服务能使成本极小化，客观上不宜过度竞争。但如若形成垄断经营，垄断企业就会本能地追求自身利益最大化，从而损害消费者的利益，并带来社会净福利的损失。所以，自然垄断性领域是以追求社会整体经济效率（特别是分配效率）和社会福利最大化的政府管制传统领域。

（三）自然垄断产业——政府管制的主要领域

由于市场竞争的内在刺激机制能促使企业努力提高内部的运作、管理效率，保证分配效率，并进而促进整个产业的经济效率，所以就促进经济的独立性和福利性而言，西方理论界在一个相当长的时期均认同，最好的政府政策就是自由放任，管制经济理论出现后也主要被用来设计为公共利益服务与解决市场失灵，政府的作用主要限定在自然垄断领域。

自然垄断的基本特征是生产函数一般呈规模报酬递增状态，由一家企业大规模生产要比由几家较小规模的企业同时进行生产能更有效地利用资源。但由于企业实行垄断经营，威胁着社会经济效率，这就使政府管制成为必要。政府对自然垄断产业的管制主要体现在以下四个方面。

1.抑制企业制定垄断价格,维护社会分配效率

自然垄断产业的成本弱增性意味着,在成本弱增的范围内,从理论上讲,应该由一家企业提供产品,以保证较高的生产效率。但在另一方面,由于该企业处于独家垄断地位,如果不存在任何外部约束,它就成为市场价格的制定者(price maker),而不是价格接受者(price taker),它就可能会制定出大大高于成本的价格,以取得垄断利润,其结果必然扭曲分配效率。这就需要实行政府管制。

2.防止破坏性竞争,保证社会生产效率和供应稳定

自然垄断产业的显著特点是需要巨额投资,投资回报期长,资产专用性强,规模经济非常显著,具有成本弱增性。因此,由一家或极少数家企业垄断经营能使社会生产效率极大化。但如果不存在政府管制,在信息不完全的情况下,许多企业就会盲目地进入,进行重复投资,过度竞争,造成社会资源的浪费;或是势均力敌的几家企业互不相让,在生产能力严重过剩的状况下,互相争夺市场份额,从而造成生产低效率。因此,为了防止这些破坏性竞争,需要政府对自然垄断产业实行管制,通过控制进入壁垒,抑制企业过度进入,以保证社会生产效率。

3.制约垄断企业的不正当竞争行为

自然垄断产业并不是铁板一块,现实的状况是:某些业务领域具有自然垄断性,另一些业务领导则是竞争性的,而经营自然垄断性业务的企业往往同时经营竞争性业务,这就为垄断企业采取不正当竞争行为提供了条件。在无政府管制的条件下,垄断企业完全有可能在垄断性业务领域制定垄断高价,而在竞争性领域制定低价,通过内部业务间的交叉补贴行为以排斥竞争企业,同时,在自然垄断产业也存在少数垄断企业采取合谋行为,共同获取垄断利润的可能性。因此,为制约垄断企业的各种不正当竞争行为,这也需要实行政府管制。

4.解决自然垄断产业的外部性问题

自然垄断产业的许多活动具有正外部性,但某些活动也具有负外部性,如果没有政府管制,就难以取得正外部性及控制负外部性。

(四)非自然垄断(竞争性与混和性)领域的政府管制

竞争性产业的共同特征是排他性强、外部性弱,私人企业完全可以提供生产和经营,通过营业收入筹资,形成竞争性价格,客观上无须由政府过多干预和控制,政府的职责主要在于维护其竞争性。传统的政府经济活动主

要体现在规范市场竞争秩序、引导建立良好的市场竞争行为，以及构建有效竞争的市场格局。为防止竞争性领域出现过度竞争、恶性竞争等不良竞争行为，政府需要强化必要的市场管制。竞争性产业政府适度管制可以克服信息不对称导致的市场失灵，可以保障消费者生命安全、限制市场中的过度竞争，在开放背景下，则可以实现对国家经济与产业安全的维护。

在竞争性市场中，规模经济与竞争效益的矛盾同样存在。过度竞争损害规模效益，而规模经济带来的垄断隐患又会损害竞争效益，协调这一矛盾需要发挥政府产业管制政策的力量。欧美发达国家政府主要通过立法手段，如反垄断、反过度竞争等立法手段加以事后调节。而东亚一些经济后发国，如日本，则主要通过政策引导加以事先管制，如为了发挥产业规模效益，政府采取措施鼓励企业走规模化、集团化发展道路，为了维护产业内部的竞争性，政府又会通过对中小企业的一系列扶持政策措施，使市场保持竞争格局。在竞争性产业，一般政策理念是政府管得越少越好，但在中国加入WTO的大背景下，面对经济后发国产业发展过程中面临的现实困难，政府管制理念需要更新，除传统管制思想外，还需要引入新的内容，要进一步从加速本国产业结构升级、维护本国产业系统安全、打破地方保护主义等多个层面系统、综合地加以认识。

现代经济理论的发展为政府管制提供了两个新的思路：一是"有效竞争(Workable Competition)"市场理论的出现，从兼容规模经济与竞争效益角度为政府产业政策管制提供了支撑；二是基于经济后发国在世界经济一体化大潮中为实现本国产业发展的目标，需要快速实现规模化发展，但同时又不至于损害竞争效益，这一目标的实现也需要政府产业政策的参与。

美国经济学家克拉克(J.M.Clark)1940年发表了《有效竞争的概念》一文，首次提出"有效竞争"的基本思想。有效竞争的两个决定变量是规模经济和竞争活力，有效竞争市场描述的是能兼容规模经济与竞争活力的一种理想状态市场，亦即能形成长期均衡的竞争格局。有效竞争市场的协调点是需合理界定规模经济和竞争活力的"度"，目标是使规模经济和竞争活力的综合作用能带来社会经济效率的极大化。市场的竞争度与市场集中、市场进入壁垒之间存在函数关系，集中度与进入壁垒的变化共同引起竞争度的相应变化。一般情况下，某一产业的市场集中度越高，进入壁垒也越高，新企业进入的难度越大，提高该产业的进入壁垒，会促使该产业市场集中度的提高；同时，市场集中度和进入壁垒越高，市场竞争度就越低。市场竞争和集中度、进入壁垒这两个变量之间存在逆向关系。我们可以用一个简单的关系式模拟市场竞争度、市场集中度与进入壁垒三者之间的关系：

$$市场竞争度=\frac{1}{市场集中度\cup 进入壁垒}$$

其中，∪为并集符，表示市场集中与进入壁垒的综合作用。

市场竞争度以能兼容规模效益与竞争效益的适度竞争(即有效竞争)为最佳状态，由于竞争度取决于市场集中与进入壁垒这两个中间变量，因此要确定竞争水平是否适度，就需首先合理认识市场集中与进入壁垒，适度竞争的前提是存在合理的进入壁垒，并且市场具有一定的集中度。

在发展中国家构筑竞争性产业高效率的市场结构，同样离不开政策的力量，正如政府管制的经济博弈理论所强调的，管制可以产生一个增值的博弈，各方将都是赢家，原因在于具有强制权利的政府能迫使各方合作，使合同顺利履行。

三、管制的理论依据

(一)经济发展与产业结构转换中的政府管制

这是最具有普遍意义的政府经济政策实施的理论依据。经济后发国基于"赶超论"与"后发优势论"，为了实现经济发展与赶超的需要，需要有政府特殊的产业政策的引导，以实现资源的合理配置；经济先行国基于"经济领先论"，为持续保持在世界经济中的领先地位，也离不开政府产业政策的合理引导，美国罗斯福执政时期就曾推行过旨在引导企业生产经营活动的"路标计划"。当然政府对经济活动的干预对于经济后发国往往意义更为重大。

1."大道定理"与经济发展的路径选择

20世纪50年代末，经济学家多夫曼、萨缪尔森、索罗等提出实现经济增长的途径问题；70年代，日本学者筑井甚吉等给予数学模型上的证明，证明的结果被称为"大道定理"。

图1-2 "大道定理"与两部门经济发展示意图

在图1-2中，假定只有两部门(农业 x_1 和工业 x_2)的组合，要求计划期末达到状态 R，最优的增

长轨道可能不是 PR 直线，而是先拐上 QN 直线，例如优先发展工业，实现国民经济的工业化，沿 QN 直线增长，走上最适度经济增长轨道高速发展，到一定阶段后再限制工业的发展速度，转而进行结构调整，加快农业的发展，最后拐到目标点 R，这是后发国经济增长的路径选择。大道转换问题实际上反映了不同经济发展阶段产业结构的转换能力。

2. 经济后发国的结构转换能力

产业结构的转换，强调产业结构按规律发展方向，从较低级型结构向较高级型结构的转变。实现产业结构的转换主要依靠两种力量：一是市场的力量；二是政府干预的力量。产业政策的核心正是为了促进产业结构的合理转换。

单纯依靠市场价格信号来引导资源在产业间流动，实现产业结构的转换是比较缓慢的，而且由于公共产品、外部性和垄断等问题的存在，自由放任的市场机制极易在产业结构转换过程中造成大量的资源浪费，因而无法自动实现产业资源的最佳配置。这就要求政府以产业结构政策为手段，弥补市场失灵的不足，用干预的力量推动产业结构转换，通过强有力的产业结构政策，采取调整、诱导、保护、扶持、改造、限制、淘汰等措施，加速产业结构的换代，促使产业结构升级。

(二)反垄断与政府管制

1. 进入壁垒与不完全竞争市场理论

壁垒，顾名思义，是进入或退出的种种不利因素，进入壁垒是主要的产业壁垒。国外一些著名的经济学家对进入壁垒都作过界定：例如贝恩(Bain)把“进入壁垒”定义为从长远来看，已有厂商能将价格提高到最小成本之上销售而不引起潜在进入者进入的因素；[①]施蒂格勒(Stigler)、克拉克森等定义为就是准备进入某一产业的新厂商必须承担，而已在该产业的厂商无须承担的成本；[②] 弗格森(Fergson)定义为是那些使新进入厂商无利可图，而原有厂商却可以将价格定在高于边际成本并获取长期利润的因素。[③]中国学者杨治则把它概括为新企业进入时所遇到的种种不利因素。[④] 总体

① Bain, Barriers to new competition, Cambridge, Mass 1956, p. 3.

② 乔治·施蒂格勒：《产业组织和政府管制》，上海三联书店 1989 年中文版，第 69 页。

③ 肯尼思·W·克拉克森、罗杰、勒鲁瓦·米勒：《产业组织：理论、证据和公共政策》，上海三联书店 1989 年中文版，第 563 页。

④ 杨治：《产业经济学导论》，中国人民大学出版社 1985 年版，第 146 页。

上说，进入壁垒可归纳为经济性与非经济性两大类。

(1)经济性进入壁垒的存在。经济性进入壁垒具有自发性和平等性，它会对所有新企业产生影响。通常经济性进入壁垒可分为绝对成本优势壁垒、规模经济壁垒、产品差异化壁垒和由于原有企业对特有的经济资源的占有对新企业进入所构成障碍等几种。

绝对成本优势一般是指在特定的产量水平上，行业内原有企业由于产品技术受专利保护、原料供应充足、对技术人才的先行占有等原因，而使新企业试图进入或已经进入后始终处于竞争劣势的情况；规模经济壁垒指新企业在未能达到规模经济产量时的成本劣势，或以达到规模经济的较高产量进入时，因行业总供给大大增加导致的产品市场价格大幅度下跌，使新企业进入得不偿失的情况；产品差异化壁垒指在一个差异化程度较高的市场中，原有企业实施产品差异化，会形成消费者对企业产品的偏好甚至忠诚度，这对试图进入的新企业而言，无疑构成了进入障碍；原有企业对特有的经济资源的占有主要是指其对专利权、特许权和关键性的金属或非金属资源的占有，通过控制这些特殊资源就可以起到阻止别的企业进入某一特殊市场或产业。

(2)非经济性进入壁垒的存在。非经济性进入壁垒是指人为设置的进入障碍，主要包括两类：第一类是政府的政策、法律制度。如企业从事生产经营活动需要获得相关批准和执照；进出口需要获得有关许可证；政府对不同产业(业务、企业)实施差别性的税收政策、对企业资金筹措的鼓励与限制措施等等。第二类是原有企业的阻止进入的策略行为。行业内原有企业通过相互协调，控制产业利润率，形成过剩供给，或对新企业实施歧视性价格，从而形成阻碍新企业进入的障碍。

非经济性壁垒对新企业而言具有外在强制性，一般很难用降低成本或增加广告费等手段加以克服，新企业往往只能主动适应这种壁垒。

从政府的职能是维护社会福利最大化的角度出发，政府设置产业进入壁垒一般总是出于某些特殊的目的，如防止产业过度竞争，维护产业健康发展等。而原有企业能否成功实施阻止进入，则取决于产业内已有企业的实力，实力雄厚的企业可以通过降低价格、有意识的保持设备的闲置等措施把新企业阻挡在市场之外，但是在一个零散的市场结构中，如果原有企业自我组织能力弱，相互协调难度大，则难以实施对新企业的阻止进入策略。

(3)不完全竞争市场理论。根据经济学的基本要义，完全竞争性市场是最有效率的市场，完全竞争性市场应是完全无进入与退出壁垒的市场。然而在现实经济活动中，对于绝大多数产业（产品、服务）而言，完全的无壁垒市场客观上是不可能存在的，亦即所有的市场均是不完全竞争市场，区别只在于市场的进入与退出壁垒的高低强弱不同而已。对于高壁垒产业而言，高壁垒以及由高壁垒导致的高集中度，就使垄断有了可能。壁垒的存在、垄断的隐患，构成了不完全市场理论的核心内容。垄断损害竞争效率，规模经济与垄断的矛盾冲突惟有通过政府反垄断产业政策才能加以平抑。

2.政府管制垄断行为

曼弗里德·诺伊曼（Manfred Neumann）曾指出，经济自由虽说可以确信最能保证个人福利的实现，但自主性意味着结果无法预测。而且经验表明，由于从天性来说，每个人都想获取一种不受竞争影响的位势，所以需要通过理论指导为运用游戏规则建立一个框架结构。同时他也强调，规则的选择一定不可听任个人利益相互影响而自发形成，否则等同于自由放任，自由放任可能使主导企业或各种垄断组织妨碍他人的自由，最终也会彻底破坏经济自由，因此必须制定竞争政策以禁止它们滥用经济权利。尽管在一个自由经济环境中，每个人对利润的追求是经济发展的动力，但仅有自由还远远不够，为保证追求利润与提升经济福利相统一，就必须建立一种竞争秩序，这种秩序虽说可能使个人的能力受到一定的限制，但却为整个社会福利的提升作出了贡献。诺伊曼在这里所说的竞争政策，实质上主要指政府反垄断、维护竞争的政策，诺伊曼在其《竞争政策——历史、理论及实践》一书中表述了这样的观点："……竞争政策对维护竞争必不可少。同样，竞争政策和国际贸易政策相互影响。如果因为全球经济一体化加剧了竞争就对限制竞争睁一只眼闭一只眼，无疑会贻笑大方。尽管现时的贸易政策贯彻了自由贸易精神，也有利于竞争政策的执行，但却不可能不受贸易保护主义利益集团的侵蚀。所以，如果竞争政策是以自由放任为原则的话，自由市场经济及其社会合法地位就有崩溃的危险。"①

市场竞争不足一般与产业内部垄断因素的增强有关。企业因产品供不应求而缺乏创新动力，价格不能随成本的减少而相应降低，这可能意味着该产业原来的进入壁垒过高，企业数量过少，应当降低进入壁垒，使新企业能进入产业参与竞争，以降低市场集中度，相应提高市场竞争度，消除垄断因素，使之趋于适度竞争。

① 曼弗里德·诺伊曼（Manfred Neumann）：《竞争政策——历史、理论及实践》，北京大学出版社2003年版。

在许多行业中，都会因经济或人为原因而产生进入障碍，只要存在进入障碍，市场就是不完全的，垄断利润就不会因为竞争而消失，垄断使垄断者获得好处，却使整个社会福利蒙受损失。垄断的弊病的分析在众多的经济学教材、著述中都有精辟的分析阐述，从根本上说，政府反垄断政策制度的目标应是维护社会福利最大化，最大限度地保护消费者的利益。由于社会纯福利损失的存在，垄断注定不能满足最优经济结构要求，即帕累托最优效率，垄断"问题"的出现是一种市场失灵，对市场失灵的纠正引发了政府经济管制的必要性研究，出现了两类不同形式的针对垄断的管制：一是专门指向控制自然垄断行为的政府公用事业管制；二是用来消除任何可能出现的非法垄断影响的反垄断管制。反垄断政策主要用来防止因垄断形成的竞争限制，通过禁止各种垄断组织、监管并购行为、监督滥用市场权力来阻止市场统治企业普遍存在的限制竞争倾向。

政府反垄断政策实施的目的是为了建立一种竞争性市场秩序，已有的经济学分析表明，垄断带来的任何好处都不足以抵补福利损失：由于产量、消费量的减少，消费者在该垄断行业的需求会转向其他行业，从而人为地造成该行业产量偏少，其他行业产量可能偏高，从而造成资源配置失当；垄断导致消费者收入向生产者转移并进一步带来社会福利的净损失；垄断还会进一步产生非效率（X—非效率）。[①]

（三）过度竞争与政府管制

1.过度竞争的基本内涵

"过度竞争"一词由美国哈佛大学教授贝恩（J.S.Bain）在其名著《产业组织》一书中第一次明确提出并使用。在此之前国外经济学文献中一般将过度竞争称为"自杀式竞争"、"毁灭性竞争"或"破坏性竞争"，在日本也有学者称之为"过当竞争"。这个概念是相对于微观经济学中的"完全竞争"概念提出的。

对过度竞争问题的讨论，起因于原子型市场结构下，地区生产、销售的持续性过剩，而企业又无法退出困境下的企业竞争行为所导致的市场结果。那么，如何判断一个产业出现了过度竞争？过度竞争究竟是怎样形成的？贝恩在这一问题上做了开拓性的研究。贝恩按照其创立的产业组织分析理

---

① X-非效率：哈佛大学教授哈维·莱宾斯坦（Leibenstein，1966）提出的针对垄断企业性由于失去外部竞争压力，再加上内部机构臃肿所导致的企业效率低下的现象。

论，对美国部分低集中度、存在持续性过剩供给或过剩生产能力，且经济绩效较差的产业，如采煤、纺织、贸易等进行了考察，提出了"过度竞争"的五种表现形式：

(1)产品销售价格在一个相当长的时期内(例如 10～20 年)被压在产业的平均成本之下；

(2)企业只能得到过多低于正常水平的利润，其劳动者工资报酬也长期处于正常水平之下；

(3)"过度竞争"以及由此给产业带来的痛苦主要存在于部分地区或某产业的一个部分；

(4)即使在低收益的压力下，劳动力和企业等本来具有潜在流动能力的生产要素，仍难以向其他产业顺利转移，脱离原行业的过程非常缓慢；

(5)产业的产出、供应对经济景气环境不敏感，而价格却更加敏感和多变。

日本著名的产业经济学家小宫隆太郎在其所著的《日本的产业政策》一书中写道："所谓'过度竞争'，用最简单的话来说，是指下述这样一种状态：在集中度低的产业中，尽管许多企业的利润率很低或陷于赤字状态，但生产要素(主要是劳动力)和企业却不能顺利地从该产业中退出，使低或负的利润率长期继续。"①

在现实生活中，过度竞争主要存在于以下两类行业中：一是受中小企业支配的部分制造业、服务业、商贸流通业(主要是零售业)等行业，这些行业不需要特殊的技能或企业经营能力，也基本上不存在规模经济性，因此新企业很容易进入，而由于种种主客观原因，现有资源又很难向有效率的其他行业或企业转移；二是固定成本高从而规模经济效益明显的产业和企业，如钢铁、汽车、石化等，其之所以出现过度竞争，主要原因在于企业盲目扩大生产能力，或追求成本优势，加之产业本身过高的退出成本。

过度竞争往往出现于产业(产品、服务)供大于求的时期，由于企业开工不足，生产能力过剩，企业之间为争夺有限的市场份额，极可能导致非理性化过度竞争行为的出现：如过度的压价竞争、促销费用猛增等。从产业市场结构角度分析，这一般表明该产业原来的进入壁垒太低，致使企业数量过多，需要提高进入壁垒，控制新企业进入该产业，提高市场集中度，从而实现市场竞争度的降低，使之趋于适度竞争。

---

① [日]小宫隆太郎等：《日本的产业政策》，国际文化出版公司 1988 年版，第 13 页。

2.过度竞争行为的政府管制

过度竞争导致社会资源的浪费与市场竞争秩序的混乱。从提高经济福利的角度出发，在一个存在过度竞争的市场中，以某种方式限制进入，防止产业中企业的数目超过最优企业数目的过多进入，比放任企业纯粹出于利润最大化动机的进入，从而引发产业内部激烈的竞争，更有提高经济福利水平的可能性。由政府进行适当的政策性介入，是解决过度竞争问题的一种重要方式，针对过度竞争及由此导致的多数企业经营困难、市场秩序混乱等问题，政府限制新企业的过度进入，或者引导部分在位企业的退出，可能会促进社会经济福利水平的增加。

常用的管制手段是通过行政或立法手段打击过度竞争行为，维护市场竞争秩序，这是事后管制；还可以通过进入管制与价格管制两种途径进行事先管制：进入管制一般就是通过政府设立行政性进入障碍，防止企业过度进入某一产业领域，以维护必要的规模经济性；竞争性领域的价格管制则往往出于特殊经济发展需要或环境的改变而采取的临时性措施，如临时性的限价、价格冻结等。

过度竞争管制需要事先充分考虑政府介入的成本。政府管制企业进入数目时，要对该产业当前及今后相当长一段时间内是否具有同质化倾向做出判断；为了进行有效的管制，政府必须有能力收集到足够的信息，包括了解企业技术水平掌握及变化的程度、消费者偏好的变化等，产业内企业最优企业数的评价也需要有足够信息加以支持。政府能否收集到上述信息，是决定政府能否进行有效产业管制的基础。虽说这不是一件容易办到的事，且政府对过度竞争的政策性介入也存在一定的局限性，但更应认识到，竞争并非万能，完全依靠自由竞争的作用，也会产生一系列难以解决的问题，在市场无法自我解决过度进入、过度竞争时，政府的产业管制政策无疑是解决问题的一剂良药。

(四)不正当竞争与政府管制

1.不正当竞争的基本内涵

不正当竞争实质上是过度竞争的直接表现，区别在于过度竞争针对市场进行分析，不正当竞争则主要从市场的主体——生产、经营者角度进行分析。不正当竞争专指在现实生活中带有欺骗性的、不公正的或有害的竞争行为。1993年颁布实施的《中华人民共和国反不正当竞争法》规定了以下11类行为属于不正当竞争行为：

(1)假冒、混淆,引人误解。具体包括假冒他人的注册商标;擅自使用知名商品特有的名称、包装、装潢或者使用与知名商品近似的名称、包装、装潢,造成消费者误解;擅自使用他人的企业名称或者姓名;在商品上伪造或者冒用认证标志、名优标志等质量标志。

(2)公用企业或者其他依法具有独占地位的经营者的搭配销售、限制购买行为。

(3)政府及其所属部门的滥用行政权力,限制其他经营者正当的经营活动,或是实施地方保护主义,限制外地商品进入本地市场,或者本地商品流向外地市场的行为。

(4)商业贿赂,或给予对方单位或者个人回扣。

(5)发布虚假广告。

(6)以盗窃、利诱、胁迫或者其他不正当手段获取或侵犯权利人商业秘密。

(7)以排挤对手为目的,以低于成本的价格销售商品。

(8)违背购买者的意愿搭售商品或者附加其他不合理的条件销售商品。

(9)从事违法有奖销售。

(10)经捏造、散布虚伪事实,损害竞争对手的商业信誉、商品声誉。

(11)投标者和招标者相互勾结,抬高标价或者压低标价,以排挤竞争对手的公平竞争。

不正当竞争行为表现在流通领域,则主要有以下方面:

(1)弄虚作假与欺诈行为。其形式多种多样,最多见的是假冒名牌、以次充好,以及虚假的广告、任意抬高商品质量、伪报原料构成、夸大产品用途与功效、计价商品时缺斤少两,甚至在衡器上做手脚等。

(2)在销售数量、销售对象等方面搭配销售、价格歧视,或强迫顾客购买并不需要的商品、采用贿赂或变相贿赂等手段推销或采购商品,搞回扣,使企业蒙受损失等等。

(3)强买强卖,欺行霸市,强迫交换过程中的对方接受不合理的交易条件,甚至结帮成伙,在市场上为非作歹,恫吓竞争者或直接干涉竞争者的行为,扰乱正常的市场竞争秩序。

(4)销售者互相串谋,联合行动,抬高价格,形成人为的市场垄断。

(5)编造和散布有损于竞争者商业信誉、产品信誉的不真实消息。

从纯经济学角度剖析,不正当竞争行为的产生是基于不同经济活动主体追逐各自独立的经济利益而导致的一种非理性化行为,亦即利益差异所致,然而分散的经济主体的非理性化竞争行为之所以能成功实施,从根本上说是由于信息不完全、市场管理与市场监督机制弱化,法制不健全、价格机制、市场交易机制和企业经营机制不完善等多种因素共同所致。因此,不正当竞争行为的消除需要健全外在约束机制,强化约束力量。

2.经济活动中的不正当竞争行为剖析

在贸易活动中,最易出现的不正当竞争行为是一些企业滥用优势地位实施不正当价格竞争。这里所规定的滥用优势地位行为是指在一个已被某个企业占有优势地位的市场中,该企业实施的导致自己优势地位进一步增强,其他企业的竞争能力进一步削弱的反竞争行为。这类反竞争行为的表现形式相当广泛,但大体可以分为以下几类。

(1)垄断定价(Monopoly Pricing)。滥用优势地位行为的典型表现是对消费者和用户索取不合理的垄断高价。一般认为,一个占市场支配地位的企业如果索取的价格与其产品或者服务的经济价值相比不具有合理性而明显过高,即可认为属于滥用优势地位的垄断高价行为。

关于如何认定一个价格是否具有合理性,欧盟在实践中曾经使用了一种所谓的空间比较方法,即将该占市场支配地位的企业的产品或者服务价格与其他成员国同类产品或者服务的价格进行比较,如果其价格明显高于其他成员国同类产品或者服务的价格,并且这种价格水平比较的结果不是偶然的,就视为滥用优势地位的垄断高价行为。

(2)掠夺性定价(Predatory Pricing)。又称“驱除对手定价”,占有优势地位的企业为了将其竞争对手排挤出相关产品市场,将其产品以低于成本的价格出售,待对手退出市场后它再提价,以此进一步强化自己竞争优势的一种滥用优势地位行为,在我国,也称“低价倾销”。①

图1-3中,假定两企业的成本结构相同,掠夺者将价格定在P_0,假定被掠夺者的利润最大化产量为Q_1,为了维持P_0的低价,掠夺者就必须生产$Q-Q_1$以满足市场需求,这样,掠夺者的生产成本(AC_0)就大大高于被掠夺者的生产成本(AC_1)。可见,驱除对手的代价是十分高昂的,只有实力强大的企业才有可能掠夺性定价。

① 参见丹尼斯·卡尔顿、杰弗里·佩罗夫:《现代产业组织》,上海三联书店、上海人民出版社1998年版,第552页。关于“低价倾销”,原国家计委在《关于制止低价倾销行为的规定》中是这样定义的:“低价倾销行为是指经营者在依法降价处理商品之外,为排挤竞争对手或独占市场,以低于成本的价格倾销商品,扰乱正常生产经营秩序,损害国家利益或者其他经营者合法权益的行为。”

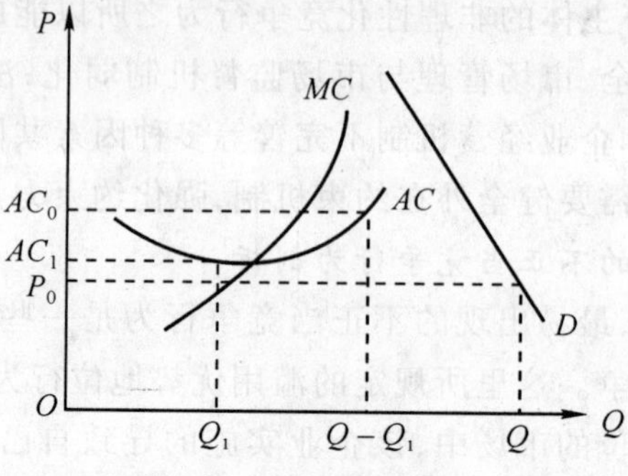

图 1-3　掠夺性定价

理解掠夺性定价的概念,要抓住三个特征:

第一,价格低于成本。这是最基本的特征,多数经济学家和法律专家都是根据这一特征来判别掠夺性定价的。如果价格高于成本,企业欲将对手挤出市场,只能采用非价格的排他性策略;如果企业欲吓退潜在进入者而价格仍在成本之上,我们称之为"阻止进入定价"。只有价格低于成本,才属于掠夺性定价的范畴。

第二,目的是驱除竞争对手。掠夺性定价是企业不正当价格竞争的一种手段或方式,其目的是驱除竞争对手,从而获得或增强"市场垄断力量"(Market Power)。市场垄断力量增强的一般表现形式是掠夺方(倾销方)掠夺了被掠夺方的市场份额,提高了市场集中度;极端表现形式是掠夺方驱除了所有的竞争对手,独占整个市场,成为垄断企业。

第三,驱除对手后提高价格。低于成本的定价将使企业蒙受亏损,这是与企业的逐利动机相悖的,掠夺方不可能长期忍受亏损,短期承受亏损的动机是驱除竞争对手并获得市场控制力,当这一目的达到之后,掠夺方一定会凭借其所获得的市场地位将价格提高到成本之上,或将价格恢复到降价前的水平,从而牟取长期的超额利润。

但究竟降价到什么程度才能认定为掠夺性定价,实际上很难予以把握。在长期的司法实践中,欧洲法院确立了这样的标准,即:如果一个占有优势地位的企业在主观上具有排除竞争者的目的,并且客观上实施了在变动成本以下销售其产品的行为,就认为是滥用优势地位的行为。因为如果一个企业以低于变动成本的价格销售产品,就意味着每卖一件产品,就亏损一次。任何一个企业都不会希望这样做。在这种情况下,惟一合理的解释就是从长远角度看,是为了排除竞争对手后,巩固其优势地位并提高其产品价格补回亏损。但是,实践中对于不具有限制竞争目的的低价甚至低于成本价销售的行为不能认定为掠夺性定价行为，如企业刚刚研制出来的新产品基于市场推广的需要而低于成本价销售，企业因处理技术上或式样上过时的产品而低于成本价销售等的行为，都不能认定为掠夺性定价行为。

(3)价格歧视(Price Discrimination)。价格歧视一般指企业在同一时间里，对购买生产成本相同的同一产品或服务的不同购买者分别制定不同的价格。市场经济条件下，商家对绝大多数商品具有自由定价权，其将同样成本的同样货品以不同的价格出售给不同的购买者，可认作企业的差别定价策略，本身并不违法，政府也不必刻意管制。然而，从政府维护消费者利益的职能出发，对于在特殊地点、特殊场合销售的特殊商品，严重的价格歧视背后是企业利用消费者信息不完全而侵犯消费者的利益。

最彻底的价格歧视是企业完全了解每个消费者对任何数量的产品所愿意支付的最高需求价格，从而对每一单位数量的产品分别制定不同的价格，使消费者剩余完全为垄断企业所侵占，变成生产者剩余(垄断企业的利润)。见图 1-4 所示。

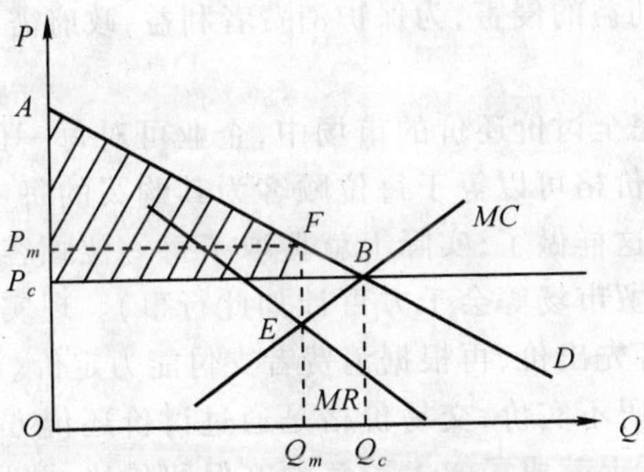

图 1-4　企业价格歧视示意图

图 1-4 中，企业根据不同消费对象的需求确定价格，使按边际成本(MC)确定的价格(P_c)以上的需求量，也就是消费者剩余 ABP_c 均被企业获得，即企业销售量是 Q_c 时的收入，不仅是 $Q_c \times P_c = OQ_cBP_c$，而且加上了全部阴影部分的收入。

即使企业按垄断定价[边际收入(MR)等于边际成本(MC)时的产量为最优产量，对应的价格为最优垄断价格]，其全部收入也只有 OQ_mFP_m 的面积，远小于价格歧视时的收入 OQ_cBA。所以企业热衷于制定差别价格，以最大限度地获取收益。

差别价格能否成功实现，一般需要具备两个条件。一是能把消费者按其需求的价格弹性分类，然后分别制定不同的价格：价格弹性最大的，价格较低，价格弹性小的，价格较高，以求获得最大的总收入；作为政府，鼓励差别定价，一般出于公益性需要，如学生票、军人票等就是这种考虑。二是不同的购买者信息不对称，即购买市场是分离的，无法对比价格，从而使生产者顺利地实现价格差别。差别价格实质上是利用市场经济自由价格与消费者对某些产品与服务质量与成本不了解，企业有机可乘，可随意提高或改变价格与收费标准，或服务内容，攫取消费者剩余。

例如，20位口渴的旅游者购买矿泉水，买到的价格各不相同：

价格(元)	5	4	3	2	1
人数(人)	1	3	10	5	1

若1元矿泉水的价格是按边际成本制定的价格，所有20位购买者理论上只需支出 20×1=20(元)，实际却支出了 1×5+3×4+10×3+5×2+1×1=58(元)，企业攫取了38元的消费者剩余。消费者剩余的缩小，实质上就是对消费者利益的侵害，为保护消费者利益，政府需对某些差别定价行为进行管制。

在一个可以完全讨价还价的市场中，企业可对每一位不同的消费者收取不同的价格，该价格可以等于每位顾客为其购买的每一产品所支付的最高价格，如果企业这样做了，实际上就攫取了每一位顾客的剩余(一般小企业如专业市场、农贸市场等会千方百计如此行事)。现实生活中，一般企业也会设法让消费者先出价，再根据消费者支付能力定价。它一般不先标价，即使标价，也是明码不实价，交易价格是通过讨价还价方式决定的，而这一讨价还价过程实际上就成了卖主了解顾客保留价格，并最终按该价格定价成交的过程。卖主的报价通常很高，目的就是试探顾客的购买意愿及最高出价，而顾客就在一轮一轮的还价中逐渐将自己的保留价格透露给了卖主，消费者剩余就在不知不觉中转化为企业的利润了。政府管制部门通过要求企业明码标价、明码实价，实质上起到了保护消费者利益，让消费者获得最基本的知情权，抵制漫天要价，欺诈宰客的作用。

需要引起注意的是，在经济交往中，销售价格有所变化是很常见的。一般情况下，商家对不同的顾客实行不同的销售价是由很多市场因素决定的，不应将所有差别价格视为价格歧视，而只有那些占有优势地位的企业没有客观正当理由而对不同的对象实施差别价格才可将其视为不正当价格歧视。因为在这种情况下，不同的销售价格将使接受了较高价格的第三方在相应的竞争层次上处于不利的竞争地位,从而限制竞争的健康发展。

(4)不正当价格回扣。在西方反垄断政策严厉的国家,将不当回扣作为价格歧视的一种形式包括在滥用优势地位行为中,并将其归为两类:一种是"忠诚回扣",另一种是"目标回扣"。

"忠诚回扣"是指制造商或供应商根据客户购买自己产品的忠诚度而支付不同幅度的回扣。如不同的客户,虽然购买同样数量的产品,却不能得到相同的回扣。一个小客户购买的产品占其全部或大部分进货量的,可能得到较高比例的回扣;而一个客户从多家供应商进货的,由于从该制造商或者供应商处进货只占其进货量的一小部分,只能得到较低幅度的回扣。在实践中这样的回扣往往被执法机构认定为滥用优势地位的行为而受到查处。其主要理由是:第一,如果客户是处于同一层次的竞争者,不同的回扣将会导致获得较低回扣的经销商处于不利的竞争地位。第二,忠诚回扣限制了购买商的购买自由权,因为购买商对于制造商或者供应商已经存在依赖关系,他们较难摆脱这种关系而去购买其他竞争者的同类产品。而一旦他们摆脱占有优势地位的制造商或者供应商,就意味着他们将失去一定的回扣并接受较高价格的产品。第三,这种回扣使潜在的新竞争者进入市场更加困难。特别是在优势地位的企业已经占有很大市场份额的情况下,中小型企业几乎不可能插足相应市场。

"目标回扣"是指根据客户购买的产品数量而规定的一定比例的回扣。目标回扣与数量回扣不同,目标回扣因人不同而改变其数量指标,而数量回扣则是公开对所有客户适用的,即任何一个客户只要购买了一定数量的产品,都可以得到相同的回扣或者折扣。欧洲一些国家,包括欧盟委员会认为目标回扣是滥用优势地位的行为,其主要理由是:第一,目标回扣将其确定为"目标"的经销商"捆绑"在自己一边,使他们不能随便向其他供应商寻求货源。第二,对每个经销商规定了不同的销售量指标,适用不同的回扣率,没有客观的正当理由,同时也将经销商置于不同的竞争地位。

3.不正当市场竞争行为的政府管制

不正当竞争行为缘于市场主体盲目追求个体收益的非理性化行为,它损害了消费者权益,扰乱了市场交易行为与交易秩序,而由于消费信息的不对称,单纯依靠市场自身的力量客观上无法消除不正当竞争现象,为培育一个健康完善的市场,需企业、社会、政府各方面的力量共同起作用。

作为企业,需完善自我约束机制,规范自身竞争行为,这是内因。社会性监督主要是指完善新闻媒体、消费者协会及其他民间机构的监督。由于目前中国企业自身素质不高,自我行为约束能力弱,非理性竞争行为难以自我根除;中国行业协会组织的作用尚未得到充分发挥,其他社会性监督机构的力量欠强、影响力不够大。在社会性监督机构的作用有待于逐步强化的背景下,政府在培育竞争秩序、规范竞争行为方面责无旁贷,管制的任务相当繁重。政府管制不正当竞争行为主要应借助于立法手段,通过《反不正当竞争法》明确界定各种不正当竞争行为,并明确制裁措施。政府可以在价格、公平竞争环境与行为的构造、产品质量的管制、消费者权益保护等几个方面,通过其宏观经济管理部门,如工商、财税、物价、卫生、质检、公安等,对企业的不正当竞争行为实施全方位的控制与制裁。对于乱喊价、无据定价,则可以通过制定相关条令,例如要求明码标价、明码实价等予以规范。

(五)维护产业安全与政府产业管制

1.产业安全的基本理论

所谓产业安全,是指在国际经济交往与竞争中,本国资本对关系国计民生的国内重要经济部门(产业)的控制,本国各个层次的经济利益主体在经济活动中的经济利益分配得充分,以及政府产业政策在国民经济各行业中贯彻得彻底。从根本上看,一个国家维护产业安全的能力最终取决于该国对本国国民经济重要产业的控制能力及该产业本身抵御外部威胁的能力(即本国产业竞争力)。[①] 产业安全问题的出现主要是由于对外开放与外资、外企的进入所引发的。由于产业安全是一种非经济性因素(或者更确切地说是基于政治上的考虑),所以目前国内比较热门的产业竞争力问题的研究中并没有过多涉及产业安全方面的指标。

与产业安全理论有直接联系的是20世纪五六十年代以拉美国家经济发展为分析模本的“依附理论”(Dependency Theory)。第二次世界大战结束后,在美洲大陆,美国成为世界经济新霸权,加拿大也挤进发达国家行列,而巴西、墨西哥等一批拉丁美洲国家则沦为不发达地区,具体表现为:国内产业结构不健全,产品结构单一化,受外国资本严密控制;政治上动荡不安,缺乏民主;社会贫富差距大,各项教育、福利设施严重落后。这些国家在政治上虽然摆脱了殖民主义控制,但经济上却对发达国家形成了更深的依赖,其所处的国际环境具有浓厚的新殖民主义色彩。

事实上,在如何看待利用外资与发展民族产业的问题上,消极认识外资

---

① 杨公朴、夏大慰:《产业经济学教程》,上海财经大学出版社2002年版,第304页。

进入的"依附理论学派"和注重于外资进入积极影响的"现代化理论学派"一直存在争议。

"依附论"观点的代表人物保罗·巴兰(1957)、T·D·桑多斯(1970)、彼得·埃文斯(1979)等认为,正如拉美国家的经济情况,外资进入可能对东道国形成新殖民主义控制,当一个国家必须在一定程度上依赖于外商投资来获取本国经济发展所需的产品与技术,形成外资依附时,一旦出现外国投资者斥资威胁,东道国政治、经济将遭受重大不利影响,因而,从整体上说外商直接投资将有可能直接或间接威胁到本国的经济与政治安全。

而"现代化论"观点的代表人物尼尔·H·雅各比(1966)、金光锡(1979)、理查德·L·纽拉斯(1984)等则以开放经济体系下的东亚新兴工业国(地区)的经济发展成效反驳依附论的消极态度,认为外商直接投资的利用意味着新资源的流入、就业机会的增加、先进技术与管理经验的引进以及国际市场渠道的开辟,因而它无疑将促进一国经济的发展,发展中国家可借此加速现代化进程的推进。

20 世纪 70 年代世界范围的冷战结束后,越来越多的人们认识到对外开放与世界经济一体化的重要性,一国经济的发展不可能在闭关自守的情况下实现,"现代化论"的开放观点早已经深入人心。然而,"依附论"在分析不发达起因时,注重从全球范围寻找原因,特别是提出了市场的内在缺陷以及国际体制的不平衡等观点,从理论上否定西方现代化模式可以被不发达国家完全模仿的假设,提出不发达国家可以根据自己的实际情况走出一条不同于西方的发展道路,这体现了一种新的开放视角,比西方现代理论显得更为深刻,尤其是自 20 世纪 50—60 年代以来,拉美的巴西、墨西哥等国经济发展严重受制于他人的现实,为发展中国家的现代化道路敲响了警钟,"依附论"的思想在某种程度上应该成为发展中国家对外开放的警示。

2. 产业安全的基本维度

评价一国产业系统安全与否,可以从国内产业的具体情况出发,用本国力量对该产业控制力及该产业在国际市场的竞争力这两个静态指标衡量,但同时也必须考虑产业所处的市场的竞争度环境现状指标。一个基本的结论是,本国力量对该产业控制力及产业在国际市场的竞争力这两个指标越大,则本国该产业就越安全,而产业所处的市场竞争环境越充分,产业就越不易为他国势力所控制,相应地也就越安全。

产业控制力可分为内部控制和外部控制两个方面。内部控制和外部控制从不同的侧面反映本国产业对国外资本的依赖程度。内部控制是指国家对本国产业的调控能力,外部控制则是指外资在市场、技术、品牌和股权等方面对东道国产业的控制能力。如果该产业的内部控制力强大,该国产业就安全,反之,如果该国产业的外部控制力较强,说明本国产业对国外资本有较强的依赖,产业就越不安全。何维达、何昌(2002)用外资市场占有率、外资品牌拥有率、外资股权控制率、外资技术控制率、外资经营决策权控制率、某个重要企业受外资控制情况、受控制企业外资国别集中度等七个指标来表示三大产业的控制力。①

产业安全问题的着力点在于在整个国民经济产业结构系统中居于关键位置的重点产业。在一个产业链中,对于关联性大的产业,一旦出现控制权旁落,国民经济生产与再生产的链条就有可能断裂。基于产业安全理论的政府管制必要性分析需要对被管制产业在国民经济体系中的地位展开研究,只有那些在国民经济中占据主要位置,涉及产业系统稳定性的产业,才是政府管制的重心。

3.对外开放与维护国家经济安全、产业安全

利用外资是否对一国构成产业安全威胁,关键要看在关系国计民生的重要产业中,外资经济所占份额及其垄断程度,另外也要看幼稚产业和其他一些对国内就业影响较大的行业中,外来产品和外资企业产品的市场份额。

维护一国经济安全的根本途径在于本国企业有较强的国际竞争实力,这是产业安全、经济安全、政治安全的最终之道。然而在一个对外开放的宏观经济环境下,面对巨大的国内外产业发展梯度,本土企业走上强盛之路与外资的进入无法展开速度上的比拼,这是一个客观的事实,但在这同时,政策同样可以在强化本土产业发展和规范外来资本、企业的竞争行为等方面有所作为。

一方面,在内外资企业一视同仁的国民待遇原则下,民族工业企业发展的外部环境发生了明显的变化,政策可以及时加强对本国产业链中薄弱环节的修补,对幼稚产业加大扶持力度,为本土产业发展营造一个较为宽松、优惠的政策环境;更为重要的是,政策可以通过各种优惠措施,对外资投向进行地区性、产业性引导,尽可能减少其对本国重要产业的冲击,对外资企业在使用东道国原材料、承担出口业务、增加经营战略中的当地化成分等业绩提出要求;在 WTO 允许的口径下,政府可以通过制定必要的法律、法令、

① 参见何维达、何昌:《当前中国三大产业安全的初步估算》,《中国工业经济》,2002 年第 2 期。

法规,对外资企业的进入地区、业务内容实施监管。上述政策措施即使在发达国家也是政府常用的措施。美国在1975年曾专门成立负责调查外资对国家安全影响的外国投资办公室,对能源、自然资源、农业、环境、房地产、就业、国际收支和贸易等方面的安全情况进行调查,并向国会提交分析报告,以制定相应的管制政策。在外商投资期限问题上,世界许多国家也都有类似要求,如菲律宾政府规定外商投资期限一般为30年,智利一般为10年,但视具体情况允许延长;在技术转让问题上,新加坡规定外资企业必须传授生产与管理技术,而且对过时的技术领域的外商投资一般不予批准;在雇用限制问题上,巴西一般要求本国雇员占企业雇员的2/3以上,与此相应的工资额也要占2/3以上。

(六)打破地方保护主义与强化中央政府管制

1.地方保护主义与"公用地灾难"

美国学者格雷特·哈丁(G. Harding)于1968年提出了著名的"公用地灾难"模型。哈丁设计了一个向一切人开放的公共牧场,从理性的牧羊人角度考察这个公开牧场的结构,每个牧羊人都从他的牧畜中获得直接利益,并且当他或其他的牧羊人过度放牧时就承担公用地退化所引起的延滞成本。因为牧羊人从那里获得直接利益,而只承担由于过度放牧所产生的成本的一部分,所以,这就促使他增加更多的牲畜。哈丁说:"在信奉公用地自由化的社会中,每个人都追求各自的最大利益,这就是灾难所在……每个人都被锁在一个迫使他在有限范围内无节制地增加牲畜的制度中。毁灭是所有人都奔向的目的地。"以地区分割、诸侯经济为主要特征的地方保护主义对整个国家经济的健康发展带来"公用地灾难",地方政府一旦陷入地方保护主义泥淖就无法在经济上自拔。

"公用地灾难"问题是发展中国家时常表现出来的一种经济发展障碍。中国传统的财政、税收体制,加上一直以来的官员考核任免制度,使中国地方政府只有当把有限的资源(资金、资源、人才等)用在外地比在本地更能为本地政府带来收益(或声誉)时,才允许资源外流,否则宁可让其在本地区从事低效率的生产或经营。摆脱地方保护主义要求地方部门在宏观上加强合作,如果有些地方政府采取了合作的策略,而另一些地方政府采取不合作的策略,采取不合作策略的地方政府却没有因此而受到惩罚,就不会有经济上的动因去改变自己的策略;而采取合作策略的地方政府既得不到不合作的好处,也没有因为合作而受到褒奖,就会产生改变合作策略的经济动因。这样发展的结果只能是许多地方政府不顾宏观经济的恶化，大干快上，共同奔向地方保护主义的泥淖。

2.强化并完善中央政府管制能有效克服地方保护主义陋习

克服地方保护主义需要强化外来约束机制。正如博弈论中著名的“囚犯的难题”模型一样，地方政府博弈模型本身也有解决的办法，如果地方政府在经过若干次博弈后均选择不合作的策略，将受到来自某一方面的严厉惩罚，则将最终迫使其采取合作策略，在短则几年，长则十几年、甚至几十年后，市场必然会自发对不合作行为做出制裁，不合作的地方政府最终一定会为此付出代价。但是这一过程对于中国这样的经济后发国未免代价太过于昂贵。及时强化中央政府在全国性公共事务方面的管制能力，通过加强中央政府的权威，来改变地方政府博弈的基本结构，应是防止由此造成的资源浪费的前提保证。强有力的政府管制能迫使各方合作，使合同顺利履行，最终有望产生一个增值的博弈而使博弈各方都成为赢家。

克服地方保护主义的政府管制基本要义在于：

第一，通过加强中央政府的政治权威，改变地方政府博弈的基本结构，改变博弈结构所具有的内在的奖惩机制，使得地方政府行为的个体收益率接近国家收益率。具体的政策就是在财政上补贴采取合作策略的地方政府，而不奖励甚至惩罚采取投机策略的地方政府。

第二，设法提高中央政府的财政能力。因为中央政府如果要通过财政手段来改变地方政府博弈结构的奖惩机制，那么就需要中央政府不仅具有很高的政治权威，而且还需要改变奖惩结构所需要的中央财政能力。当然，中央财政能力并不是越大越好，它是有界限的，它的上限是不妨碍地方政府促进地区经济发展所需要的财政能力，它的下限是不妨碍中央政府进行宏观调控的能力。如果两者相矛盾，则由专门的中央协调机构进行统筹协调，形成各方面均满意的政策。

第三，加强宏观政策的执行监督，改革现有的各级地方政府领导干部的考核指标，把是否执行国家宏观调控政策、在公共事务方面是否采取合作的策略当作考核的重要指标。

第四，中央政府集中管理具有全国性影响的公共事务，取消地方政府在具有全国性影响的公共事务方面的完全主动的博弈资格，把博弈权上交中央，以中央政府为核心，建立上文所说的制度化的由地方政府平等参与的中央级地方政府博弈结构，让地方政府参与重大政策的制定，而政策一旦形成，地方政府就必须执行。

地方保护主义是一个正处在经济转轨时期的发展中国家在其经济发展历程中经常会出现的经济现象，随着市场经济体制的逐步健全与完善，这一现象会得到根本的改善，但其对短期经济发展造成的破坏是巨大的，尤其是地方政府非理性化行为下的低水平重复建设，将对资源配置造成巨大的破坏与浪费，会严重破坏国家经济发展，中国改革开放以来这方面的教训深刻。

四、管制的成本与效应

(一)管制政策的成本分析

1.政府经济政策制定与实施的前提假设

制定并实施有效的宏观经济政策并不是件容易的事，它必须具备以下前提条件：

第一，政府对经济发展具有充分的预测能力。事实上，由于种种主客观原因，政府不可能具备充分的信息，在制定和实施宏观经济政策时，信息的障碍难以避免，故而政府对经济发展的预测能力是有限的，这仅仅只能作为一种理论假设。

第二，政府实施经济政策的动机是社会福利最大化。事实上，政策的制定和实施作为一种政府行为，必然会受到来自于政府内外各方面主客观因素的影响，遇到难以克服的利益干扰，在有官僚主义和贪污腐败现象存在的情况下，政府行为往往会出现偏差，背离社会福利最大化要求。

2.政策的成本代价

任何一项经济政策都需付出必要的成本代价，具体包括以下五项：

(1)决策成本。指政府在制定某项经济政策时所支出的各种费用的总和，例如信息收集、整理费用、各部门利益协调费用等。

(2)实施成本。指政府为实施某一产业政策可能需设置专门机构，如为管理中小企业，需设置中小企业管理局等。

(3)机会成本。实施经济政策可能会抑制市场作用带来的收益，如政策重视，各界就可能抑制消费，牺牲消费的收益。

(4)矫正成本。如一项经济政策的实施一旦出现偏差或失误，需付出改正的成本。如中国大跃进后的调整时期的调整支出。

(5)寻租成本。经济政策之下的寻租成本与“权力寻租”联系在一起，政府的各级官员或企业的高层领导利用手中的权力，避开各种控制、法规、审查，从而达到寻求或维护既得利益。一方面，政府官员行使各种政府行为，对资源进行调控，此为权力；另一方面，政府官员本身又是经济人，如果在客观上缺乏对政府官员的有效监督和管理，而在主观上政府官员缺乏职业道德和崇高的社会责任心，此时，缺乏约束的政府官员就渐渐丧失理性，利用政府赋予的权力换取金钱以满足个人私利，这就是所谓的"权力寻租"。

实施经济政策意味着政府规定了某些部门具有优先或惟一发展的特权，企业会因此而额外开支寻求特权以谋取更多的租金，整个社会则会因此而发生更多的福利损失。

(二)政府管制与市场作用的关系模型

现代市场经济理论与实践已经充分证明，现代社会经济运行，既离不开市场调节，也离不开政府的作用。从理论上说，政府与市场应该各尽所能，取长补短。政府与市场作为调节市场运行的两种基本手段，客观上存在此消彼长的态势，市场调节过强，政府调控过弱，可能导致经济无序；政府调控过强而市场调节过弱，则可能导致经济不活，成本过高。因此，如何划分市场机制和政府作用的范围，探寻两者不同的作用边界和组合方式，以实现两者的有效结合，具有重要的理论和实践意义。

在一个既定产业发展目标与产量的生产经营活动中，政府和市场作为实现既定目标的两种手段，各有成本发生，市场有因其失灵导致的资源浪费成本，政策也有其制定实施的各种风险及支出，我们可以借助于微观经济分析中的生产要素最优组合分析法，对其进行相互配合总成本最小的最优组合分析(见图 1-5)。

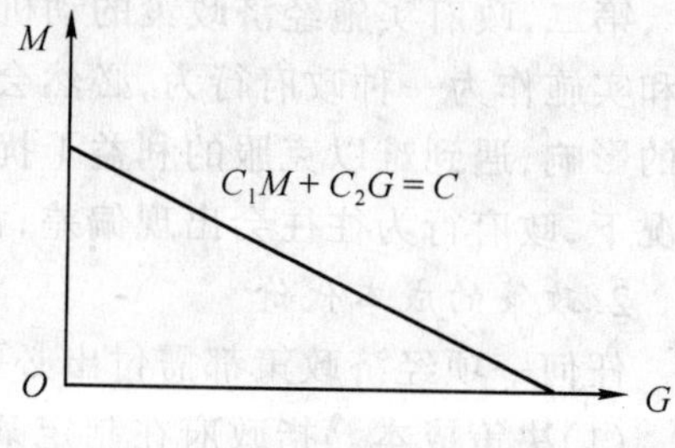

图 1-5　政府与市场作用的成本约束图示

假设在一个产业的发展过程中，与总收益比较，能够负担的总成本为 C，则成本约束函数为：

$$C_1M + C_2G = C$$

式中，C_1 代表市场机制的单位成本；C_2 表示政府作用的单位成本；M 表示市场机制的作用；G 表示政府的作用。

成本约束集或预算集，是指特定的市场与政府选择组合下可负担的成本范围。成本约束线是指成本正好等于 C 的一系列组合。显然，如果准备将市场机制的作用程度增加 ΔM，则为了达到成本约束的条件，政府作用的程度也要相应增加 ΔG。在变动前后，要满足的条件分别是：

$$C_1M + C_2G = C$$

$$C_1(M+\Delta M) + C_2(G+\Delta G) = C$$

两式相减，得到

$$C_1\Delta M + C_2\Delta G = 0$$

$$\frac{\Delta G}{\Delta M} = \frac{C_1}{C_2}$$

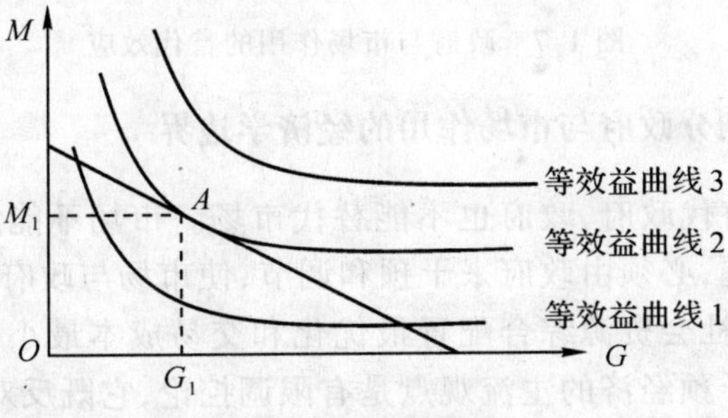

图 1-6　成本约束的等效益图示

在图 1-6 中，$\frac{C_1}{C_2}$是成本约束线的斜率，按照这个比率由市场机制替代政府作用，或由政府作用替代市场机制，仍然能满足成本约束条件。斜率$\frac{C_1}{C_2}$也可用于计量选择机会成本，多选择市场机制，意味着放弃一部分政府作用，放弃政府作用的机会是增加市场机制的经济成本之一，反之亦然。

在图中，等效益曲线可用于代表社会发展的产业目标，不同的等效益曲线代表不同发展水平的目标，在等效益曲线上，市场机制和政府作用各种组合的效益是相同的。显然，现实的成本约束线与等效益曲线的相切点 A，是发展产业时政府与市场的最佳组合(G_1, M_1)，此时政府作用的适用程度为 G_1，市场发挥作用的适宜程度是 M_1。

同样，政府与市场的作用就犹如两种资源的配置方式，同样具有替代效应与收益效应，如果政府和市场的成本比率发生变化，成本约束曲线的斜率将发生变化，从图 1-7 可见，其切点 A 变成切点 B。

这种变化使政府作用与市场机制最佳组合由 $A(G_1, M_1)$变到 $B(G_2, M_2)$，即当市场不断完善引起市场机制作用成本下降时，或政府不断完善引起政府作用成本下降时，政府与市场的最佳组合或边界将发生变化。

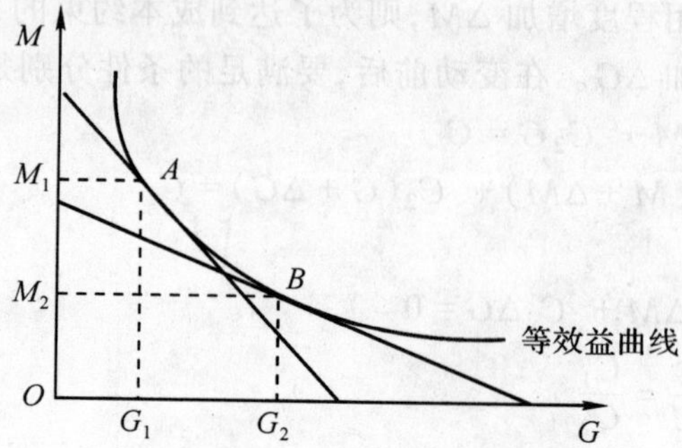

图 1-7　政府与市场作用的替代效应

(三)合理划分政府与市场作用的经济学边界

市场不能替代政府,政府也不能替代市场。市场不能解决或解决不好的产业发展问题,必须由政府来干预和调节,使市场与政府作用控制在适当的边界内,促进社会资源综合配置最优化和交易成本最小化。现代西方经济学关于国家干预经济的主流观点是有限调控论,它既反对绝对的自由论,也反对国家对经济活动的过多干预,强调市场机制在资源配置中的基础性作用,政府干预不是万能的,政府在为实现其目标而努力时往往会犯全局性错误,许多行动的结果是难以预料的,政府只能在一定范围内控制这些后果;政策制定者对计划的影响因素控制能力有限;政策制定者往往具有为特殊利益集团谋利的动力。因而政府对经济活动的干预应限定在一定范围之内,以不损害市场机制的正常运行为原则,以创造市场机制正常运行的条件和弥补市场机制的缺陷为目的,凡是市场机制能够有效调节的,政府就不需去干预,只有市场机制不能有效调节的,政府才予干预,而且这种干预还应尽量利用市场机制的作用。

五、中国入世与政府产业管制方式变革

(一)世界贸易组织的基本原则及其在服务贸易领域的具体体现

世界贸易组织(World Trade Organization,WTO)是通过实施开放市场、非歧视和公平贸易等原则,达到推动实现世界贸易自由化目标的一个独立的永久性国际组织,该组织的基本原则和宗旨是通过实施市场开放、非歧视和公平贸易等原则,来达到推动实现世界贸易自由化的目标。

WTO的基本原则由若干规则及一些规则的例外组成,其规则涉及货物贸易、服务贸易和知识产权等许多领域,但有几个最基本的原则贯穿于各个协议之中,构成了多边贸易体制的基础。这些基本原则包括最惠国待遇原则、国民待遇原则、自由贸易原则、公平竞争原则和透明度原则。

1.最惠国待遇原则

在WTO中,最惠国待遇指的是一成员方应立即和无条件地将其在货物贸易、服务贸易和知识产权保护领域给予第三方的优惠待遇给予其他成员方。这一原则体现在服务贸易领域,要求成员方应立即和无条件地将给予任何第三方的服务和服务提供者的优惠,给予任何其他成员方的相同服务和服务提供者。

2.国民待遇原则

在WTO中,国民待遇指的是在其他成员的产品或服务、服务提供者以及知识产权进入本国后,其所享受的待遇不低于本国产品或本国服务、服务提供者及知识产权所有人享受的待遇。这一原则体现在服务贸易领域,要求成员给予外国服务或服务提供者的待遇不应低于本国服务或服务提供者所享受的待遇,但前者享有的此种待遇以该成员服务贸易承诺表中所列的条件或限制为准,并且在成员没有做出开放承诺的服务部门,外国服务或服务提供者不享有此种待遇。这也就是说,服务贸易中的国民待遇是WTO成员通过谈判确定的,各个服务部门通过谈判做出具体的规定。其主要内容包括:①在服务贸易领域,国民待遇原则既适用于服务,也适用于服务提供者,包括外商投资企业;②国民待遇原则适用的范围是一成员所采取的与提供服务有关的所有措施,包括法律、法规、政策或措施等;③给予外国服务或服务提供者国民待遇不像最惠国待遇那样是WTO成员承担的“一般(或普遍)义务”,而是以各成员在其服务贸易具体承诺表中所提供的国民待遇的承诺为准,并且对一成员没有做出开放承诺的服务部门,不适用国民待遇原则。

3.自由贸易原则

WTO的宗旨是推动贸易自由化,实现这一宗旨的手段是通过谈判,削减各种贸易壁垒和歧视性待遇,在WTO中的各项协议及其主持的多边贸易谈判都体现了这一基本原则。货物贸易方面的自由贸易原则主要体现在关税减让和非关税壁垒的减少,而在服务贸易方面则更多地体现在通过不断地提高减让表中的市场开放承诺的水平,推进服务贸易自由化的进程。

国际服务贸易的迅速发展,客观上要求世界各国相互开放服务领域。

《服务贸易总协定》要求各成员方为服务产品和服务提供者提供更多的投资与经营机会。WTO将服务贸易分为12个部门、160个分部门,要求分阶段逐步开放的承诺涉及商业服务、金融、电讯、分销、旅游、教育、运输、医疗、保健、建筑、环境、娱乐与服务领域。发达国家就所有服务部门中的2/3作出了承诺,经济转型国家就所有服务部门的1/2作出了承诺,发展中国家对16%的服务部门作出了承诺。最后,就未作出承诺的服务业的自由化将继续谈判。WTO建立以后,就金融服务和电讯服务达成了具体的协议,加深了这两个领域的贸易自由化。

4.公平竞争原则

WTO是建立在市场经济基础之上的多边贸易体制,其规则体系的一项基本原则是鼓励公开、公平和无扭曲竞争。公平竞争是指竞争者之间所进行的公开、平等、公正的竞争。公平竞争对市场经济的发展具有重要的作用。它可以调动经营者的积极性,使他们不断完善管理,向市场提供质优价廉的新产品。它可以使社会资源得到合理的配置,并最终为消费者和全社会带来福利。

在国际贸易中,一些国家为了保护本国的产业和市场,采取一些不公平的限制进口和鼓励出口的措施;一些从事贸易的企业采取假冒或低价倾销等手段,获取不正当的利益。这些行为对正常的贸易活动都产生了不利的影响。因此,WTO在倡导自由贸易的同时,始终注意对公平竞争的维护,并将其作为制定各项协议的主要原则。

在服务贸易领域,WTO鼓励各成员通过相互开放服务贸易市场,扩大和加强公平竞争的领域和范围。因此《服务贸易总协定》就是以逐步开放服务贸易市场为目标,来建立服务贸易原则和规则的多边框架。另外,《服务贸易总协定》要求各成员取消限制竞争的商业做法,即使允许对国内某些行业实行垄断和专营服务,服务提供者的行为也不得违背该成员的最惠国待遇义务及作出的具体承诺,即不能滥用其垄断地位。这一规定与《关贸总协定》中有关国有贸易的规定是类似的。在国民待遇的规定方面,《服务贸易总协定》明确规定,如果一种待遇改变了竞争条件,使本国服务提供都处于较为有利的地位,则这种做法是违反国民待遇基本原则的。

5.透明度原则

透明度是指WTO成员应公布其所制定和实施的与贸易有关的法律、法规、政策和做法以及有关的变化情况(如修订、增补或废除等),不公布的不得实施,同时,还应将这些法律、法规、政策和做法以及有关的变化情况通知 WTO。WTO 成员所参加的影响国际贸易政策的有关国际协议也在公布和通知之列。它包含三个要点：

(1)WTO 成员必须公布有关的贸易法规以及其所参加的影响国际贸易的国际协议,包括其变化情况。

(2)必须将有关制定和修改贸易法规、政策和措施的事项以及缔结参加影响国际贸易的国际协议的事项通知 WTO。

(3)透明度的适用范围不仅包括 WTO 成员的贸易法律、法规和政策，而且还包括有关法律、法规和政策的变化情况,以及执行这些法律、法规和政策的方法,因此,司法判决和行政裁定也在其中。

(二)在贯彻 WTO 基本准则前提下进行有效的政府产业管制

WTO 对服务贸易的基本要义可归纳为两个方面,一是公平、公开、公正,重视平等竞争;二是设置开放时间表,及不排除在特殊情况下的合理产业政策保护。

政府管制不应违背 WTO 平等竞争的基本要义,但加入 WTO 也并不等于放弃政府的宏观调控或管理。尽管 WTO 各成员国对本国经济的调控方法、程度、效果不尽一致,但没有哪个国家完全放松国家调控而实行彻底的“自由经济”。实际上,WTO 仅按本身的规则对其成员提出义务要求,并不强制性要求成员只能干什么或不能干什么。《服务贸易总协定》并未就服务业对外资的开放作出任何限制性的规定,为了维护本国的服务贸易秩序,每个成员国可以根据自己的国情和政策目标,制定各种管理其境内服务贸易的法律和规章。当然,为了使这些法律和规章不至于妨碍服务贸易自由化目标的实现,《服务贸易总协定》针对成员方的国内规章规定了一般纪律。只要成员国制定的法律和规章符合总协定的一般纪律要求,不构成贸易壁垒和障碍,就能为其他成员国认可。可见《服务贸易总协定》实际上赋予成员方行使制定各种新法规以符合其国内政策目标的权利。事实上,这种法规和规章业已成为各成员国规范和管理境内服务贸易活动最为通行的有效手段。除政府立法管制外,WTO 还允许发展中国家制定与本国产业发展状况相符的产业保护政策,例如允许设置产业开放时间进程表,允许关税逐步减让等。发展中国家政府产业管制政策应用足用好这些措施,加速推进本国产业国际竞争力的提升。

第二章

流通产业先导论

对现代商业的认识，应树立起大商业、大市场、大流通的观念，它不仅仅是部门、行业的经济行为，而是国民经济运行的有机整体，关系到国民经济所有部门的经济利益与经济效益；它不仅是一种发达的交换形式，而是商品交换的全体，是整个商品生产和商品流通的决策者；它不仅是独立商人的买卖行为，而是所有生产者和经营者都要经历的经济过程。可以说，所有企业行为最终都必然需要以商业行为表现出来。① 商业在国民经济发展中的作用有多大，取决于社会对商业尊重的程度、开拓的深度和广度。

流通作为一个产业，在社会主义市场经济中处于何种地位，这不仅是一个纯理论的问题，而且涉及我国产业政策的制定以及整个国民经济的正常运行。目前在中国，加强对流通产业在国民经济中的地位、作用的研究具有特别重要的意义。在漫长的封建社会，"抑商"是经济政策的主调，新中国建立以后，长期受苏联"无流通论"的影响，对流通在国民经济发展中的地位与作用的认识严重不足。改革开放以来，中国经济得到了前所未有的发展，产业结构快速调整，第三产业在国民经济中的重要地位与日俱增；进入新世纪，中国又大踏步迈入世界经济一体化潮流，迎来了经济的全面开放。国内经济与生产发展的需要、外部竞争环境的改变，迫使我们重新审视流通产业在国民经济体系中的重要性，要求我们采取更积极有效的措施促其快速、健康发展。

---

① 黄国雄：《现代商业创新理论丛书》序言，中国审计出版社 2001 年版。

一、流通产业先导论:理论回顾与分析

(一)中国传统社会的商业理论

从先秦的"重商"理论到后秦以后的"抑商"理论,中国传统商业思想的主基调是"崇本抑末"、"重义轻利"和"平均主义"。"崇本抑末"亦称"重农抑商",始于春秋、基本完备于汉。这一思想的宗旨是重视农业,以农业为立国之本,而对工商业以有害的"末业"加以限制。"崇本抑末"作为一种经济思想文化,先后经管仲、商鞅至韩非,成为一个较为完整的思想体系。"义"和"利"本来是统一的,但春秋末的儒家代表孔子却把两者对立起来,战国时的孟子更提出:"仁义而已矣,何必曰利。"[①] 西汉董仲舒进一步发展了孔、孟的"义利观",认为:"正其谊不谋其利,明其道不计其功。"[②] 从"重义轻利"的义利观出发,把商人看成是弄虚作假、哄抬物价、惟利是图的代名词。平均主义是手工业和小农经济的产物,该思想要求平均享有社会一切财富。根据这一观点,中国封建社会有"轻重论"之说,"轻重"成为商业活动的代名词,"轻重论"要求政府对商业活动采取限制政策。

中国封建社会的抑商思想之所以能沿袭几百年,是因为商业的存在和发展对封建社会的经济基础和上层建筑形成冲击,从这个意义上说,"抑商"实质上是封建统治阶级维护其自身统治的工具。中国封建社会的抑商观念影响甚广,即使在新中国成立后,这些陈旧观念仍在阻碍社会主义建设和发展,突出表现在:

第一,长期以来,在理论上一直把流通视为纯粹的消耗部门,看成是政府的"供给部",把计划分配看成是万能的金钥匙。实践上则是重生产、轻流通,严重制约了流通的发展。

第二,现代流通必须耗费和占用一定的社会劳动,这些费用必须在经营中得到补偿,流通才能正常运行和发展,而"重义轻利"的封建"义利观"却转化成"不讲经济核算,不讲经济效益",使流通业的经营观念和经营机制长期滞后。

第三,市场经济是一个竞争的经济,是"公平"和"效率"的统一,即"优胜

① 《四书集注》,《孟子·梁惠王上》,岳麓书社 1982 年版。

② [汉]·班固,《汉书》,《汉书·董仲舒传》,北京图书馆出版社 2005 年版。

劣汰”,而绝对平均主义却对竞争结果进行“均贫富”式的平均,使竞争者失去竞争的积极性,也势必使流通经济发展丧失动力和活力。

(二)马克思主义经典作家的流通理论

发达的商品流通是在简单商品流通基础上发展起来的,是商品流通的高级形式,是人类社会的重大进步,也是流通过程的一次革命。马克思说:“一个商人(在这里只是看作商品形式转化的当事人,只是看作是买者和卖者)可以通过他的活动,为许多生产者缩短买卖时间。因此,他可以被看作是一种机器,它能减少力的无益损耗,或有助于腾出生产时间。”[①]“由于分工,专门用于买卖的资本……小于产业资本家在必须亲自从事他的企业的全部商业活动时所需要的这种资本。”[②]“商人资本既不创造价值,也不创造剩余价值,就是说,它不直接创造它们。但既然它有助于流通时间的缩短,它就能间接地有助于产业资本家所生产的剩余价值的增加。既然它有助于市场的扩大,并对资本之间的分工起中介的作用,因而使资本能够按更大的规模来经营,它的职能就会提高产业资本的生产效率和促进产业的积累。既然它能缩短流通时间,它就会提高剩余价值和预付资本的比率,也就是提高利润。既然它会把资本的一个较小部分作为货币资本束缚在流通领域中,它就会扩大直接用于生产的那部分资本。”[③]

马克思指出,商品生产以商品流通为前提。在对其经典的资本流通公式G－W－G的描述中,马克思将货币转化为资本的过程称为是“一次惊险的跳跃”,这一过程若完成不了,摔坏的不是商品,而是商品生产者自身。这一论述突出地表现了马克思关于商品流通重要性的观点。马克思的价值形成与实现理论也反映了一个完整意义上的“价值”概念绝不仅仅只局限于生产环节,没有流通环节的购销活动,价值无法实现,商品虽然凝结了人类无差别的抽象劳动,却是无法使其个人劳动受到社会的承认而成为普遍的社会性劳动。没能实现的价值,无论其凝结的人类劳动有多大,都不能成其为有真正意义的价值。流通活动虽然不直接生产有形产品,不全是体力劳动,但它们都以不同形式提供各种服务,被社会所承认,为社会实现价值、创造价值、积累财富、创造财富。

---

① 《资本论》第2卷,人民出版社1975年版,第148页。

② 《资本论》第3卷,人民出版社1975年版,第307页。

③ 《马克思恩格斯全集》第25卷,人民出版社1980年版,第146页。

(三)现代流通产业研究的新视角

对流通产业的研究,传统经济理论和交易费用经济学只是静态地考察了产业组织对专业化生产的协调。美国的波特(Porter)教授运用传统产业组织理论的分析范式,认为一个国家的产业要想获得持久的竞争优势,就必须在国内外市场上拥有具备相当竞争力的支持产业。20 世纪 90 年代中后期,波特的理论受到现实的挑战,鲁梅尔特(Rumelt)的实证分析表明,企业超额利润的来源最主要的不是外在的产业组织结构特征,而是企业内部资源禀赋的差异,虽然,产业组织是企业获得长期超额利润和持续竞争优势的重要来源。贝恩及其追随者偏好运用经典产业组织理论来具体地分析现有的产业组织形态是如何形成的。以科斯(Coase,1994)为代表的新制度学派运用交易成本理论,对企业的存在及其规模作了更令人信服的解释。威廉姆森(Williamson,1985)运用交易费用分析法,深入研究了产业组织特别是反托拉斯方面的基本理论与政策实践问题,为产业组织研究提供了全新的微观经济视野,使新的产业组织理论更趋近于现实。

以贝恩、斯蒂格勒为代表的学者着重研究产业进入领域的政府管制对产业组织的影响和变化。政府机构在一些市场失效的产业中,为了防止资源配置低效或过度竞争,确保规模经济、范围经济和提高经济效率,通过批准和认可等手段,对企业的市场进入,包括数量、质量、期限以及经营范围等进行管制,它是政府实行微观管制职能的重要部分,历来都是产业经济学家们研究产业进入壁垒时关注的重点之一。贝恩(1956)强调了规模经济、产品差异、相对费用壁垒和特有资源等四种经济壁垒,并政府的特许权就包含在特有资源之中。而施蒂格勒(1968)提出了一个建立在在位者与进入者之间成本不对称基础之上的进入壁垒概念,在他看来,贝恩认为是进入壁垒的规模经济、资本需要量、产品差异等都不构成进入壁垒,而特别强调政府进入管制这一人为的壁垒,并且据此提出了一系列政府管制政策和产业政策建议。泰勒尔、鲍莫尔、斯宾塞(Tirole,Baumol,Spencer,1999)等一批学者习惯于建立各种博弈模型来分析企业之间不同的行为、政府的管制等外在环境的变化对产业组织形态产生的影响。在研究方法上,突破实证分析的局限性,引进博弈论、计量经济学和信息经济学的分析方法,将博弈论和信息经济学有机地贯穿于产业组织研究中,推动了产业经济学的新发展。

目前国内学者从多个角度对流通产业与经济发展的关系进行了研究。

视角一:对于流通地位的研究,已经突破了以前的仅局限于流通和生产的争论，而是把流通放在全部产业中进行研究（刘国光，2001；黄国雄，2001、2003；陈文玲，2001；李金轩，2002；宋则，2003；王之泰，2003）。

视角二：通过选定一个具体的产业，运用现代经济理论，从制度、产业链之间的关系等方面来剖析产业组织状况，找出影响产业组织形态的关键因素，并给出恰当的政策建议（江小涓，1998）。

视角三：从内外环境的变迁对市场结构的影响出发，运用集中度指数、产业内利润以及企业规模的分布状况等指标来评价产业组织现状的优劣（郭克沙，1993；陈秀山，1997）。

视角四：从新制度经济学的分析框架入手，认为我国20多年流通产业的高速成长是一系列流通制度创新的必然结果（胡洪力、孙宁，2002）。

视角五：流通产业天然就是低进入壁垒产业，要防止流通产业过度进入，对进入予以管制是必然的政策选择，以往我国流通产业进入管制不力，导致了极其低下的经济效率，因此，今后我国必须加快流通产业进入管制制度创新（陈富良，1999；杨蕙馨，2000；曾建海，2000；陈明森，2001；董进才，2002；文启湘、赵玻，2003）。

综合国内外学者对流通产业所作的分析与论述，我们可以看到，西方学者用经典理论和开创性的研究方法推动了产业经济学的发展，同时也拓展了流通经济学研究的范围，但由于缺乏对中国经济的深入了解，因此几乎鲜有研究中国流通体制的文献。而国内学者却有丰富的本土研究资源，因而研究视角广泛，文献颇多。但无论从什么角度分析流通问题，核心是提高中国流通产业的竞争力。顺着这条思路，有两种研究方向：

一是，流通产业组织结构的研究。研究思路从结构主义转向厂商主义，即从重视市场结构转向重视企业行为的分析，而产业组织体制和政策框架要解决的根本问题是，形成有利于企业间有效竞争的格局，争取获得最优市场绩效的市场结构（方虹、郭冬乐，2003）。

二是，从宏观层面强调流通制度创新，包括：流通制度环境创新、商业管理制度创新、流通组织制度创新、流通产业政策体系创新（胡洪力、孙宁，2002）。

本书的研究重点基于后者。

二、流通产业发展与经济结构、产业结构优化

(一)经济结构优化进程中的流通产业

经济发展的内涵体现在数量增长、质量改善、结构优化三个方面。产业结构以其公认的“资源配置转换器”的功能，成为经济活动中投入—产出效率的衡量准绳，是经济持续、稳定发展必不可少的重要条件。

经济学家克拉克(C. Clark)和库兹涅茨(S. Kuznets)等从需求与劳动生产率两个角度阐述了产业结构升级的规律，克拉克在前人研究成果的基础上，考察验证了产业发展与劳动力在三次产业中的分布规律，得出结论：随着经济发展，人均国民收入水平的提高，农业劳动力在全部人口中所占的比重越来越小，第二、三产业中的劳动力比重越来越大。库兹涅茨则进一步阐明了劳动力和国民收入两个因素在三次产业之间的变化规律，认为随着时间的推移，劳动力在三大产业间的分布及三大产业对国民收入的贡献率呈以下变化态势：①农业均处在不断的下降之中；②工业劳动力需求量大体不变或略升，创造的国民收入则大体上升；③第三产业劳动力需求量绝对上升，创造的国民收入稳定或略升。克拉克与库兹涅茨的研究揭示了第三产业的位置将随着经济发展而日显重要。事实是，由于社会对第三产业的需求将随着收入的增加而不断增加，需求因素将拉动流通产业快速发展；而第三产业由于劳动生产率与比较劳动生产率(某产业劳动生产率与全社会平均劳动生产率之比)普遍较低，其就业容量势必较大。第三产业的发展迎合了社会需求的变化趋势，以及劳动生产率提高后社会对劳动力需要量客观减少的发展趋势，所以是未来经济发展的主力军。

新西兰澳塔哥大学教授费希尔(A. Fisher)在1935年最早把所有创造无形财富的行业归类为第三产业；而根据国际经济合作与发展组织(OECD)的标准，第三产业是指广义的服务业，其活动是为了满足人们高于物质需要的需要，主要包括运输业、通讯业、仓储业、商业贸易、金融、房地产业、旅游、饮食、文化、教育、科学、新闻、传播、公共行政、国防、娱乐、生活服务等。按照我国国家统计局1985年的一份报告，将第三产业划分为四个层次：一是流通业。包括交通、运输、邮电通讯、商业饮食业、供销等。二是为生产和生活服务的行业。包括金融、保险、房地产、旅游、咨询、技术服务等。三是为提高居民生活文化素质服务的行业。包括教育、文化、广播电视、卫

生、福利等。四是为社会公共需要服务的行业,包括军队团体、国家机关、社会团体等。我们的研究重在第三产业第一层次流通产业中的商贸业,尤其是侧重于国民经济的终端产业——零售领域。作为国民经济的终端产业,零售业与第三产业的其他具体项目一样,在产业结构升级过程中承担重任外,在推动经济发展过程中具有特殊重要的地位。

(二)"生产性服务业"的发展与产业结构优化

1940 年英国经济学家考林·克拉克(Colin Clark)出版了著名的《经济进步的条件》一书,书中主要针对经济发展的产业结构和就业结构的变动关系问题进行了较为深入系统的研究。克拉克在分析产业结构升级理论时,基于需求差异性的分析,他认为,"随着人均收入的增加,很明显,对农产品的相对需求一直在下降,而对制造品的相对需求开始上升然后下降,让位于服务业。……如果把服务业限于对消费者的服务,那么,相对于其他产品,服务业不会表现出很高的边际需求。但是,若把服务业扩大到包括为企业提供的服务,那就可以得出肯定的结论:服务业的相对需求将是明显上升的。"克拉克的描述包含了对生产性服务业的探讨。

对于生产性服务业的概念,迄今尚未有一个权威的解释。人们因理解的不同和研究的需要,对生产性服务做出了不同的解释:①在费希尔的三次产业分类中,服务业属于第三次产业。我国将第三次产业分为流通业、为生产和生活服务的各个行业、为提高科学文化水平和居民素质服务的各个部门、为社会公共需要服务的部门等四个层次。据此,可以将生产性服务业理解为前两个层次中(即流通业与为生产和生活服务的各个行业)为生产服务的各个行业。②服务业可分为三类,即战略性服务业(包括科技、教育、研究开发等具有长远影响的行业),经济性服务业(包括金融、交通、通讯、商务、中介等服务)和非经济性服务业(包括文化精神服务、信息服务、个性化的生活服务等行业)。通常所称的生产性服务业,基本就是经济性服务业的范畴。③在现实经济活动中,更为通俗的说法是将生产性服务业称为 2.5 产业①。

生产性服务业从其对产业结构升级优化的作用和在产业链中所处的位置来看,是直接为国民经济各产业提供服务的产业,生产性服务业的规模和效率直接影响着其所提供服务产业的竞争力、整个产业结构的协调程度和

---

① 杨公朴:《产业经济学》,复旦大学出版社 2005 年版,第 333 页。

经济的发展速度。如生产性服务业对制造业的支持，就表现为能有效地满足制造业的服务要求，在制造业的研发、设计、生产、营销及售后服务等产业链的各个环节上，构成了一个完整的业务流程，在制造业的产前、产中及产后服务中起着增加价值、实现价值的重要作用。

随着产业结构的升级和劳动分工由产业内向企业内的深化，全球范围内生产性服务业的作用越发显著，其在产业结构中的地位不断上升。随着工业化的推进，在工业产品的附加值构成中，纯粹的制造环节所占有的比重越来越低，而服务业特别是物流、营销、研发、人力资源开发、信息服务、金融保险服务、财务法律中介等生产性服务所占比重越来越高。以汽车产业为例，在汽车产业进入发展时期，单纯的汽车制造业的投资回报率大约为3%～5%，而围绕汽车的服务业的投资回报率高达10%～15%。工业先行国家的发展经验显示，经济的重心已经或正在加速从制造业转向服务业，全球竞争的焦点已经逐渐从商品制造转向服务。大多数工业先行国家的服务业（其中大部分为生产性服务业）都达到三个“70%”的水平，即服务业产值占70%左右，GDP增长的贡献率70%来自于服务业，服务业还吸纳了70%的就业人口。

我国的服务业尤其是生产性服务业的发展严重滞后。从国际比较来看，1993年我国服务业增加值占GDP的比重只有32.3%，远远低于同期全球64%的水平，而且也低于低收入国家平均45%的水平。服务业发展的滞后与我国理论界和决策层对工业化与服务业发展关系的认识存在偏差有直接的关系。我国长期以来对生产与服务的关系认识不清，存在着重生产而轻服务的错误认识，导致了因服务落后而制约生产发展的结果。如由于交通的瓶颈而导致生产受损、由于设计的缺陷导致产品不适应市场需求、由于营销的落后导致产品大量积压、由于金融市场发展的滞后导致企业融资困难等等，具体表现不一而足。生产性服务业的发展滞后，不仅影响了我国工业化的发展，而且还严重影响了我国产业结构的升级和经济的发展。因此，大力发展服务业，尤其是生产性服务业，已是我国完成工业化和经济进一步发展的刻不容缓的任务。

流通领域作为第三产业的重要组成部分，越来越多地承担起了生产的功能，尤其是现代物流业的发展，其生产性功能日益受到社会的重视，已经成为国民经济产业结构体系中兼具初始与终端两大功能的产业，其重要性不言自明。

(三)借助于投入产出分析工具对流通产业的剖析

商业流通产业作为第三产业的重要组成部分,随着经济的发展和产业结构的优化升级,产业的地位不断上升。借助于美国经济学家列昂惕夫(Wassily Leontief)创立的棋盘式产业分析表式——投入产出表,利用线性代数作为分析工具,借助于列昂惕夫逆矩阵 $\boldsymbol{Q}=(\boldsymbol{I}-\boldsymbol{A})^{-1}$,可以进行产业间波及效果分析。影响力与影响力系数,感应度与感应度系数的分析就是其中重要的内容,可用来研究流通产业在国民经济体系中的关联程度。

影响力与影响力系数是一组反映一个国家与地区某产业发展对其他产业的影响、波及作用的经济指标,它的大小体现的是该产业(行业)对国民经济发展的推动能力与推动作用,从一个侧面反映出该产业在国民经济中的地位。

影响力系数(T_j)=该产业在列昂惕夫逆矩阵(Q)中的列系数均值/全部产业在列昂惕夫逆矩阵(Q)中的列系数均值的平均,即

$$T_j=\frac{\frac{1}{n}\sum_{i=1}^{n}q_{ij}}{\frac{1}{n^2}\sum_{j=1}^{n}\sum_{i=1}^{n}q_{ij}}$$

当某产业的影响力系数(T_j)大于1或小于1,表明该产业对经济发展的影响作用力在全部产业中居平均水平以上,长期以来,我国电子通讯、纺织机械、交通运输等产业的影响力系数一直较大。当某产业的影响力系数(T_j)小于1,表明该产业对经济发展的影响作用力在全部产业中居平均水平以下。

感应度与感应度系数是反映一个国家与地区其他产业发展对某产业的影响、或称某产业受其他产业变化影响的程度。它的大小体现的是该产业(行业)受国民经济发展的波及程度。

感应度系数(S_i)=该产业在列昂惕夫逆矩阵(Q)中的行系数均值/全部产业在列昂惕夫逆矩阵(Q)中的行系数均值的平均,即

$$S_i=\frac{\frac{1}{n}\sum_{j=1}^{n}q_{ij}}{\frac{1}{n^2}\sum_{i=1}^{n}\sum_{j=1}^{n}q_{ij}}$$

当某产业的感应度系数(S_j)大于1或小于1,表明该产业受经济发展的影响作用在全部产业中居平均水平以上。国家统计局有关统计数据表

明，我国农业、原材料及运输部门的感应度系数较大。当某产业的感应度系数(S_j)小于1，表明该产业受经济发展的波及作用力在全部产业中居平均水平以下。

我们从美国、日本、英国、澳大利亚、俄罗斯五国三次产业关联度的横截面和中国三次产业关联度的纵向变化两个方面分析第三产业的特点，见表2-1和表2-2。

表 2-1 美、日、英、澳、俄五国产业关联度分析

产业名称	美国		日本		英国		澳大利亚		俄罗斯	
	T_j	S_j	T_j	S_j	T_j	S_j	T_j	S_j	T_j	S_j
第一产业	1.138	0.747	0.9521	0.632	1.039	0.615	0.966	0.669	0.983	0.755
第二产业	1.091	1.218	1.212	1.300	1.125	1.321	1.166	1.275	1.116	1.563
第三产业	0.769	1.033	0.834	1.066	0.835	1.063	0.867	1.055	0.899	0.680
其中：										
批发零售贸易业	0.893	0.864	0.907	0.873	1.068	0.817	1.012	0.969	0.845	0.629
餐旅业	1.133	0.663	1.182	0.690	1.014	0.546	1.075	0.633	/	/

资料来源：李冠霖：《第三产业投入产出分析》，中国物价出版社2002年版，第68～72页。

表 2-2 中国第三产业影响力系数与感应度系数

产业名称 \ 指标	1987年		1990年		1992年		1995年	
	T_j	S_j	T_j	S_j	T_j	S_j	T_j	S_j
第一产业	0.791	0.746	0.790	0.745	0.765	0.628	0.850	0.606
第二产业	1.294	1.457	1.256	1.493	1.190	1.593	1.122	1.731
第三产业	0.914	0.795	0.952	0.761	1.044	0.778	1.026	0.661
其中：								
运输邮电业	0.928	0.719	1.028	0.703	0.889	0.692	0.904	0.635
商业饮食业	1.084	0.837	1.133	0.776	1.237	0.690	1.127	0.613
其他社会服务业	1.089	0.672	1.086	0.657	0.947	0.703	1.075	0.605
金融保险业	0.602	0.689	0.575	0.642	0.947	0.571	0.882	0.506
行政机关及其他行业	0.966	0.539	0.930	0.499	1.015	0.415	1.013	0.405

资料来源：李冠霖：《第三产业投入产出分析》，中国物价出版社2002年版，第139页。

综合比较上述数据资料,我们可以得出以下两个结论:

第一,美、英等发达国家的第三产业由影响力与感应度决定的产业关联度普遍较高。第二,发达国家的影响力系数都低于感应度系数,而发展中国家的俄罗斯则正好相反,这也说明了发达国家发展第三产业对国民经济的推动作用低于受到国民经济发展后对第三产业的拉动作用,第三产业已经在一个较强的需求水平上受到国民经济发展的拉动而发展起来,而发展中国家则相反,第三产业对国民经济发展的推动作用高于受到国民经济发展后对第三产业的抖动作用,因此发展中国家的第三产业适宜采取主动发展的战略措施,而不是等国民经济发展后由于对第三产业需求的增长来拉动该产业的发展。

从中国1987年至1995年三次产业关联度的动态变化情况分析来看,随着国家产业结构调整升级,第三产业在国民经济中的地位日益上升,反映在第三产业发展对国民经济的影响作用迅速提高:从1987年至1995年的8年间,第三产业对经济发展的影响程度从低于全社会平均值(等于0.914)发展成高于全社会平均值(1.026),而作为第三产业重要组成部分的商业饮食业则是始终高于全社会平均值(各时间点均大于1)。

从表中数据比较来看,中国第三产业内部大多数行业的影响力都大于感应度,反映出中国第三产业的绝大多数行业对国民经济发展的推动作用大于国民经济发展后对这些行业的拉动作用,这与发达国家内部第三产业影响力普遍较低的情况正好相反。因此,中国要发展第三产业,在需求不旺的情况下,适宜采取主动发展的策略,即通过增加服务供给来创造服务需求,从而推动国民经济的发展。

(四)流通产业对国民经济的贡献率分析

流通的本质就是优化流程、加快节奏,亦即"减少耽搁迟滞和断档脱销"和"优化资源配置,优化产业结构",这是从时间继起和空间并存两个视角所作出的最高概括(宋则,2004)。流通产业对国民经济的贡献情况可以从对一国GDP、就业、产业结构等方面影响综合反映。

1.流通产业对GDP的贡献

一国流通产业产值占GDP的比重高低,与该国的商品与服务的市场化程度及社会化、专业化生产水平有关。因此,流通业对GDP的贡献程度也是衡量一国经济的市场化程度的重要指标。发达国家的流通业产值占GDP的比重均超过12%。美国、日本、英国、法国四国在20世纪80年代末

90 年代初已分别达到 21.62%、13.89%、14.21%、14.18%。具体来看，美国 1988 年在其国民生产总值中，制造业为 9486 亿美元，批发和零售商业为 7808 亿美元，分别占国民生产总值的 19.4% 和 16%，批发和零售业在国民经济中对 GDP 的贡献仅次于制造业，居第二位；法国 1988 年国民生产总值为 54443.9 亿法郎，其中商业销售净值为 6206.6 亿法郎，占 11.4%；意大利 1987 年国内生产总值为 7558.8 亿美元，第一、二、三产业所占的比重分别为 4.1%、51.9% 和 44%，其中制造业和商业分别占 23.2% 和 18.9%。印度 1988 年第三产业占国民生产总值的比重为 39.5%，商业和饮食业增加值为 3553.3 亿卢比，商业占第三产业增加值的比重占 34.7%。2001 年美国和日本的流通业对国民经济的贡献率分别达到了 21.7% 和 13.9%。经济发达国家 20 世纪 80 年代的经济发展水平与中国今天有一定的可比性。

20 世纪 90 年代以来，中国流通产业的产值占 GDP 的比例一般为 8%～9%，现阶段流通产业对国民生产总值的贡献相当于西方国家 20 世纪 80 年代的水平，中国流通业历年来对国民经济贡献的基本状况见表 2-3 所示。

表 2-3　中国历年第三产业及商业在 GDP 中所占比重

指标 / 年份	国内生产总值(亿元)	第三产业增加值（亿元）	批发和零售贸易、餐饮业(亿元)	第三产业所占比重(%)	批发和零售贸易、餐饮业所占比重(%)
1978	3624.1	860.5	265.5	23.7	7.3
1980	4517.8	966.4	213.6	21.4	4.7
1985	8964.4	2556.2	878.4	28.5	9.8
1990	18547.9	5813.5	1419.7	31.3	7.7
1995	58478.1	17947.2	4932.3	30.7	8.4
1996	67884.6	20427.5	5560.3	30.1	8.2
1997	74462.6	23028.7	6159.9	30.9	8.3
1998	78345.2	25173.5	6579.1	32.1	8.4
1999	82067.5	27037.7	6910.3	32.9	8.4
2000	89468.1	29904.6	7316.0	33.4	8.2
2001	97314.8	33153.0	7918.8	34.1	8.1
2002	105172.3	36074.8	8476.7	34.3	8.06
2003	117390.2	39188.0	9238.4	33.4	7.9
2004	136875.9	43720.6	10098.5	31.9	7.4

资料来源：国家统计局编：《中国统计年鉴 2005》，中国统计出版社 2005 年版。

从国际经验发展来看，我国流通产业的发展潜力还很大，流通产业对 GDP 的贡献有较大的增长空间。1979 年以来，中国商业产出平均年增长率为 9.87%，与持续快速增长的国民经济同步，从零售业来看，90 年代以来中国社会消费品零售总额增长速度约为 10%，普遍高于 GDP 增长率。更为重要的是，商业通过与其他行业的联合，共同开拓市场，发展大市场、大贸易、大流通，对工业、农业等行业的增长起到巨大的拉动作用。

2. 流通产业对产业结构优化的贡献

对产业结构升级理论的研究，除威廉·配第、克拉克等创立的"配第—克拉克定理"，相关的研究还有德国经济学家霍夫曼(Hoffmann)，他研究了工业化连续的渐进过程，得出了工业结构演进规律与工业化阶段的经验性理论——"霍夫曼定理"；美国经济学家库兹涅茨(Kuznets,1973)考察了总量增长和结构变化的一般关系，分析了结构变动在不同总量增长时点上的状态；钱纳里和他的同事赛尔奎因等使产业结构的研究向其本质深化；罗斯托又把结构转换问题的研究上升到主导产业高级化层面。经济学家的研究从多个层面证明了社会生产力的进步总是赋予产业结构向高级化演进这一基本趋势。

流通产业在优化一国产业结构的过程中至关重要：第一，流通产业参与了整个产业结构的高级化过程，如三次产业变化的高级化过程；第二，与工业产业结构不同，在现实中作为整个产业结构子系统的流通产业结构不存在主导产业高级化的更迭，但它确实存在着提供流通服务这种无形产品在质量和效率方面的高级化更迭。从近代商业 150 年的发展史来看，与产业结构高级化相对应，世界商业的流通方式也经历了数次革命。随着工业生产水平在质的方面不断升级，流通产业经济活动的能力也不断升级，呈现出技术水平的高级化、生产要素构成的高级化、流通组织分工的精细化、流通与服务的交织化和市场开发的国际化(见表 2-4)。

值得注意的是，产业结构演进的一个重要趋势表现为：同国际市场相适应，建立了完善的内贸与外贸全方位的外向型产业结构。这是现代产业结构高级化的一个重要标志。产业结构越高级化，越离不开国际间的商业贸易活动。同时，世界商贸业越发展，越需要产业结构高级化提供新的贸易机会和市场空间。如果一个国家不充分利用国际经济、金融、科技及商品市场提供的条件，就很难使本国经济得到快速发展。这一点已被世界各国经济发展的经验所证实。例如，日本学者赤松要提出著名的"雁形形态论"，并以此形象地描述了日本产业结构国际化的演进过程。正因为国际资源的作

表 2-4　流通方式高级化在产业结构高级化过程中的表现

	产业高级化	生产手段高级化： 生产能力升迁	流通方式(手段)：流通能力升迁，即流通服务的质量与效率高级化
产业高级化的趋势表现	技术水平高级化	传统技术→现代技术→高新技术	
	生产要素构成高级化	劳动密集型→资本密集型→技术密集型→知识密集型	
	产品加工高级化	采掘业→原料工业→初加工业→深加工业(低附加值产业→高附加值产业)	流通组织分工精细化，服务多样化(低附加值流通→高附加值流通)
	主导产业高级化	消费资料部门→生产资料部门→服务部门(轻纺工业→重化工业→服务业)	流通产业渗透到和参与到主导产业中。流通与服务交织化
	市场高级化	国内市场→国际市场	

用，不少缺乏自然资源和经济后来居上的国家与地区在当时的国际竞争中确立了“贸易立国”的基本战略。总之，产业结构转换中流通产业的高级化在本质上体现了流通能力的升迁，并且当代流通产业高级化的基本特征就是流通能力的升迁，并且这个升迁伴随着经济全球化。

流通业的发展，尤其是批发零售、连锁超市、专业市场的发展，带动了交通、邮电、金融、房地产、饮食服务业和其他第三产业的迅速发展，它对我国优化产业结构、促进经济发展起到了重要的作用。根据赵德海、邵万清的研究，流通产业与第一、二、三产业发展具有高度相关性。流通产业与第一产业增长的相关系数为 0.9702，说明流通产业的发展极大地促进了第一产业的发展；流通产业与第二产业增长的相关系数为 0.9963，可见流通产业的发展对第二产业具有重要的推动作用。流通产业对第一、二、三产业具有重要推动作用，对第三产业的推动作用高于第一、第二产业，而对第二产业的推动作用又高于第一产业。① 所以，流通产业对我国国民经济发展和国民经济结构调整具有至关重要的作用。

目前我国城市化进程正面临着产业结构调整与升级的内在要求，城市化进程中人口的逐步集聚，居住人口增加，必然要求城市拥有发达、完善的

① 详细推导过程参见赵德海、邵万清：《对流通地位的再认识》，《哈尔滨商业大学学报(社会科学版)》2004 年第 1 期。

商贸服务体系，商贸业发展以人为本，对城市经济发展的贡献与日俱增，这些在客观上要求地区商贸业健康、有序地配套发展，为社会提供必要的生活服务与后勤保障，使生产、消费者安居乐业。

3.流通产业发展对社会就业率的贡献

按照产业结构优化理论，随着人均国民收入的增长，劳动力逐渐由第一产业向第二产业转移，当人均国民收入进一步提高时，劳动力由第二产业向第三产业转移。在产业结构调整过程中，第一、二产业原有的劳动力就会显得相对过剩，必然向第三产业转移。第三产业大多数属于劳动密集型产业，可以吸纳较多的劳动力。例如，重工业部门每安排一个劳动力，需要增加10000元的固定资产，轻工业也需要6000元，而流通业或其他服务业，每万元资金可安排十几人甚至几十人就业。

流通业具有技术相对简单，工作时间、地点相对灵活等特点，这都决定了流通具有很强的劳动力吸纳能力。从西方发达国家发展来看，一国就业水平的高低在很大程度上取决于流通业的发展水平。考察流通业对就业的贡献的大小，可以用流通业的就业人数占全社会就业人数的比重来衡量，即一定时期内流通业就业人数占该时期全社会就业人数的比重越大，流通业对充分就业的贡献也就越大。2002年末，我国共有各种不同经济类型商业网点1700万多个，全国批发零售贸易和餐饮业从业人员4969万人，吸纳就业人数在国民经济各行业中排第三位。[①] 西方发达国家的流通产业对就业的贡献是很大的，发展最快的韩国，从15.2%上升到22.8%，平均就业贡献最大的是日本，基本维持在22%，是我国同期就业贡献的4.2倍。德国的流通产业对就业贡献相对较小，但是也是我国同期就业贡献的2.74倍。可见，我国流通产业的就业空间还很大。中国目前流通业的就业水平还比较低，而今后中国就业问题将日益突出，流通业吸纳就业的潜力巨大。根据《2001年国际统计年鉴》的有关资料，以1999年为例，对就业指标进行简要的中外比较(见表2-5)。

虽然多年来流通领域从业人员增幅在国内各行业中名列前茅，但从表中可以看出，中国流通就业人员无论是占总人口的比重，还是占全国就业总量的比重，都远远低于流通业十分发达的美国和日本，与韩国相比也相差甚远；即使与同为发展中的国家巴西相比，虽然流通业就业人员占总人口的比重相差不到2个百分点，但流通业就业人员占就业人口的比重仍相差5个

① 资料来源：http://syggs.mofcom.gov.cn/article/200406/20040600228277_1.xml

多百分点。这说明在现代化进程中,中国的流通业在吸纳劳动力,提供就业岗位方面还具有广阔的拓展空间。

表 2-5　美国、日本、韩国、巴西、中国五国流通业就业人员状况

国别 \ 指标	全国总人口（万人）	流通业就业人数（万人）	流通业就业人员占总人口的比重（%）	全国就业人口（万人）	流通业就业人员占就业人口比重（%）
美国	27313	2757.2	10.09	13348	20.66
日本	12651	1483.0	11.72	6462	22.95
韩国	4686	390.4	8.33	2028.1	19.25
巴西	16537	941.7	5.69	6996.3	13.46
中国	125909	4751.0	3.77	70586.0	6.73

资料来源:李金轩:《做大商业蛋糕与拓展就业途径之分析》,《商贸经济》,2003 年第 2 期。

(五)日本的案例

根据日本流通经济研究所编著的《流通简明辞典》(1996 年版)所提供的日本 1995 年的统计数据表明,流通产业是:①典型的劳动集约型产业——该产业的产值仅占国内生产总值(GDP)的 19%,可是从业人数要占到全体从业人员的 34%;②低生产性的产业——虽说提供了 34%的就业机会,可仅创造了 19%的社会价值,与别的产业相比,其效率是低下的;③能提供大量就业机会的产业——虽说效率不高,但从能提供大量就业机会的角度来看,流通产业对社会的贡献是不可轻视的。

实行混合经济体制的日本,虽说主要是用“看不见的手”调节市场的经济活动,但在流通产业的发展过程中,政府却始终起着重要的指导和引导作用[香川敏幸(日)、孙前进,2003]。在 1945—1975 年的 30 年间,日本流通产业的发展大致可以分为四个时期:①1945—1959 年。为了确保战后经济复兴时期的劳动力就业并保护、扶持、培育中小商业企业。政府制定和发布了与流通有关的政策。如《中小企业保护法》、《百货店法》、《零售商业调整特别措置法》等。②1960—1965 年前后。为了使中小商业企业达到高度化、集团化、近代化,政府制定了《中小企业近代化法》,对联合协作业务项目进行扶持资助,从此日本全国掀起了批发商业团体建设、商店街共同化等活动的热潮。③1966—1969 年期间。经济政策的重点落在《流通机构合理化、近代化展望的制定》方面,政府为了早日实现商业近代化,努力改善各种物资的流通现状。此时出现了方便连锁店、购物中心、综合批发中心以及交易条件的合理化和流通贷款手续的简便化以及货物托盘收集中心等。④1970—1972年前后。主要的政策是推动流通系统化,此间展开了实施各种推动流通系统化的具体措施。随着日本经济急速增长和出口规模迅速扩大,在20世纪50—70年代,不仅是综合商社,而且包括生产、制造行业的电机、汽车等出口大户,竞相增大对建设海外销售网的直接投资。由于商品的大量出口,日本和欧美诸国之间的贸易摩擦越来越激烈。1968年,发生在美国市场的彩色电视机反倾销事件就是典型的一例。经过日美两国长时间的协调,终于在1977年达成了出口自我限制协议。此后,纤维、汽车、半导体、机床等产品的出口也遭到了类似的命运。因此,日本的生产企业不得不从偏重于产品出口转向在欧美当地设厂生产,直接在当地销售。1980年以后,在日元汇率走势不减的形势下,效益良好的先进企业,为了提高海外基地的生产效率,将生产设备,包括管理机能在内的经营资源成套地移向海外。国际化经营不仅促进了日本企业所在国的工业化程度,而且也促进了日本海外物流系统的完善和发展。

日本流通产业对国民经济的贡献主要体现在四个方面:

第一,稳定消费物价和增强企业的国际竞争力。1955—1964年的10年间,日本的道路、港湾、空港等公共交通设施得到了急速的整备和扩充。在以《近代化过程中的物的流通》为副标题的1965年《运输白皮书》中首次强调:为了稳定消费物价和增强企业的国际竞争力,物资流通部门的现代化问题已经成为重要的课题。并且指出,在力求充实铁路、道路、港湾、空港等有关交通部门的社会资本的同时,运送、保管、装卸、包装等物流部门的系统化发展也是当时的急务。在世界经济全球化进程中,一个国家物流系统状态的优劣,是决定这个国家商品在国际市场上竞争力大小的一个重要因素,以此保持和提高以“贸易立国”为基本国策的日本产品的国际竞争力。

第二,缓解由大量贸易顺差带来的同欧美等国的贸易摩擦。20世纪80年代初期,日本和西方国家间的经济依存度越来越高,在对美贸易顺差有增无减的背景下,来自以美国为首的海外流通部门,要求资本自由进出日本的呼声越来越高。同时,欧美严厉指责日本流通系统的复杂性、闭锁性、落后性、不透明性,并判定这是典型的自由贸易的“非关税壁垒”。特别是对开设新店有诸多限制的《大店法》成为矛盾的焦点,强烈要求日本政府将其修订。为了缓解同欧美的紧张经贸关系,经过长期的谈判协调,于1990年6月日美达成《日美构造协议》,日本同意短期内首先放宽《大店法》中某些条款的限制,分三步对该法实行规制缓和,逐步修订此法的协议。也正因为如此,随后接踵而来的是日本流通的近代化、合理化政策的制定和实施。

第三,解决日本经济高成本构造所带来的"内外价格差"的压力。所谓的"内外价格差"是指同种产品在海外的价格和在国内价格的差距。由通产省发表,包括物流成本内容在内的"内外价格差"调查表明:给日本经济带来高成本结构的主要原因是日本物流费用的居高不下。而物流费用居高不下的原因是物流部门低效率、高成本结构。为此,日本在缩小贸易顺差、扩大进口方面作了不懈努力。可是不管日元汇率怎么上升,进口商品的价格仍然昂贵,甚至高出海外价格 2~3 倍。究其原因,是在进口方面日本实行的是大多数进口商品必须通过政府限定的进口总代理店制度,这种进口总代理店几乎垄断了全部进口业务,也垄断了价格,致使高价格现象出现。另外,日本的流通领域的特约店制度也是一个各自封闭独立的体系,再加上固有的交易习惯等因素,在很大程度上阻碍了进口数量和规模的扩大。从这个意义上讲,内外价格差和流通领域有着直接的因果关系。

第四,推动产业结构的升级,降低生产成本。1973 年发生的第一次石油危机,使世界原油价格高涨,生产成本上升。直接受此影响,日本物流系统和物流成本发生了巨大变化。1960 年以前,生产制造企业考虑的只是怎样把货物运出去的问题,可现在厂家开始考虑选择货物运输的方式、手段和费用,以图降低生产成本。在服务产业化的不断发展,消费心理和消费行为渐渐趋向成熟化的过程中,流通产业面临一个多品种、多频度、少量化的新要求。

第五,适应消费者不断变化的消费习惯和消费方式。随着日本经济高度成长,个人收入的增高,人们从大量消费商品、大量废弃垃圾的生活方式转向对环境、资源问题的重视,同时人们的价值观也发生了很大的变化。少子女化、高龄化以及一个成熟社会正在或者已经到来。社会及经济环境的变化改变了消费者的消费习惯和消费方式。流通的现代化适应了这种变化。

三、中国商贸流通业发展面临的机遇与挑战

中国作为从计划经济向市场经济转型的国家,长期以来必要的市场体系缺失、流通产业发展滞后。在现代进程加速时期,流通产业在面临巨大的

发展机遇的同时,也面临着一系列的发展困境。如何发展、壮大中国现代流通业,将摆上经济工作的议事日程。

(一)中国经济发展给商贸流通产业带来巨大机遇

1.人民收入水平与消费层次快速提高

据不完全统计,近年来,随着城乡人民收入水平的迅速提高,居民收入中用于消费的部分也同步快速提升,在经济发展的现阶段,消费提高的幅度大于收入增加的幅度。1978年以来,我国城镇居民家庭人均可支配收入增长3倍多,恩格尔系数减少20个百分点,国内零售市场对GDP增长率的贡献均在50%以上,而我国最终消费大多数都是通过流通业来实现的。随着城镇居民收入水平、消费水平的不断提高,由温饱型转入小康型,逐渐形成了多层次、多样化的消费需求。加之农村购买力转移等因素,城市流通规模迅速扩大,流通现代化步伐加快,服务质量大大提高。表2-6的数据反映了近年来中国城乡居民消费支出水平普遍高于收入增长水平,社会消费品零售市场交易活跃。

表 2-6 1995—2003 年中国居民收入增长与社会消费品零售总额增长对比

年份	社会消费品零售额		城镇居民人均可支配收入		农民人均纯收入		城乡收入比上年平均增长率(%)
	总额(亿元)	比上年增长率(%)	收入额(亿元)	比上年增长率(%)	收入额(亿元)	比上年增长率(%)	
1995	20620.0	/	4283.0	/	1577.7	/	/
1996	24774.1	20.15	4838.9	12.98	1926.1	22.08	17.53
1997	27298.9	10.19	5160.3	6.64	2090.1	8.51	7.58
1998	29152.5	6.79	5425.1	5.13	2162.0	3.44	4.29
1999	31134.7	6.80	5854.0	7.91	2210.3	2.23	5.07
2000	34152.6	9.69	6280.0	7.28	2253.4	1.95	4.61
2001	37595.2	10.08	6859.6	9.23	2366.4	5.01	7.12
2002	42027.1	11.79	7702.8	12.29	2475.6	4.61	8.45
2003	45842.0	9.08	8472.2	9.99	2622.2	5.92	7.96

数据来源:http://www.dataempery.com(数据帝国)

2.城市化的推进,加速了商贸业发展的步伐

"城市"的最大特点不是地域概念的"城","城"只是城市的外壳,真正的城市特点在于它的内核——"市",这才是城市的灵魂。"市"是什么?是市

场,是贸易,是流通。现代城市建设与城市经济的发展,要求有发达的商贸业来体现其繁荣及对周边村镇的吸引力。商业中心、商业广场、商业街、现代购物中心等,是城市繁华和特色的体现,发达的商贸业在城市内部产生凝聚力,构成城市居民优美舒适的生活环境,满足城市工业经济对价值实现的需要;同时又辐射城市周边,甚至波及全国的购物、旅游、观光和娱乐的理想场所。从 1978 年到 2001 年,全国小城镇由 2176 个增加到 20358 个,城市数量由 190 个增加到 662 个,其中城市产业和人口高度集中,规模经济优势强,"集聚效应"明显,在国民经济发展中起着骨干作用。随着大城市中心城市功能的不断完善,辐射能力的逐渐加强,对带动周边中小城市和地区的发展起到了越来越重要的作用。2000 年全国 93 座大城市共计人口 1.9 亿,创造了 2.74 万亿元的国内生产总值。城市化的推进,要求有繁荣的商贸业相配套。

3.城市各类商品流通环境大为改善

中国改革开放以来的经济政策从体制、商品、市场等方面,解除了对城市流通业的禁锢,带来了流通业从业人员、经营网点、商品购销、服务特色迅速恢复和迅猛增加,商贸流通产业发展环境大为改善。

4.农村经济的快速发展,加快了国内流通产业的发展

随着中国农村经济改革的深化,农村经济发生了巨大的变化,农副产品购销体制改革、农村生产资料供应方式转变,要求有新流通体制相适应,也要求有适应农村流通与消费需要的商贸业大发展。

(二)中国商贸流通产业的现状及缺陷——对外开放背景下的比较分析

随着中国加入 WTO 之后保护期的即将结束,外资大举进入中国流通产业已是大势所趋。跨国流通集团的进入对本土流通企业的冲击是不言而喻的。外资企业大多采取大型综合超市业态在中国快速扩张,这对国内刚刚成长起来的新兴超市和众多中小零售店而言是一个巨大威胁。国内前一阶段大商场的无序发展和纷纷倒闭造成了商业资源的巨大浪费,而目前大型综合超市也步入了类似窘境,中外零售商互相争抢地盘,"圈地"活动在全国各大城市展开,并已经对中国本土商贸业发展造成损害。对于大型零售店铺这种无序扩张行为是否应加以管制,对于保护期后跨国零售集团的进入是否应该通过法律手段延缓其步伐,已成为目前国内企业界和学术界争论的热门话题。

1.外资进入流通领域的特征

(1)外资数量不断增加,市场占有率不断提高。自1992年国务院批准在北京、上海、天津、广州、深圳等11个城市和地区试办中外合资合作经营零售企业以来,至2003年,按照国家政策,只允许在北京等11个城市和地区进行试点,且国务院只批准了20家合资零售企业,但实际上全国共有20个省、市、自治区,自行批准开办了277家外商投资零售企业,其中部分是连锁企业,若按单个店铺计算已经超过400家。中国的大城市和沿海经济发达地区是外商零售企业的主要选择对象,市场占有率在不断提高,据上海的资料,在1997年,门店数仅占总数8.7%的大型"洋超市",销售额已占全市整个超市销售额的25%,表明外资企业抢占市场份额的速度在不断提高。

(2)外商投资主体来源日渐拓宽,资金雄厚,投资规模大,实力强。1999年的新政策明确规定了外国合营者、中国合营者和合营企业的申办资格。申请设立从事零售或批发业务的外国合营者,申请前3年年均商品销售额或商品批发额分别应在20亿美元或25亿美元以上,申请前1年资产额应分别在2亿美元或3亿美元以上。实际上,有相当多的国际流通企业符合这一条件。据1994年的统计数据,国际零售业100强中,名列第100名的是日本的伊祖米亚(Izumiya Co)公司,该公司的年销售额为40.7亿美元,约为中国规定的外国合营者标准的2倍。进入美国《财富》杂志全球500强的零售商,共有14家企业在此时期进入中国,约占当年进入500强零售商总数的23.7%。例如,全球500强排名第三、全球零售业排名第一的美国沃尔玛公司、亚洲零售业排名第一的日本大荣公司、欧洲零售业排名第一的德国麦德龙公司等,这些世界知名零售企业看好我国国内市场,纷纷寻机进入。这些外企的共同特点是具有充足的资金、实力强。

(3)外资企业以丰富的流通业态和低价位营销策略,赢得了越来越多的消费者。外资流通企业的业态多种多样,从便利店、超市到百货公司、仓储式商场,应有尽有。尽管外资流通企业的业态不同、商圈大小不一、定价策略或高或低、经营品种或专或全,但在决定流通效率的重要一环,在企业组织形式上它们是一致的。它们均以连锁的方式经营以取得规模经济效益。外资流通企业虽是单个或数个进入中国市场,但其背后无一例外地存在着一个规模庞大的连锁体系。"7-11"拥有6000多家店铺,其母公司伊藤华洋堂1996年销售总额达3036.68亿美元;"沃尔玛"拥有2000多家折扣店;有400多家的"山姆会员店",内有20多家配送中心;"家乐福"拥有2000多家大型超市。日本早在20世纪60年代中期就发布了"自愿加盟连锁业者计划”。低价位源自成功的成本控制:人们熟知的沃尔玛公司,凭借先进的信息、补货系统,可将一件商品从出厂到摆上货架的时间平均控制在5~7天,而一般公司需要30天。这就是沃尔玛领先于所有对手的核心竞争力。美国奥本大学教授保罗·斯瓦米达斯的调查报告显示,美国71%的制造商已经使商品库存时间从1990年的2个月、1993年的1.5个月明显下降到1997年的1.2个月。而汽车、电子产品和零售企业的周转时间已经从1987年的27天,缩短为1998年的12天。①

2.国内流通产业面临的困境

经过改革开放的发展,我国商贸流通产业取得了长足进步。但是,流通企业的组织化程度、现代化水平、经营规模、经营效率还不能适应国民经济发展的需要。目前国内流通产业存在着以下不正常的现象:

一是社会化程度低。近年来零售企业数量和规模虽然快速扩张,但整个社会化服务体系建设相对滞后。

二是信息化程度低。许多零售企业内部管理仍然停留于人工操作,企业信息化投资偏低。据对部分流通企业的调查,仅有6.84%的企业基本实现了电子商务,流通企业信息化投资占总资产的比例平均不到2%,与国外大企业8%~10%的平均水平相比差距较大。

三是国际化程度低。我国零售企业走出去开拓国际市场并带动国内商品出口的很少。

四是标准化程度低。我国流通领域缺乏真正与国际接轨的标准体系。

五是规范化程度低。无休止的价格战、故弄玄虚的商品打折、大零售商对供应商的“霸王条款”等零售行业中的不规范现象屡见不鲜。

六是管理水平较低,主要经济指标与跨国商业企业相比差距很大。2003年我国企业500强中的商业企业流动资金平均周转速度仅为每年2.4次,而发达国家商业企业资金周转率最高的每年达到20多次。沃尔玛公司2002年利润率达到3%,2003年我国企业500强中的商业企业利润率平均仅为1.06%,行业排名倒数第三,利润比上年下降24.89%。这当中固然有现代化流通发展历程短,而且又出现了SARS疫情等原因,但竞争力弱的状况确实存在。

上述问题产生的一个直接原因是中国流通领域尤其是零售业缺少龙头

---

①　查尔斯·巴彻勒:《供应链中的后勤工作在公司议程中有更重要的作用》,英国《金融时报》1998年12月1日。

企业。虽说自2003年起，由一百、华联、友谊和物资集团四家大型企业归并整合而成为国内最大规模的商贸流通集团——上海百联（集团）有限公司，新组建的百联集团总资产已经超过280亿元，成为中国零售业之首，然而对比发达国家零售行业，其921亿元的年销售额，仅相当于世界最大的零售商美国沃尔玛公司当年销售额的4.2%。2003年，沃尔玛公司销售额为2630亿美元，占美国当年全社会消费品零售总额比重的7.6%，而我国批发零售业前100家企业2004年的销售额才4129.8亿元，只占全社会消费品零售总额的9%。

长期的低水平发展，导致中国流通产业效率低下：

(1)流通速度低。据测算，我国国有商业流动资本年平均周转次数为2.3次。日本的非制造业（包括批发、零售业）流动资本年平均周转次数为15～18次。一些跨国连锁公司如沃尔玛、麦德龙等的流动资本周转次数年平均可达到20～30次。

(2)库存率高。社会库存总额占社会商品销售额的比重也反映了流通效率。据有关资料显示，1990—1998年美国、日本、德国制造业库存总额平均只占销售额的1.3%～1.5%，非制造业（含批发、零售业）库存平均只占销售额的1.14%～1.29%。我国1997年社会批发、零售业商品库存总额占销售额的比重为13.68%，2004年末限额以上批发、零售业商品库存占其当年销售额的比重为6.37%。

(3)物流成本过高。通过物流成本占GDP的比重，可以反映物流的效率。据世界银行测算，我国物流成本占GDP的比重为16.7%。日本1997年物流总成本占GDP的比重为9.6%，美国2000年物流总成本占GDP的比重为10.1%。可以看出，在物流效率方面，我国有较大的提高潜力。近年来，中国流通产业创造的增加值在GDP中的比重大致保持在8%左右，与发达国家在20世纪90年代平均15%以上水平相比，我国流通产业对国民经济的贡献程度还比较低。

流通产业的长期低水平发展会直接延缓国内工业生产的发展步伐，并最终阻碍产业结构升级。从国际层面看，外资进入流通产业，最终影响的是中国制造业。外资企业拥有的巨额订单和大规模商品采购能力，明显把持了流通业的优势和定价优势，据此完全可以向制造业终端，乃至向中上游产业链实施纵深控制，直至“掌管”起中国的产业结构；外商所给出的批量和价格“订单”，完全可以决定国内众多制造商的销路和生死。对外资的这种能量和战略上的考虑不可掉以轻心。正因如此，壮大国内流通业，发挥其调整优化产业结构的主角功能十分迫切,意义深远。中国在对外开放、世界经济一体化过程中,理应在世贸组织框架下就国内流通业、制造业和产业结构,做出独立自主的政策安排。

(三)确立流通产业先导地位

1. 流通"路径"理论

流通是连接生产和消费的桥梁纽带。日本著名流通学者林周二在其有关"流通革命"的著述中,曾使用"路径"(channel)这一名词,形象地定位和描述流通产业,突出了流通部门的重要地位与功能作用:他把路径比作是一条连接A、B两城的交通要道,对于流通而言,位于路径上的路径者(C)是连接生产厂家(M)和用户(U)的通道(见图2-1)。

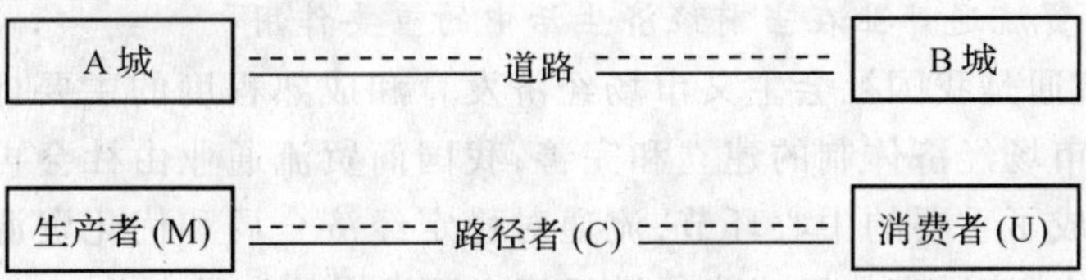

图2-1　流通路径示意图

现在如果两城间交通出现问题,路径者失去了应有的作用,在流通中,就是M的生产活动与U的消费行为发生了变化,使路径C失去了原有的作用,他提出了以下三种解决对策:

第一种,对两城间车辆进行交通管制,亦即考虑到路径C不通畅,功能下降,限制或压缩生产与消费的变化发展,使之迎合现有路径状况。当然这项措施是不现实的,没有研究价值。

第二种,强化、扩大以往的道路,即强化现有的路径C,提升其原有功能,使其重新适应生产、消费双方的新的需要。

第三种,建设新的、更好的连接A、B两城之间的新通道,即放弃现有的路径(业态),转而创造(培育)更新、更好的路径(业态)C,这主要是从流通业态的拓展角度分析问题。

社会物质资料生产过程包括生产、分配、交换、消费四个环节。传统的计划经济认为生产是起点,是起决定作用的,而消费则是终点,是受生产支配的,流通是以生产为起点的分配过程。市场经济条件下的现代流通刚好把经济运行的起点颠倒过来,消费需求是经济运行的起点,消费决定生产,决定整个经济运行的过程。市场有多少消费需求就生产多少商品,消费需求是社会再生产周而复始的起点。如何满足即期的消费需求,开发潜在的消费需求,创造新生的消费需求,成了市场经济运行经久不竭的活力,也是现代流通周而复始的起点。林周二的分析突出了生产与消费的矛盾性,以及流通产业在解决这一矛盾中的作用。在中国买方市场格局逐步形成的宏观背景下,生产与消费的供求结构矛盾加剧,流通产业以其商流、物流及信息传导、反馈机制,能最大限度地协调生产与消费、供应与需求之间的矛盾冲突。围绕市场消费需求所进行的商品生产与交换的过程,就是社会化大流通的过程。市场经济越发达,流通的地位和作用就越重要。因此说,在当前买方市场条件下,流通业已经从末端产业变成了引导消费、促进生产的先导性产业,也就是消费通过流通决定生产;流通是整个经济链条中不可缺少的重要环节,是决定经济运行速度、质量和效益的引导性力量。

2. 商贸流通产业在当前经济生活中的重要作用

(1)流通是我国社会主义市场经济发育和成熟程度的主要标志。随着社会主义市场经济体制的建立和完善,我国商贸流通业由社会再生产的中间环节变成了重要的中心环节,流通对稳定经济全局和优化资源配置的作用越来越大,流通产业已成为促进经济全面发展的先导产业。

(2)流通是决定国民经济能否实现良性循环的关键。流通业在整个国民经济中发挥着承上(生产)启下(消费)的重要功能,对整个社会的资源配置、结构调整都起着不可替代的重要角色。如果商业流通领域的发展长期滞后,必然加剧整个国民经济中的产品淤塞、流通不畅,最终导致第一、二产业的销售困难,随之出现库存积压、成本上升和资金拖欠、银行呆坏账增加,生产企业竞争能力大打折扣。流通已成为国民经济运行的"瓶颈"领域。

3. 加速商贸流通产业发展的政策思路

当前中国经济发展对流通产业提出了新的要求,要求建立独立强大的流通体系,确立起流通产业的先导地位。

(1)在指导思想上确立宏观先导论。中国受历史、文化等因素的制约和影响,"重生产、轻流通"的思想根深蒂固,流通业长期得不到应有的重视,一直是国民经济的末梢产业。至今在不少地区、部门包括政府决策机构,还没有完全转变轻商思想,只求速度、政绩,不求质量、效益,对制造业百般呵护,认为制造业"成效快、政绩高","上经济就是上工业","上工业就是上项目"。这种"重生产、轻流通"的思想极大地阻碍了流通业的发展。当前最紧迫的是解决好宏观层面的问题,着眼于宏观经济目标,将制定流通产业政策列入议事日程和最高的决策层面,高度重视和充分发挥现代流通业在新时期、在多方面的重要作用,全面提高流通产业的贡献率。

(2)在协调机制上树立内外贸一体化、东西部协调发展的大局观。从理论、体制、政策、主管机构、审批权限、企业经营范围等诸多方面加快我国内外贸一体化的进程,解决好加入 WTO 后这一最突出、最紧迫的问题。流通现代化也绝不只是东部沿海城市的事,更要关注农村和中西部。

(3)在制度建设上强调法制引导观。加快流通产业立法,制定流通产业规划,优化流通产业结构,积极培育有竞争实力的现代流通产业集团。加快反垄断立法,尽快完善国内流通领域对外开放的法规体系,提高外资进入流通产业的壁垒,通过规模化发展,来提高国内流通产业的资产聚合度,增强整体市场竞争能力和抗风险能力。

(4)在技术保障上突出锐意进取的时代特色。注重技术创新,发展现代流通方式,对传统流通业实施以电子商务、连锁经营、物流配送为基础的现代化改造。同时,要在物流成本调查研究和物流资源普查摸底的基础上,努力促进"第三方物流"的发展;流通现代化绝不止是第三产业的事,第一、二产业也要积极参与流通创新。努力探寻精确、可靠、实用的流通现代化评价指标体系和流通状况跟踪监测体系。

流通产业以其与人民生活高度相关性、对 GDP 与就业的高贡献率、与国民经济其他产业的高关联度,以及在社会经济生活中的不可替代性,已经具备了国民经济基础产业的特性,并且这种特性随着中国经济的发展正在表现得越来越明显。

第三章

垄断、竞争与市场绩效

——中国商贸流通产业组织结构现状剖析

一、商贸流通产业组织结构分析方式

1957年，贝恩出版了第一本系统论述产业组织理论的教科书——《产业组织》，创立了被后人称为哈佛学派产业组织核心理论的产业SCP分析范式，在承袭前人一系列理论研究成果的同时，以实证研究为主要手段，把产业分解成特定的市场，按结构、行为、绩效三个方面对其进行分析，构造了一个既能深入具体环节，又具有系统逻辑体系的市场结构（Market Structure）——市场行为（Market Conduct）——市场绩效（Market Performance）的分析框架，被后人简称为SCP产业分析范式。市场结构主要研究产业的进入与退出壁垒及相应的市场集中度；市场行为的内容较为复杂，大致可归纳为企业的价格行为与一体化行为两大类；市场绩效是结构与行为共同作用下的产品质量、企业利润、资源配置、技术进步等方面的效果。SCP分析范式的结构体系见图3.1所示。

后来的经济学家对哈佛学派的产业组织思想进行了修正，在传统SCP分析框架下又作了补充，增加了图中的两个空心箭头，指出从短期（或静态）来看，特定的市场结构下有特定的市场行为，特定的市场行为产生特定的市场绩效；但从长期（或动态）看，市场结构的变化可能主要是由市场行为和市场绩效引起的，市场行为和市场绩效会对市场结构产生如空心箭头所表示的反作用：如果市场结构影响市场行为，而市场行为是抬高价格、增加利润，那么这种市场行为就会吸引新企业进入产业，继而改变市场结构。

无论是哈佛学派的产业组织思想，还是后来经济学家所作的修正，我们看到，利用结构、行为、绩效理论对一个产业本身及所处的市场环境进行整体的分析，是政府实施产业扶持或管制政策措施的理论的依据，如果不能从

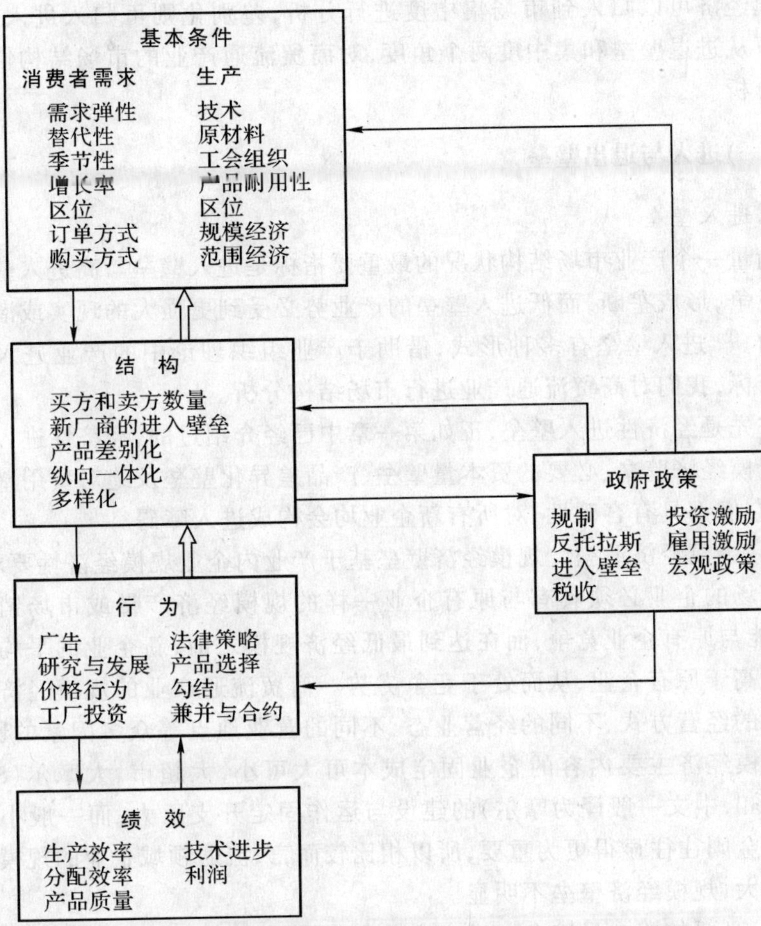

注:实线箭头为传统哈佛学派对 SCP 关系的认识,空心箭头为后人的补充。

图 3.1 市场结构、市场行为、市场绩效关系图

资料来源:Garlton and Perioff(1989)

结构、行为、绩效等方面事先对产业做出科学、合理的剖析,政策就无从着手开展。

二、市场结构分析

市场结构通常是指在特定产业内市场主体(主要是企业)的构成及其相互关系,它在很大程度上决定了市场竞争或垄断的程度。市场结构的构成要素很多,主要有进入与退出壁垒、市场集中、规模经济、产品差别化等,其

中规模经济可以归入到市场集中度进行分析,差别化则可归入进入壁垒。故以下从进退壁垒和集中度两个角度,对商贸流通产业的市场结构情况作重点分析。

(一)进入与退出壁垒

1.进入壁垒

衡量一个产业市场结构状况的最重要指标是进入壁垒。高进入壁垒会阻碍竞争,形成垄断,而低进入壁垒的产业势必受到更强大的现实或潜在竞争压力。[①] 进入壁垒有多种形式,借助于产业组织理论中的产业进入壁垒分析指标,我们对商贸流通产业进行市场结构分析。

首先是经济性进入壁垒,正如第一章中已经介绍过的,经济性进入壁垒包括规模经济壁垒、必要的资本量壁垒、产品差异化壁垒及绝对费用壁垒等几种,它们都具有客观性,对所有新企业均会构成进入障碍。

(1)规模经济壁垒。规模经济壁垒基于产业内企业规模经济性要求,新进入市场的企业必须具有与原有企业一样的规模经济产量或市场销售份额,才能与原有企业竞争,而在达到最低经济规模之前,新企业的平均总成本一定高于原有企业,从而处于竞争劣势。商贸流通产业的规模经济受企业不同的经营方式、不同的经营业态、不同的营业地点等众多因素的影响,构成规模经济主要内容的企业固定成本可大可小,大超市、大摩尔(Shopping Mall,中文一般译为摩尔)的建设与运作固定开支巨大,而一般小店铺流动资金则往往显得更为重要,所以相比较而言,流通领域企业的规模经济弹性较大,规模经济壁垒不明显。

(2)必要的资本量壁垒。进入产业所必要的资本量因产业的不同而差异性较大。由于进入商贸流通产业的规模经济要求不高,企业初始进入所必要的资本量相对而言要求也不高,新企业资本筹集难度远低于其他有较高规模经济要求的产业,一般而言是低必要资本量壁垒的企业。

(3)产品差异化壁垒。产品差异化是指企业在向顾客提供产品时,通过各种策略性行为引导顾客偏好,使顾客能够把该企业的产品与其他竞争性产品有效地区别开来,使企业在市场中获得竞争优势。在一个差异化显著的产品市场中,新企业的进入意味着需要更多的新产品研发费用、广告费

---

① 根据鲍莫尔的可竞争理论的基本思想,现实的竞争压力来自低进入壁垒下众多企业的进入;潜在的竞争压力源于低进入壁垒下现有企业无法获得超额利润。

用,亦即更高的成本费用。商贸流通企业的经济活动主要是从事商品的经营,随着国内经济的发展,市场的成熟,除少数专卖店、专营店外,商贸企业一般均能自由从事各种商品的流通业务,自由组织到市场所需要的各种商品,新企业进入客观上无须顾虑差异化壁垒,因所经营产品物理性能的差异导致新企业进入差异化壁垒也是很低的。

(4)绝对费用壁垒。根据贝恩的观点,绝对费用优势是指在特定的产量水平上,行业内原有企业比潜在的或新的企业通常具有低成本生产能力,一般表现在原有企业对专利技术、稀缺的原材料、高级技术人员及销供货渠道的控制与占有。由于原有企业这种能力的存在,新企业进入势必要比原有企业付出更多的费用。商贸流通企业的绝对费用进入壁垒主要发生在新进入产业寻找供应商、签约、履约、员工培训等方面,可以想见,这些费用对目前正处在买方市场的流通领域而言,也难以构成企业进入的障碍。

其次是非经济性进入壁垒。非经济性进入壁垒一般可归纳为在位企业人为设置的阻止新企业进入的策略与政府以政策、法律制度限制进入两类。

(1)在位企业人为设置的产业进入壁垒。在位企业通过串谋、协议等,形成过剩的产品或投资供给,控制产业利润率,或对新企业实施价格歧视,从而使新企业处于不利地位而打消进入动机,这又被称为在位企业的阻止进入定价策略。由于中国目前商贸流通企业点多、面广,产品市场容量大,而市场化道路又起步较晚,程度较低,国内流通企业为适应各种外界条件变化而自动进行组织结构调整或组织创新的能力相对较弱,一直以来未能形成有一定规模与能力的大企业,这虽说在一定程度上维护了产业的竞争性,但同时也使市场结构呈现出严重分散化态势。

(2)政府设置的产业进入壁垒。政府在经济管理过程中所制定的政策、法律制度是构成行业外潜在进入者进入的一个重要方面。例如,企业进入需要获得营业许可、执照,进出口需要获得有关许可证,资金筹措也要受到政府限制,另外专利制度等也都是阻止新企业进入的壁垒。政府法律、行政性进入壁垒一般企业均较难突破。

改革开放以来,随着中国经济体制改革的深化,政府鼓励多种经济成分共同发展,放松管制体现在商贸流通产业成效是最显著、彻底的,政府对商贸流通产业的进入限制基本上全面撤让,民营流通企业大量进入,在国内消费水平全面提升的催化下,商贸流通企业数目在全国范围内迅速增加,这既给中国流通领域以及整个经济发展带来了新气象,同时也引发了一系列新情况、新问题。这一问题正是本书研究的焦点所在,在后面的各章中会更进一步详细探讨。

2.退出壁垒

“退出(Exit)”,带有主观成分,一般指经营不成功的厂商主动放弃生产或提供某种特定市场上的产品或服务,从原来的业务领域中退出,收回资金后再作新的投资打算。退出壁垒(Barriers to Exit)是指现有企业在产业(市场)前景不好,企业业绩不佳时准备退出该产业(市场),但由于受多种因素的阻碍,资源难以转移出去,这些阻碍现有企业退出产业(市场)的因素,就构成退出壁垒。影响退出壁垒的因素主要有:

(1)沉淀成本。许多资产具有专用性,用以生产特定的产品,一旦当企业退出时,就会产生沉淀成本,企业要退出原有产业,很难将这些资产转为他用,生产其他的产品,也难以将这些资产以公平的价格卖给其他生产同类产品的企业,这就构成企业的沉淀成本。

(2)违约成本和企业信誉损失。如果企业退出原有产业,就不能履行原先签订的购销合同,企业就必须承担违约成本。同时,企业退出产业往往被视为竞争能力不足,这会造成企业信誉损失,其他企业可能因此不愿与这家企业签订新的购销合同,也会增加企业融资的难度,提高融资成本。这些因素都会阻碍企业退出原有产业。

(3)行政法规壁垒。在电力、煤气和自来水供应等基础设施产业中,由于企业所提供的产品和服务是人民的生活必需品,政府不允许企业随意退出产业。

可以想见,上述三项退出壁垒在中国目前仍然以传统经营方式为主的商贸流通业领域中表现还不是十分明显。

(4)市场发育不完善而造成的退出壁垒。这类壁垒主要表现为两个方面,一是企业退出原有产业通常需要生产要素转卖和产权交易,但在缺乏生产要素市场和产权交易市场正常运行机制的情况下,企业就难以寻找生产要素和产权交易伙伴以实现交易,从而阻碍企业退出产业,这种情况在中国商贸流通领域同样存在;二是由于我国民间商贸流通资本普遍为“散、小、弱”的零星资本,这样的小型资本进入商贸流通产业容易,再要想转入其他领域就很难了,在中国,但凡从商业开始的资本原始积累,由于地方保护主义等弊病的严重影响,极少有能在商贸流通领域实现继续发展壮大的,如若其退出流通领域,一般很难找到新的投资发展空间。

在低进入与高退出壁垒的市场结构环境中,商贸流通企业的市场行为呈现出复杂的运行特征。

(二)市场集中度分析

1.世界商贸流通产业市场集中度发展趋势

从世界范围来看,商贸流通产业,尤其是零售业客观上对规模经济的要求不高,产业客观上易呈现零散化态势,在零售业发展最为成熟的西方发达国家,如美国,其零售业也经历了从零散到集中的一个发展过程,直到近年来随着产业进入相对成熟期,在社会经济中的地位直线上升,才逐步呈现出业态繁荣、集中度迅速提高,组织机构趋于大型化的新特点,大型零售商占据本国零售业重要的市场份额,1998 年,美国 100 家顶尖零售商销售总额占全国零售总额的 42%,仅沃尔玛一家年销售额就占全国的 6.7%,效率高、规模大、管理好的零售企业正在不断取代小的、旧的、效率不高的竞争对手。在英国,前 20 名零售商销售总额占零售业销售总额的 3/4,且近年来零售企业数量不断下降,年均下降幅度达 17%,在日本、西欧一些国家也均呈现类似情况。

2.中国商贸流通产业市场集中度现状

一般情况下,当某个产业内大规模企业的数目较多时,产业的集中度就高,反之集中度就低。流通产业开放以来,我国零售企业数目迅速增加,但规模普遍偏小,产业集中度以更快的速度下降。

据统计,我国年销售超亿元的大型商场 1991 年有 94 家,1992 年上升到 150 家,1993 年几乎多了一倍,达到 291 家,1994 年直升 488 家,1995 年跃升为 624 家,1996 年达 731 家,1997 年达 893 家,1998 年底已经超过 1000 家。[①] 然而与此同时,我国商业集中度却日益呈现零散化倾向:我国目前零售商业 50 强在消费品零售总额中所占的比重,以及占全国零售总额的百分比等方面都远远低于发达国家,我国流通企业规模普遍偏小。

改革开放以来,我国流通产业的市场集中度一直呈现下降趋势:1993 年全国最大的 100 家大型零售企业销售收入净额占社会消费品零售总额的 3.6%;1994 年占 3.3%;1995 年占 2.9%;1996 年占 2.7%,这种状况远远不能适应市场经济发展的需要。我国 50 家最大的商场 1995 年销售总额是 499 亿人民币,仅占国内社会商品零售总额的 2.45%,而 1993 年美国前 50 家大型零售企业销售总额达 4910 亿美元,占全国零售总额的21.34%。[②]

---

① 童商:《大中型商场效益严重滑坡》,《瞭望新闻周刊》1999 年第 27 期。

② 郭冬乐、方虹:《中国流通产业组织结构优化和政策选择》,《财贸经济》2002 年第 3 期。

有资料表明，20 世纪 90 年代末，全国的连锁企业平均每家拥有的店铺数仅 15 个，不少连锁企业仅有 3～4 家。即使是当时规模最大的上海华联超市公司和上海联华超市商业公司，1997 年也分别只有 248 家和 230 家分店，而美国的沃尔玛连锁集团拥有 2600 多家分店，法国的家乐福拥有 2000 多家大型超市，日本的伊藤洋华堂"7—11"方便店店数达 6000 多家，香港每家连锁企业拥有的店铺数也在 200 家以上。① 1994 年，中国最大的 10 家零售企业的销售总额为 145.68 亿元，不足当年社会消费品零售总额 16264.7 亿元的 1%；2000 年中国全部连锁企业销售额不到全社会批发零售贸易和餐饮业零售总额的 6%；而美国沃尔玛公司一家的销售额高达 1932 亿美元，占全美国销售总额的 7%，相当于当年我国全社会批发零售贸易和餐饮业零售额的近 60%。以上数据反映了中国商贸流通企业的小型化、零散化情况十分严重。

造成中国商贸流通产业市场集中度低下的原因是多方面的。首先是由于中国市场经济体制确立时间不长，受政治经济体制改革的催化，零售商业网点迅猛增长，从 1978 到 1996 年，全国零售商业网点由 104.8 万个发展到 1396.3 万个，增长 12.3 倍；从业人员由 447.4 万人发展到 3189.2 万人，增长 6.1 倍。尤其是政府出台了一系列旨在促进国有经济退出，鼓励多种经济成分企业发展的经济政策，国有中小型商业企业转制，个体私营经济的蓬勃发展，1978 年至 1999 年，个体商业网点由 14.4 万个猛增到 1833.4 万个，增长 126.3 倍，从业人员由 20.9 万人猛增到 3469.0 万人，增长 165 倍；从 1994 到 1999 年，私营批发、零售及餐饮网点数量从 15.41 万户增加到 64.1 万户，增长 3.2 倍；1996 年，中国零售商业企业 13963162 个，共实现消费品零售总额 24774.1 亿元，平均每个企业的销售额不到 20 万元；而在这一时期，单个网点的从业人数却逐步下降，在这 1000 多万个零售企业中，个体商业企业占到了 92% 以上，零售商业企业零散度极高，流通主体日益呈现小型化态势。

3. *流通产业长期的低集中度发展状况不利于中国经济的发展*

低集中度造成了中国商贸流通领域的低效率。有数据显示，中国企业的规模效益普遍不佳，1998 年，全国 100 家国有零售商业企业中只有 50%～60% 的企业收支基本持平，而 30% 的企业处于利润下滑状态。另一种趋势是，一些流通企业的规模呈小型化发展，大量小商业资本盲目扩张趋势使

① 王学军：《我国连锁商业市场结构合理化的宏观调控政策》，《中国软科学》1998 年第 11 期。

商业企业过度竞争、不正当竞争难以避免,导致流通领域的低效率、高成本和对城市公共资源的严重破坏。

就单体而言,2003 年中国 500 强企业零售业排首位的华联集团公司营业收入为 30 亿美元、资产额为 8 亿美元、利润为 0.3 亿美元,只相当于 2003 年世界 500 强企业零售业排首位的沃尔玛公司营业收入(2465 亿美元)的 1.22%、资产额(947 亿美元)的 0.84%、利润(80.4 亿美元)的 3.73%。何况,华联集团在 2003 年中国 500 强中总排名第 50 位,而沃尔玛公司在 2003 年世界 500 强中总排名第 1 位。就整体而言,根据国家统计局的统计指标解释,规模以上流通企业是指年销售额 500 万元、职工人数在 60 人以上的零售企业,以及年销售额 2000 万元、职工人数在 20 人以上的批发企业,这些企业仅有 11000 多家,在全国 1300 多万个流通主体中,其比重仅占 0.08%。以零售业为例,中国零售业的零散度高达 90%,而欧美国家为 40%,日本为 50%。据统计,2000 年全国 273 家主要大型零售商场的商品销售额为 1072.8 亿元,仅占全社会消费品零售总额的 3.8%;而美国前 50 家流通企业的零售额占其全国零售额的 20%以上。

由于各地区的商贸企业在数量扩张过程中各自为政,相互之间缺少良好的协作与沟通,新增加的商业网点以小店铺居多,资金弱、店面小、经营品种少、效益低下,与发达国家之间的差距日益拉大。据商务部有关数据统计显示,目前,在我国约 85 万家从事商品流通的企业和个体工商户中,中小流通企业占总数的 99%以上,实现的销售额约占全社会消费品零售总额的 90%以上,2003 年财富 500 强中最小的专业零售企业(toys“r”us)营业额为 115.7 亿美元,而我国规模最大的流通企业百联集团零售部分营业额 485 亿元人民币,仅是 toys“r”us 营业额的 1/2。2000 年,中国有销售额亿元以上的零售企业 1000 多家,中小企业约 100 万家,而单体的小商店则多达 2350 万家;全国 273 家主要大型零售商场商品零售额 1072.8 亿元,仅占全社会消费品零售总额的 3.8%(美国同期前 50 家流通企业的销售额占其全国销售额的 20%以上)。

低集中度与低进入壁垒的商业组织结构现状使得现有企业不仅无法形成对市场的支配力量,也无法对新进入企业形成人为的策略性壁垒以阻止其进入。

三、企业市场行为分析

市场行为是企业在既定的市场结构的具体形态下为赢得更高的市场占有率和更大利润而采取的行为。

(一)中国商贸流通企业市场行为的三个突出特点

第一,专业化分工协作水平低,各自为战,盲目发展。

流通体制改革后,传统的体系打破了,企业成为独立自主、自负盈亏的主体。在给企业带来了生机与活力的同时,在客观上又造成批、零、储各自分割的局面。加之小商人经营思想、行政条块管理的影响,分割状态下的批发、零售、储运企业无法走向联合,无法进行分工协作,各自为战,呈现为过大或过小的极端发展。仅就盲目扩大规模行为而言,据内贸部的统计:全国100多个大、中城市营业面积在5000平方米以上的大商场有700多家。近5年来中国商业企业开业的数量是前40年的总和,而销售额并没有与营业面积扩张同步增长,利润水平反而还下降了。同时,家电、服装、汽车等产业的厂家自办销售,甚至自办延伸至最终消费者的销售网络已经成为了一种趋势,工业企业自办销售带来的是专业化分工效应的进一步萎缩,社会资源的浪费。

第二,流通组织间的竞争仍停留在低水平的过度竞争。

到目前为止,中国商业企业依赖的核心竞争力主要还是商业地理位置和低水平的价格战、广告战等,外国商业零售业在中国能够"因企造市",而大部分中国企业还只是"因市兴企"。流通产业的经营主体是在低水平上迅速膨胀的,为了争夺购买者,企业之间不可避免地发生低水平的过度竞争,广告战就是一个典型的例证。1999年全国广告支出61亿美元,增幅15%;2000年支出97亿美元,又较1999年增长36%;2001年广告营业额超过1000亿人民币,成为仅次于美国、日本、德国的世界第四大广告市场。据AC尼尔森的调查表明,2000年广告花费前10名的都是中国本土品牌,仅保健品和维生素一个种类的广告费就近90亿元,占全部广告费的12.5%。价格恶性竞争也越演越烈,从彩电、空调、汽车到保暖内衣等,点利战、折扣战、中奖战等恶性价格竞争打得天昏地暗,尽管许多商品已跌破了成本价,为了压倒竞争对手,强行让利,亏本经营,其结果是国家和企业利益严重损失。1994年底起商家纷纷实行"10点利"、"8点利",甚至"7点利"、"6点利”。根据国内贸易局商业信息中心提供的资料,全国重点大型零售商场1997年商品销售折扣与折让额占商品销售总额的10.34%,1998年该项指标达到16.26%,比1997年提高5.92个百分点。[①] 如此大的折让比例,不仅吞噬了企业应有的利润,甚至成本都难以收回。

第三,地方行政性垄断、市场分割加剧,造成异地市场的高进入壁垒。

在由计划经济向市场经济过渡中,中国出现的垄断现象主要是地方行政性垄断。形成垄断的主要根源是地方与部门的权力。这些权力构成的行政性垄断,时常对企业经济活动进行干预,通过行政手段,设置市场壁垒,垄断并阻碍了正常的市场交易。例如,一些地方及部门为排斥异地企业进入本地市场,时常制造地方性垄断,在制造业、国内批发、零售商业、对外贸易、交通通讯、金融保险、建筑等行业,规定苛刻的准入政策。在一些大型项目的交易中,他们不采取市场经济通常的公开拍卖的方法,长期维持内部审批、小范围招标和行政分配,对异地企业竞相排斥等等。地方行政性垄断的危害是:排斥地区间的正常竞争,分割市场,形成了经济性、强制性和保守性的封闭环境,妨碍商业资源的合理配置。专业性流通企业跨省经营难,只限于地区内寻求规模,这必然形成商业流通普遍规模过小,进入异地市场遭遇高壁垒的现实问题。

上述特点在国内流通市场上以过度竞争方式集中呈现出来。

(二)竞争与过度竞争——近年来中国商贸流通领域市场行为的剖析

过度竞争行为一般描述的是某产业领域由于企业大量进入,形成数量过剩,并在产业利润过低时退出障碍较大,致使产业内部企业之间为了瓜分有限的市场而竞争过于激烈的现象。

1.流通领域过度竞争的典型表现

(1)百货商场大量兴建,商场亏损面扩大。20世纪90年代中期左右,中国百货零售业得到了空前的发展,并在90年代后期发展达到高峰:据不完全统计,全国原内贸部系统年销售额超亿元的百货零售企业,1992年为59家,1993年为87家,1994年为127家,1995年180家,每年以40%的速度膨胀,商场的营业面积、装饰标准也越来越高档豪华,过去1万~2万平方米营业面积的商场就属特大型商场,现在不要说3万~5万平方米的商

---

① 中华全国商业信息中心:《负重前行——1999年重点大商场经营状况分析》,《中国商贸》2000年第5期。

场，十几万、甚至几十万平方米的购物广场、摩尔也能轻易见到，被誉为2004年最大商业事件的北京金源摩尔建成营业，占地达68万平方米；深圳东莞华南摩尔总投资30亿元，占地60万平方米，上海正大广场摩尔营业面积7万多平方米。随后由于受连锁超市等新型零售业态快速发展的冲击，以及经营商品品种、档次的雷同，为争夺有限的客源，商家之间的竞争招法层出不穷，同业竞争呈现白日化局面，各地的大型商厦效益明显下降：经营状况一度处于困难的境地，利润下降，亏损面扩大。据中华全国商业信息中心统计，2001年统计范围内的大型百货商场利润总额同比增长约6%，亏损面达31%。

(2)商界价格战越演越烈，扰乱了市场正常的经营秩序。不仅是大型商店的过度进入引发的市场竞争日趋激烈，各种业态之间的竞争也层出不穷，激烈的商战，特别是价格战，已成为当前商界的一道特殊风景线。近年来中国流通企业的发展主要是粗放式的扩展，竞争只带来了数量的扩张，并没能使企业变得更加强硬，零售商之间一直较多地以价格竞争为主要的竞争手段，而价格竞争的法宝也就是各种形式的降价竞争。近年来最常见的价格竞争手段是公开毛利率销售和折价销售。前者是在进价的基础上，商场公开其顺加毛利率，制定售价。后者具体有两种折价法，一是明折，在原零售价的基础上降价销售，如春节等节假日打折销售；二是暗折，一般是买多少送多少，或称买就送，具体幅度可达对折甚至更多。除此之外，还有按进价销售、一价制销售、拍卖销售等许多种价格竞争手法。尤其是近年随着中国对外开放程度的不断深化，国家对外资进入中国百货零售领域的限制大大放宽，除国务院批准的外，各地又纷纷上马、引进地方政府批准的中外合资、合作经营的零售企业，外资与中资企业之间的竞争也日趋激烈，国内流通企业市场竞争主体日益向着多元化、多层次、多业态的方向发展。

从经济学意义上说，零售商之间的降价竞争对消费者是有好处的，经营者的利润会由此转向消费者，消费者剩余得到了提升，但许多零售商也因此亏损累累，陷入破产境地。大商场之间的激烈商战虽然有可能使某个发起者成为受益方，但由此也埋下了竞争对手之间相互报复的种子，众多的零售企业将在以后各个时期面临恶性竞争的考验。从福利经济理论角度分析，零售企业之间的激烈竞争带来的是社会总福利的增加还是减少，需要在消费者剩余的增加和零售商利润的减少，以及由此带来的其他社会负效应之间进行认真的权衡分析。从产品、服务、质量等方面分析，过度竞争无疑将最终损害消费者的利益。

(3)竞争行为与竞争手段不规范,损害了消费者利益。目前我国商贸流通领域存在着竞争不充分、有效竞争不足、不正当竞争等一系列竞争不规范问题。由于地方保护主义盛行,各地政府对商贸业发展的行政干预过多,致使高收益率导向的生产要素不能在公司之间、产业之间、地区之间充分自由流动;未能形成若干个大企业领导与一批中小企业共生的有效竞争的市场格局,规模经济与企业竞争兼容的竞争机制尚未建立;尤其是在一个过度竞争的市场中,由于企业自身素质欠佳,竞争手段恶性化情况时有出现,坑蒙拐骗,以次充好,欺骗消费者,诋毁竞争对手、抬高自身,凡此种种,不一而足。

2.商贸流通产业过度竞争的成因

商贸流通业作为竞争性领域,企业的竞争方式层出不穷,出现竞争失当、过度的情况一般也是在所难免。在中国,由于市场经济体制建立时间不长,市场发育不尽成熟,企业行为的理性化与规范化尚需时日,在一个市场容量迅速膨胀的环境下,企业过度竞争行为极易被诱发。我们可以从宏观层面上的因素、产业自身结构特性、政府管制措施及流通企业创新能力等几个方面去考察流通领域过度竞争的成因。

(1)20世纪90年代以来,流通体制改革的深化,加之国内良好的宏观经济发展势头,促动了流通企业的迅速增加。

大商场拥有货色品种齐全、购物环境优雅、附加服务功能完善等客观优势,在经济持续高速增长和居民购买力水平较快幅度跃升的大环境下,受到消费者的普遍欢迎;尤其是连锁超市、超级市场等新型零售业态快速兴起,国际知名连锁企业的大举进入,使国内大型零售企业在近年来快速增加。

“八五”以来,我国社会消费品零售总额一直保持了相当高的增长速度,一般均高于年GDP增长速度3～5个百分点。特别是1993年之后的两年,以30%左右的速度增长(见表3-1)。

多年来社会需求良好的增长状况,使人们普遍对零售业的市场前景持盲目乐观的态度,诱发了各地一哄而起的产业过度进入。事实情况是,20世纪90年代中期以后社会消费品零售总额增长速度明显减缓,加之目前随着人们收入水平的提高和消费观念的转变,居民的消费结构发生了较大的变化,用于非商品性的支出,如住房、子女教育、养老保险、医疗保险、娱乐、旅游、交通、证券投资等方面的逐年加大,分流了相当一部分购买力,在目前市场需求相对疲软的情况下,零售业供给不断增多的结果必然导致产业内企业间日趋激烈的过度竞争。

表 3-1　90 年代以来我国社会消费品零售总额的变化

年　份	社会消费品零售总额		居民消费价格增长率(%)
	亿 元	增长率(%)	
1991	9415.6	13.4	3.4
1992	10993.7	16.8	6.4
1993	12462.1	13.4	14.7
1994	16264.7	30.5	24.1
1995	20620.0	26.8	17.1
1996	24774.1	20.1	8.3
1997	27298.9	10.2	2.8
1998	29152.5	6.8	−0.8
1999	31134.7	6.8	−1.4
2000	34152.6	9.7	0.4
2001	37595.2	10.1	0.7
2002	40911.0	8.8	−0.8

资料来源:国家统计局:《中国统计年鉴》,中国统计出版社 1997—2003 年版。

(2)产业自身低经济性进入壁垒决定了产业内部易出现过度竞争行为。过度竞争行为的出现一般反映的是行业内企业数目过多。流通产业低进入壁垒是导致产业易出现过度竞争的内因。低进入壁垒的产业在高退出壁垒协同下易引发产业内部过度竞争行为,这是不争的客观事实。除个别资源型或政府严格控制进入的产业外,经过改革开放若干年的发展,中国众多产业存在过度竞争的情况,如果去掉经济景气因素,可以把流通企业过度竞争的原因归结为其经济与非经济性进入壁垒太低而退出壁垒又太高,由此造成了许多行业内部企业数目过多、生产经营规模严重不经济、企业亏损比例居高不下,以及整个产业的利润长期保持低水平等问题。

(3)政府商贸流通产业管制措施大调整,从计划管理走向彻底的市场化运行,使过度竞争行为出现可能。改革开放以来,随着我国经济发展战略的转轨和经济体制向市场经济的过渡,政府商贸流通产业管制全面放松:

第一,经济管理模式逐步由高度集权的计划体制转向地方分权和企业自主经营的分散管理模式,在预算软约束的共同作用下,地方政府热衷于搞形象工程,上短、平、快的项目,对建立企业所必需的资金、技术等生产要素不作严格要求,反而常常利用行政手段给企业发信贷、税收等政策支持或提供市场保护以分化进入壁垒,使得大量本不应存在的企业得以生存。

第二,政府市场化改革取向拓宽了市场需求的巨大空间,为商贸业发展提供了优越的发展环境。改革以前的相当长时期,中国经济是一种典型的短缺型经济,人们的消费被强行压抑在一个极低的水平,中国的老百姓在摆脱短缺、贫穷压力后,迫切希望改善生活消费条件,强大的社会购买力有待于激发,生产的快速发展为流通的扩大提供了契机,致使各类流通企业如雨后春笋般发展壮大起来。

第三,所有制改革,投资主体多元化带来产业盲目发展。尤其是乡镇企业的发展催生了大量的流通企业。中国所有制结构改革允许多种经济形式并存,使得中国各类非国有经济异军突起,获得了迅猛发展,由于商贸流通产业客观的低经济性进入壁垒特性,众多的民间零散资本涌入商业就不足为奇。

第四,为了提高本国经济的国际化程度和增加出口,政府对外资零售企业的进入失去应有的警惕,外资超前违规进入情况严重:据调查,在2004年底中国入世前,经正式批准进入中国的外资零售企业仅有28家,但实际已经进入中国的外资零售企业已经超过了300家,大部分均是违规进入;我国入世协定书规定,在2002年起的三年保护期内,拥有三家以上分店的大型超市连锁企业必须由中方控股,但事实上这一限制也早已被大大突破,有的外资零售企业在华所属大型超市早已超过30家,跨国零售大鳄以惊人的速度抢占着中国有利的商业地位;根据国家经贸委对全国27个省会城市、计划单列市的调查,入世仅一年多时间,在目前营业面积8000平方米以上的大型超市中,外资企业的比重已经达到23%,大大高于其他零售业态的比重,正在同国内同行展开一场力量对比悬殊的竞争。

中国商贸流通产业过度竞争行为之所以会发生,与政府产业管制松动有密切的关联,当然也是改革开放特定历史阶段的产物。政府管制措施缺位不仅分化了企业进入的政策性壁垒,近年来政府往往还凭借权力挽留甚至阻止企业退出,对已经出现过度竞争的产业放任自流,而对另一些被政府认定为“关系国计民生”的“重点”产业则严格实行进入限制政策,致使大量的社会资金因为不能得到正确的“疏导”而不得不滞留在原有的领域低效率地运行,形成政策性高退出壁垒。这些都加剧了产业内部的过度竞争。

(4)本土商贸流通企业创新能力严重不足,竞争手段单一,非理性化竞争手段时有出现。众所周知,在一个产品差异化明显的产业结构体系中,企业进入对经济福利的影响甚微,这是因为基于企业生产的产品和提供的服务性质不同,新企业的进入会带来产品的多样化这一额外的社会效益,就商贸流通企业而言,其经营的产品本身很难体现明显的差异化,而经营业态的差异化却是可以构造的。从发达国家已有的经验分析,当人均 GDP 在 1000 美元左右时,超市将得到快速的发展,中国 2002 年人均 GDP 就已经接近 1000 美元,但此前连锁大超市却一直未能得到重视与发展,传统百货业仍占据绝大份额;现代物流、电子商务等现代流通方式发展严重不足,新兴的流通业态未能得到重视与发展。中国流通企业的发展纯粹是低水平的重复建设,企业经营的商品品种、档次、经营方式,甚至购物环境也完全雷同,由此竞争手段单一化,直接以低水平的价格竞争为主。

四、市场绩效评价

市场绩效一般描述的是在一定的市场结构下,通过一定的市场行为,某一产业在价格、产量、费用、利润、技术进步、产品质量和品种等方面所达到的现实状态。

(一)产业市场绩效评价指标

市场绩效衡量的是产业在特定的结构、行为之下的运行效果。传统评价市场绩效的指标主要有两类,一是静态的产业利润率指标,二是动态的产业技术进步指标。中国商贸流通领域的市场结构与企业行为决定了这两类绩效指标均呈现低水平倾向:一是产业利润率过低;二是产业技术进步速度缓慢。

除传统评价指标外,众所周知,市场经济本质上是一种竞争型经济,从根本上说,一个产业理想的市场绩效环境应该是一种“大象与蝴蝶共舞”的大、中、小企业并存的有效竞争市场格局,高效率的竞争应该是规模经济与竞争活力相兼容的有效竞争。

1.商贸流通产业的利润率情况

据商务部有关分析数据显示,近年来中国零售企业单位面积营业额平均约为 2.1 万元/平方米,相当于外国零售企业的 50%;人均营业额平均约为67 万元/人,相当于外国零售企业的 40%。2003 年中国零售企业的毛利率平均值仅为 9%,而外国零售企业则达到了 24%,相差 15 个百分点,表明中国零售企业的采购成本、物流配送成本的控制能力与国际领先水平差距很大。从中国零售企业的毛利率分布情况来看,毛利率低于 5%的占了 30%,5%~10%的占了 35%,10%以上的占了 35%,分化形势非常明显;而外国零售企业中，毛利率在20%以上的占80%以上。从内部融资能力来看，中国零售企业利润总额的平均值为1.5亿元，相当于外国零售企业均值的0.7%；利润率平均值为1.2%，较外国零售企业的3.7%低了2.5个百分点。资金周转率方面，中国零售企业为4.24次/年，而外国零售企业为6.25次/年。

1999年中国国有独立核算工业企业流动资本周转速度仅为1.2次，国有商业也只有2.3次，而发达国家工业企业流动资本周转速度一般为6～8次，商业企业高达20多次。时至今日，全国各行各业因流通不畅，形成资金短缺、巨额商品滞销，经济运行质量和效益不高，投入产出不对称，整个国民经济的良性循环梗阻于流通。

2. 商贸流通产业创新情况

低利润带来的直接后果就是国内流通企业的低创新与低发展能力。几十年来中国流通企业尤其是中小流通企业一直沿用传统的销售方式，销售工具陈旧落后，商贸企业似乎已经遗忘了借助于技术创新战胜对手这一最根本的制胜之策，只顾大打价格战。

由于中国目前正处在市场经济发展初期，不健全的市场制度环境在相当程度上制约着流通组织结构优化水平的提高，并主要通过不合理的进入或退出壁垒对流通组织结构变化产生直接影响。流通业属于传统的低进入壁垒行业，现阶段中国流通产业不合理的市场壁垒主要表现在过低的进入壁垒和过高的退出壁垒并存，缺乏形成合理壁垒的机制，重复建设、过度竞争下，市场效率与企业创新能力低下。

3. 商贸流通产业绩效评价中的有效竞争问题

1957年，哈佛学派产业组织理论的奠基人之一，哈佛大学教授梅森(E. S. Mason)在总结许多学者对实现有效竞争的客观条件和度量标准所做的大量研究的基础上，分别从市场结构和市场效果的角度提出了以下两个有效竞争的标准：①

一是市场结构标准。其主要内容包括：

(1)市场上存在相当多的买者和卖者；

(2)新企业能够进入市场；

(3)任何企业都没有占有很大的市场份额；

(4)任何企业(集团)之间不存在共谋行为。

① 杨治：《产业经济学导论》，中国人民大学出版社1985年版，第169—170页。

二是市场效果标准，其主要内容包括：

(1)企业存在不断改进产品和生产工艺的市场压力；

(2)在成本下降到一定程度时，价格能够向下调整，具有一定的弹性；

(3)生产集中在最有效率的规模部位下进行，但未必是在费用最低的规模部位下进行；

(4)生产能力和实际产量基本协调，无慢性设备过剩；

(5)能避免销售中的资源浪费。

另外，美国经济学家史蒂芬·索斯尼克也提出过包括十五个方面内容的有效竞争标准。①

总结起来说，有效竞争是一种适度竞争。适度竞争的对立面是过度竞争或竞争不足，过度竞争表现为企业数量和生产规模超过市场需要，市场组织化程度低，造成生产能力严重过剩，规模经济效益差；而竞争不足则会抑制市场竞争功能的有效发挥，使社会资源不能自动流向社会最需要的地方，从而影响资源的合理配置和使用；同时，竞争不足使企业缺乏创新动力和压力，不利于社会生产力的发展和社会经济的繁荣。虽然任何国家都不可能完全消除过度竞争和竞争不足现象，但有效竞争要求把这些现象控制在较低限度内。事实上，也只有适度竞争才能产生较大的竞争效益。

有效竞争应该符合规模经济要求。规模不经济状况下的竞争是一种低水平的竞争，而低水平竞争意味着企业要以较多的资源投入才能得到一定量的产出，表现为经济效率低下。这显然是与以追求较高经济效率的有效竞争目标相违背的。因此，有效竞争应该是在规模经济条件下的竞争，这样才能实现较高的经济效率。

从构建有效竞争市场角度分析我国商贸流通产业的市场绩效，无论在规模效率还是在适度竞争方面，都还存在相当大的差距。一方面是商业企业规模普遍小而散，另一方面则是过度竞争，竞争效率低下。

(二)中国商贸流通产业市场绩效评价

流通企业数量的大幅度增加在改革开放、经济发展初期，对繁荣国内市场、活跃市场经济确实起到了巨大的作用，但由于商贸流通产业客观上的低进入壁垒特性，在从计划向市场过度的时期，原国有商业的改制与解体，使

① Stephen H Sosnick. A Critique of Workable Competition. Quarterly Journal of conomics, 1958, 72:380-423.

不让中方参与经营管理，使中方法定持有的35%股份的否决权形同虚设；外资企业还通过从供应商那里得到大量的折扣和返佣，以高薪和其他各种手段挖走中国零售企业的优秀人才，违规的形式多种多样，表现不一而足。导致中国本土流通企业市场份额正逐日缩小。

我国入世协定书对零售开放日程表中曾规定，在2002年起的三年保护期内，拥有三家以上分店的大型超市连锁企业必须由中方控股，但事实上这一限制也早已被大大突破，有的外资零售企业在中国的大型超市已超过30家，见表3-2所示。

表3-2 中国零售业开放时间表

限制项目	加入WTO时	一年内	二年内	三年内
地域	允许外资零售企业在郑州和武汉设立合资企业	允许外资零售企业在5个经济特区及北京、上海、天津、广州、大连、青岛设立合资企业	开放城市扩大到所有省会城市和宁波市	取消地域限制
企业和门店数量	/	在北京、上海各不超过4家；在以上其他开放城市各不超过两家	取消数量限制	/
控股比例	/	/	取消控股比例限制	/

资料来源：《经济日报》2002年6月13日。

据国家经贸委对全国27个省会城市、计划单列市的调查，入世1年多，营业面积8000平方米以上的大型超市中，外资企业的比重已经达到23%，大大高于其他零售业态的比重。有数据显示，现在中国实际年销售额最大的连锁零售企业已是外资企业。目前，外国零售企业在中国的发展更是已经从进入期转向全面、快速的扩张期，不仅企业数目剧增，而且凭借其雄厚的实力，单体规模远远大于中国企业，拥有绝对优势。事实是，入世以来，在中国所有的产业中，流通业受到的冲击与损害也是最为严重的，至2004年底中国零售领域保护期结束，世界大零售企业的绝大部分已经抢先进入中国，其中沃尔玛、家乐福、麦德龙、太平洋、百盛等更是已经形成了一定的网络规模，在竞争最为激烈的，代表现代流通业发展的高端市场——大型综合超市领域，外资控制的份额已经达到了相当高的比例。

随着世界跨国流通大企业的纷纷进入，由于国内外企业市场竞争实力严重不对称，隐含了国内产业安全危机隐患。产业安全问题的隐患最终会损害国家、社会、最终是消费者的利益。作为产业链中的终端产业，商贸流通产业担负着产品价值的实现与增值的重大职责，对其他产业的发展至关重要，可以说对一国或地区商品市场的控制，实际上就是对该地区经济的控制。国外流通大企业的纷纷进入，在带来国内商业发展所缺乏的资金、先进的管理理念与管理方式，促进了中国生产企业产品的国际化水平的提高及国内经济发展的同时，一旦其形成对中国商品市场的控制，所造成的国内产业安全危机将比其他领域更为严重，这已经在南美一些国家的经济发展中得到了验证。由于国外大型零售企业在资金、管理、技术、采购、配送等方面与中国企业相比具有明显的优势，对利润最大化的追求，促使其不断扩大规模，提高市场集中度，其结果可能挤垮或窒息我国本土商贸流通产业的发展；而且流通主渠道一旦被外资、外企所占领，国内的生产企业只能沦为国外流通企业生产贴牌产品的加工车间，从而失去进一步发展的动力。更为严重的是，国外资本、企业之所以能实现快速扩张，靠的是让国内企业望尘莫及的产品性价比，而支撑其低成本、高效益的，是其发达的计算机网络统一管理下的全球性采购，一旦国内商贸流通产业为外商外企所控制，而其不采购我国企业生产的产品，将会直接导致本国生产企业的生存危机。

3.大商场的新建与倒闭两头热，以分散经营为主要特征的本土小型商贸流通企业利润下降

跨入21世纪以来，由于价格竞争的加剧，国内大型百货零售企业经营效益普遍下滑：1998—1999年中国90%的零售企业的销售额呈现负增长；据中华全国商业信息中心对全国重点大型百货零售集团、股份有限公司和百货单体店的统计，2002年商品销售利润率分别仅为0.97%、1.02%和2.4%，低利润加速了企业的倒闭。大企业频繁的开业又倒闭，助长了市场的不稳定因素。

大量小规模单体商业企业在卖方市场上尚有生存发展的可能，近年来，随着国内宏观经济形势发生变化，市场供求格局发生转变，从以往的卖方市场转成了买方市场，零售业越来越多地面临市场不景气的销售压力，首先是来自购买者的讨价还价行为对流通企业的盈利水平起了很大的影响；其次是顺应全球零售业发展的趋势，继大型百货商店以后，超级市场、连锁店、专卖店等各种业态在中国纷纷出现，拼命抢占市场份额，单体企业的利润空间下降；另外，随着市场供求格局的转变，以及消费者需求逐步趋于成熟，消费

动机开始从纯粹的满足日常生活需要型购物型消费转向融购物、娱乐、休闲于一体的综合性、享受型消费时，国内众多盲目发展、盲目进入的传统分散型小企业的生存环境势必日趋恶化。

从某种程度上看，中国商贸流通产业竞争性的市场结构与流通领域市场的零散化倾向是中国企业市场化改革进程中的一个必经过程，今后市场会逐步自发地走上规模化发展之道。然而，在一个经济快速发展、商品市场结构已经转为买方市场，尤其是在内外产业发展差别巨大时就已处在全面对外开放的发展中国家市场中，商贸流通领域的完全竞争性市场隐含了一种新的市场失败，继而可能引发出一系列新情况、新问题，带来我国经济发展的新难题。目前中国大型流通企业尤其是零售企业中，外资、外企已经占据了相当大的比重，世界零售企业 50 强中已有 70% 在中国抢滩登陆，北京、上海、广州、深圳等中心城市新兴业态的营业额外资企业所占比例已接近甚至超过 50%。随着国内零售市场的全面开放，外国零售企业在中国的发展更是已经从进入期转向全面、快速的扩张期，不仅企业数目剧增，而且凭借其雄厚的实力，单体规模远远大于中国企业。中国这时恰恰又处在了世界经济一体化的大潮中，闭关自守等待产业组织结构的合理化时代到来已不可能，欧洲发达国家市场化建设经历了几百年，美国有上百年，最短的日本、韩国等也已有了好几十年，中国才经历了短短的二十年时间，真正的市场化建设也才十来年时间。经济学的常识告诉我们，贫穷具有累积效应，“贫穷的马太效应”会让一个落后国家或地区与发达国家的差距越拉越大。中国不可能再反潮流而行事，置自身于世界经济一体化大潮之外。目前零售业已率先全面对外开放，已经并正在涌进一群群“洋大象”，中国本土企业将如何发展，这是值得我们认真思考的。

第四章

商贸流通产业发展与政府管制思想创新

一、政府产业管制的历史渊源

(一)中国传统商业发展与政府作用

古代中国尤其是春秋战国时期,关于商品交换、商品价格的理论非常卓越。一些古代著名的城市均是商业活动盛行之地。据《太平御览·六韬》上记载:“殷君善治宫室,大者百里,中有九市。”“宫中九市,车行酒,马行炙。”这说明,这时的市,已经是由当时的最高统治者有意识地设立的特定交易场所,而不再是民间自发形成的,它改变了过去那种“日中为市……交易而退,各得其所”的习惯约定而成的交易地点,将商业活动固定到城市中,将商人的活动集中到市场上。除此之外,西周以后,不仅市场的设立由官府规定,不能自发形成,统治者对交易的内容也做了相应的规定:王城中的市场,一天只进行三次交易,朝市在早上进行,以商贾间的买卖为主;大市在日中进行,以一般消费者为主;夕市在傍晚进行,以贩夫贩妇为主。这就使商业交易双方对交易的地点、内容、商品的预期更加明确,大大增强了交易成功的可能性。

春秋初年管仲辅佐齐桓公进行了一系列的内政外交改革,在商业贸易方面,他提出了著名的“轻重”理论,据《史记》记载,“齐桓公用管仲之谋,通轻重之权”。这里的“轻重”就是指商品价格的贵贱。通轻重之权,就是指由国家经营商业,掌握货币,平衡物价,调节供求。同时,管仲提出了政府具体的实施办法与措施。

在奴隶社会,商业活动,特别是地区之间的商业活动,主要操纵在官府和奴隶主贵族之手,商业制度属于“井田制度”,统治者在政治稳定时期重家而不轻商，在政局变革动荡时则重农抑商。我国奴隶社会的土地属奴隶制国家所有，全国耕地实行“井田制度”，各奴隶主以自己的血源关系按宗法制度分得土地和奴隶人数，这种宗法奴隶制在相当程度上保证了政治局面的稳定。“井田制度”是奴隶社会农业自然经济生产方式之下统治者重视农业生产的必然产物，它将当时最重要的生产资源——土地牢牢地控制在统治者手中，使农业生产者只是土地的使用者而不是所有者。

到了春秋战国时期大变革时代的到来，以李悝、商鞅、韩非为代表的法家提出了“农本商末”、“重农抑商”的政策主张，尤其是商鞅变法之后，其“农战”政策成为秦国的强国之策，商业制度完全成为政治制度的附属品，商人的交易行为受到严重制约，商人必须随时服从农事、服从战争。

到了封建社会，统治者对商业的管制政策体现出很强的国家专制性和封闭性：①封建政权直接垄断某些重要商品和物资，实行专卖，寓税于价，从出售商品的利润中获得财政收入；②为保证农业地租收入和抑制商人阶层过度活跃影响统治者利益，限制私商贸易，自秦朝以来，轻商抑商是封建政权管理商业的主导思想，这一思想贯穿了我国整个封建社会，成为我国封建社会长期存在的一个重要原因；③在中国封建社会的历史上，除有很多时期是处在封建割据情况下外，封建大地主阶级还运用种种手段霸占民田，兼并土地，将大片土地组成一个个“农庄”，经营农、畜、渔各业，生活上基本上可以自给，客观上减少了对商品交换的需要。

在专制的封建社会，依靠皇权推行的规范很容易演变为制度，自从汉高祖八年，刘邦颁布“贱商令”起，歧视商人、歧视商业就一直成为我国封建社会的文化观念。在统治者“重农抑商”的治国思想的影响下，商业、商人受到轻视，统治者的治国、治民策略也客观上抑制了商业、贸易的繁荣与发展。中国资本主义发展的历程极短，甚至可以说中国并未经历过真正意义上的资本主义历史发展阶段，从封建社会就直接进入到了半封建、半殖民地的旧中国，受殖民主义的控制，外国人在中国开办众多的洋行，旧中国民族流通产业则一直是以小商小贩式的零散交易为主，主要由商行、行会自行约束，政府的作用极其微弱。

（二）鸦片战争以后中国商业的发展及政府作用

鸦片战争以后，外国殖民主义列强控制了中国经济的命脉，清政府腐败无能，民国政府轮番更替，中国商业发展基本上处在自生自灭的无序状态之中。南京国民党政府统一中国后，战争的影子无时无处不在，中国政治经济无日不处于内患外忧之中。国民党统治时期的1927年至1937年抗战爆发的10年间，中国民族工业仍处境艰难，农村经济凋敝，工业化无进展；抗战爆发后至1949年国民党逃离大陆，战争成为其主要任务，其经济政策和手段的出发点都是为了维持其统治，在“战时”的名义下，国民党政府加强了对经济的控制，节制资本，实施战时经济统制，加上国民党政府排斥工、农、小资产阶级，苛捐杂税多如牛毛，大小官吏以权谋私，国家资本实际上变为“官僚资本”，结果是国家资本迅速膨胀，控制了国民经济，而同时民族资本则因受到压制和排挤陷入困境。政府通过苛捐杂税和恶性通货膨胀政策，盘剥压榨人民，使农工商业陷入停滞萎缩境地。

除政治上的原因外，从经济角度分析，南京国民党政府统一后不久，1929年就爆发了世界性的经济危机，此后，以美国的罗斯福新政为代表，强调国家干预的凯恩斯主义开始在西方流行起来，德国、日本、意大利等国家则走上了“国家社会主义”道路，对国民经济实行“统制”。至于社会主义国家苏联，到1935年更是建立了单一公有制和计划经济的体制。所有这一切证明，新中国建立之初，国家干预经济思想是世界的主流。受苏联和西方国家经济思想的共同影响，国内绝大多数经济学家均认为中国应该实行政府主导型经济，强调通过政府实施有计划的经济，强调发展国营经济。

综合政治、经济两方面的原因，这一阶段中国工商业的发展实质上是走了两个极端，一端是以官僚资本为主的国家垄断大商业，另一端是民间抗风险能力极其弱小又备受盘剥压榨的家庭(族)型商业。这一时期中国工业化发展基本处于停滞时期，商业发展极慢，政府的作用难以显现。

(三)新中国建立以后的政府商贸业管制历程

新中国建立以后，中国走上了严格的计划经济发展道路，传统计划经济思想下，国营商业系统对商品流通活动实行严格的垄断性经营。

1.计划管理与统购统销——20世纪80年代以前的商业管制思想

20世纪80年代以前，中国的商业管理体制是以政府通过其行政系统对商业企业实行直接控制为特征的系统行政管理体制，自1958年起施行的《国务院关于改进商业管理体制的规定》中，对从中央到地方一级商业的发展作出了一系列明确的规定，其核心思想是严格的计划管理与统购统销。

第一，计划管理体制。

(1)政府管制商业机构的设置。当时全国各省、自治区、市、县一级商业机构的设置均由各省、自治区、直辖市人民委员会根据地方的具体情况决定，当两个或两个以上的商业行政机构合并设置的时候，在财务上可以不实行原来各系统的独立核算，而实行统一核算，但在业务方针政策上仍旧分别接受原来所属主管商业部门的指导。地方商业行政机构和企业管理机构，原则上实行合并。

(2)商业机构的管理。中央各商业部门设在生产集中的城市或者口岸的采购供应站(一级批发站、大型冷藏库、仓库)，实行以中央各商业部门领导为主、地方领导为辅的双重领导。省、自治区、直辖市商业行政机构设置的采购供应站(二级批发站)，实行由省、自治区、直辖市的商业行政机构领导为主、所在地政府领导为辅的双重领导。

(3)中央各商业部门所属加工企业，除某些大型企业、或各地职能部门认为管理有困难的企业外，其余全部下放给地方商业部门直接管理。这些下放的加工企业，有关生产任务的规定、产品的规格标准，生产设备能力的调整和加工上缴费用的规定，仍旧由中央各商业部门统一管理，以便平衡全国生产。

(4)商业计划指标管理。国务院每年只颁发四个指标，即：收购计划、销售计划、职工总数、利润指标。同时允许各地在收购计划和销售计划总额的执行中，有5%的上下浮动幅度。但对于中央各商业部门控制的计划商品的数字的变动，必须经过中央各主管商业部门的批准。对于各地工业生产的超计划的产品，商业部门收购的时候，经过上级主管商业部门的批准，可以超计划收购。对于全国计划收购的粮食、油脂、棉花的购销数字的变动，必须经过国务院的批准。如果省、自治区、直辖市人民委员会在特殊情况下认为必要的时候，可以先行变动，再报国务院备案。各商业企业每年的利润指标由政府统一下达。

(5)利润分成管理。中央各商业部门的企业利润，实行与地方全额分成。粮食经营和对外贸易的外销部分的利润，省、自治区、直辖市不参与分成，但是对外贸易的内销部分仍旧和省、自治区、直辖市分成。供销合作社仍旧实行社员分红、提取公积金和其他基金的办法。现在归地方收入的饮食、服务性行业，仍归地方不变。除了上述几项以外，中央各商业部门的企业利润，都和地方实行二八分成，就是以利润中的20%归地方，80%归中央。为了生产救灾而要商业部门进行有亏损的收购或者销售的时候，授权省、自治区、直辖市人民委员会责成地方商业部门办理，如有亏损，可列入企业亏损，由商业利润抵补。

(6)商品价格管理的分工。在农、副产品方面，凡是属于计划收购(统购)和统一收购的物资的收购价格和销售价格，由中央各商业部门统一规定，但是在非主要产区则委托各地政府根据中央各商业部门规定的价格水平来管理。在工业品方面，国家经济委员会统一调拨的物资的收购价格，或者各工业部门所管的统一分配的物资的收购价格，都按照国家规定的调拨价格办理，除此以外，所有其他工业品的收购价格，按照中央各商业部门规定的原则由省、自治区、直辖市管理。工业品在市场的销售价格，主要市场和主要商品由中央各商业部门规定价格，次要市场和次要商品由省、自治区、直辖市根据中央各商业部门规定的定价原则自行定价，并且注意同毗邻地区协商。中央和地方设立统一的各级物价管理机构，中央每年召开物价会议一次，制定全年的物价水平。

(7)实行外汇分成。为了鼓励地方积极完成国家的出口计划和争取若干工农业产品超额出口，中央将所得外汇，分别给地方一定比例的提成。

第二，统购统销管理制度。

为了解决优先发展重工业与落后农业的矛盾，保障工业化建设和市场稳定，国家自1953年实行粮油棉等农产品统购统销政策。统购统销制度是以城乡分割为前提的。统购统销具有双重职能；一是通过工农业剪刀差为工业化提取积累(包括出口创汇)，二是保障城镇人口的粮油供应(部分返销于缺粮地区农民)。要承担这两种职能，都必须严格控制城市人口规模，以缓解计划供应的压力。中国的户籍管理制度一开始就是与粮食供应关系紧密挂钩的。统购统销不仅以城乡分割为前提，它的实行又有效地限制了农村人口的流动和迁移。国家通过国营商业和农村供销合作社两大系统掌握了90%以上的剩余农产品，基本控制了全部商品化粮油。国家对城镇居民实行成品粮油定量供应的制度，每户拥有一个“粮本”，“非农业人口”也叫吃“商品粮”或“国家粮”的人。粮油关系附着在户籍制度之上，跟着户口走，城镇居民户籍变动必须随之迁移粮油关系。凡是实行计划供应的地区，取消集市贸易。农民要进城必须先换到粮票，出省还要换到全国粮票。没有粮油供应关系，加上无法获得住宅、副食品、燃料供应、入学、医疗、就业、保险等福利保障，农村人口即便自发流入城市，也无法在城里长久生存。

为了保证统购统销，国家对农村自由市场也实行了严格管制。虽说原则上允许农民自由支配剩余农产品和在农村集市上调剂余缺，但实际上在许多地区和许多情况下，粮油棉市场是关闭的，尤其禁止从事农产品倒买倒卖、短途和长途贩运。1962年后又将集镇上的手工业者和商贩下放农村，使之弃商务农。“文革”时期，农村集镇受到了更大的冲击。供销合作社被强令与国营商业合并，集市贸易被禁止，传统字号被“砸烂”，工商业者被斗，镇上居民被赶下乡，肩挑小贩被作为“资本主义尾巴”加以打击，使得大多数集镇经济进一步萧条。全国农村合作商店、合作小组、个体商业网点从1957年的84.6万个减少到1976年的12.3万个，从业人员从160万人减少到66万人，其中个体商业从业人员从30万人减少到4.7万余人。农村集市贸易长期萎缩。1976年农村集市只有2.9万个，成交额仅102亿元，按牌价计算，仅占当年社会商品零售总额的4.6%，所占比重比1965年下降近一半。①

上述严格的集中计划管制思想与管制体制虽说能在一定程度上保证商品流通活动的有序性，在短缺经济下，生产决定流通论、商业实行统购包销的管制思想有其存在的客观理由，但后来的事实证明，这一僵化的管制思想助长了短缺经济的存在与发展，商贸业的发展完全操纵在政府手中，严重束缚了商业企业自我发展的手脚，限制了其商业活动能力的发挥，从而也就限制了生产和消费的发展。

2. 国有资本的退出与放松管制——20世纪80年代中期以后的政府商业管制思想

1978年以后，中国原来的计划商业管理体制越来越难以适应商品流通体制改革的要求，以调整所有制结构，转变政府职能，扩大企业经营自主权为主线，中国开始逐步推行商业管理体制的改革，改革的中心工作围绕两方面展开：首先是对原商业系统内部管理体制进行改革，国有资本大量退出商贸流通领域，目的是解决政企不分的行政管理同独立企业的自主经营之间的矛盾；其次是对社会化“大商业”进行统一管理的探索，主要目的是解决各系统的分散管理与建立国内统一市场的矛盾。两方面改革所围绕的总体目标是希望建立起一个既有利于促进全社会所有商业企业独立经营、公平竞争，又能维持社会商业活动有序进行、健康发展的商业管理体制。改革以放松政府对商业的管制为特点，在搞活企业、增加数量方面取得了明显的效果，商业领域获得前所未有的繁荣与发展。

(1)国有商业资本逐步退出，流通主体呈现多元化发展态势。80年代以后，以打破单一国有商业体制，实行自主经营、自负盈亏，发展多种经济成分、多种经营方式、多条流通渠道为主线展开了商业改革，流通体制改革深化主要涉及政府放权。

① 肖冬连：《中国二元社会结构形成的历史考察》，《中共党史研究》2005年第1期。

自改革开放以来，国有商业企业总体经济效益长期低下，据统计，从1978年至1996年，国有商业企业的流通费用率由7.9%上升至17%，资本利润率由10.52%跌至2.1%；国有商业亏损面逐年扩大：1990年净亏损7.16亿元，亏损面为26%，1996年净亏损23.18亿元，亏损面37%，1997年亏损面突破40%；与社会商业比较，国有商业商品周转速度严重滞后，资产负债率居高不下，国有商业企业总体效益低下。[①] 国有商业发展的困境追根溯源在于体制改革障碍：由于商业行业资本投入少而流向强，进入壁垒低，属竞争性极强的行业，客观上要求企业经营权极大的独立性及机制的极大灵活性与之相适应，这恰恰是国有商业企业的致命缺陷，在失去了政府财政支持的背景下，机制缺陷必使国营商业竞争能力弱化，退出竞争性领域在所难免。

20多年的发展，随着国有资本在流通领域的大量退出，流通主体结构发生了巨大的变化，各种非公有制商业特别是个体商业迅猛发展（见表4-1、4-2、4-3所示）。

表4-1 社会消费品零售总额中各种经济类型所占比重（单位：%）

年份	社会商品零售总额(亿元)	公有制经济			各类合营	个体与私营	其他经济形式
		合计	国有经济	集体经济			
1978	1558.6	97.87	54.60	43.27	/	0.13	2.00
1980	2140.0	96.05	51.43	44.62	0.02	0.70	3.22
1985	4305.0	77.59	40.42	37.17	0.30	15.35	6.76
1990	8299.8	71.29	39.59	31.70	0.49	18.91	9.32
1995	20620.0	49.15	29.85	19.30	0.35	30.33	20.16
1996	24754.1	45.70	27.25	18.45	0.50	32.00	21.87
1997	27298.9	40.75	23.28	17.47	0.54	24.84	23.86
1998	29152.5	37.22	20.65	16.57	0.56	37.05	25.26

资料来源：国家国内贸易局编：《2000中国国内贸易年鉴》，中国国内贸易年鉴出版社2000年版。

① 谢洁萍：《"国有"是否应与商业脱钩?》，《中国商报》1998年4月19日。

表 4-2　个体商业(批发、零售和餐饮业)网点发展情况

年份	1978	1980	1990	1995	1996	1997	1998	1999
网点(万户)	14.4	787	855.58	1553.6	1624.3	1690.8	1817	1833.4
人员(万人)	20.9	71.9	1300.92	2737.2	2924.4	3124.4	3421.2	3469.0
单位网点人数(人)	1.45	/	1.52	1.76	1.80	1.85	1.88	1.89

资料来源:据《中国统计年鉴》1993年,《中国国内贸易年鉴》1991、1996、1997、1998、1999、2000年有关数据整理。

表 4-3　私营商业(批发、零售和餐饮)网点发展情况

年份	1994	1995	1996	1997	1998	1999
网点(万户)	15.41	25.4	33.5	41.2	52.3	64.1
雇工人数(万人)	144.74	230.16	303.4	370.5	472.8	552
单位网点雇工(人)	9.39	9.06	9.06	8.99	9.04	8.61

资料来源:据《中国国内贸易年鉴》1995、1996、1997、1998、1999、2000年有关数据整理。

各表中统计数据显示,全国公有制商业经济完成的社会消费品零售总额由1978年的占总额97.87%下降到1998年的37.22%,下降了60多个百分点;1978年至1999年,全国个体商业网点由14.4万户猛增到1833.4万户,增长126.3倍,从业人员由20.9万人猛增到3469.0万人,增长165倍;从1994到1999年,私营批发、零售及餐饮网点数量从15.41万户增加到64.1万户,增长3.2倍。非公有制经济已经成为流通领域的绝对主力。

(2)“大商业”理念的形成。“大商业”是在我国实行商品流通体制改革后新出现的概念,是基于经济体制改革以后在商品流通领域所出现的多主体、多渠道、多方位的经济现象而提出的一个术语,其深刻而丰富的内涵要求我们突破传统商业的定义,去重新审视商业活动。“大商业”的内涵丰富,可从多个方面、多重角度去认识和理解:

第一,“大商业”的内涵包括了原多家流通管理部门的管理范畴。根据我国计划经济的传统观念,商业仅指原商业部、供销合作社和粮食系统所进行的商品流通活动。“大商业”的概念下,则把物资系统、外贸系统涵盖在内,现行商务部的工作就是“大商业”概念下的政府内外贸一体化管理机构。

第二,"大商业"概念下,流通主体除原独家垄断的国营商业主体外,还包括随着体制改革而出现的工业自销部门个体、私营、中外合营,以及部队、学校、各种社会团体等一切经商队伍,泛指社会上所有从事商品流通业务的企业和个人。

第三,"大商业"概念下的业务范畴随着人们市场观念的增强在不断扩大,不仅指有形的物质产品,也包括无形的服务产品和精神产品,服务、餐饮、旅游、文化娱乐等行业均被纳入大商业的范畴。

第四,随着企业规模的扩大,企业集团、连锁经营、大型商品交易市场等也均被纳入大商业的范畴。

二、政府产业管制现状

(一)中国商贸流通产业组织结构现状

1.流通企业过度进入,流通秩序混乱

20世纪80年代以后,随着"大商业"的形成和流通主体多元化的快速发展,商业领域在获得前所未有的繁荣发展的同时,也出现了失控现象。以网点建设为例,虽然1981年国务院颁布了第103号文件,从8个方面规定了商业网点发展建设的原则。1991年原商业部也发布了《城市商业网点建设管理暂行规定》,对商业网点建设的原则、主管机关、规划编制、建设资金和方式、管理及法律责任等作出了明确规定。但是网点规划主要是各地政府的职能,多数地方政府只关注地方经济发展的速度,关注流通企业数量的增加,并没有认识到严格管制的重要性,企业受短期高额利润的诱惑,盲目跟风,纷纷介入商业领域,造成网点建设失控,总量规模过剩。先是市场建设热,许多地方都先后建起各种各样的市场,造成许多市场"有场无市"。前几年百货商店热,不少城市都出现了大商场过剩的局面,致使许多商场开业不久便陷入困境,甚至倒闭。现在大型超级市场建设又开始升温,几千或上万平方米的大型综合超市大量兴建,竞争十分激烈,已经出现了过剩苗头。"全民经营"、"全民下海"、对利润的盲目追求,表明在商业领域确实存在着个体行为理性与群体行为非理性的矛盾。

2.各地商贸流通产业发展缺乏必要的数据资料收集与整理

"大商业"观念形成后,一些地方对流通产业的发展疏于引导与管理,由于对商业的范畴界定认识不清,致使统计数据资料收集不完整,目前国内许多地区对诸如商贸流通产业的网点布局、营业面积、社会批发销售额等基本资料缺乏必要的数据收集整理,家底不清必然导致引导不力。这一问题越是在经济发达、商贸业繁荣的地区表现得就越严重。自80年代中期以后的相当长一段时间,地方商贸业的管理缺位,基本上处于任其自由发展的态势,各级政府部门对商业的重视程度不够,人员缺乏,素质不高,尤其是缺乏科学的产业管理指标体系,商业的范围、统计口径混乱。一些经济发达地区只重视地区经济发展面上的指标(如GDP、工业产值、人均收入等),对商业发展情况的掌握仅限于社会消费品零售总额,忽视对诸如商业营业面积发展、商业网点数、商业从业人员等一些重要地区商业发展指标的掌握与控制,这一情况目前已经在不少地区给未来商业发展规模、格局等的合理规划造成了极大的困难。不重视对本地现有商业力量的摸底、调查与整合,缺少商业发展规划,带来的直接后果就是盲目建设、引进大型商业设施,给城市经济的合理布局、人口的转移、交通顺畅等方面造成了严重不利的影响。事实上,政府对商圈的形成分布、业态的设置等有关现代商业规划的制定与引导均需要在对现有及以往商业发展历史作充分调查的基础上进行。

3.商贸流通产业发展评价指标体系滞后并缺乏科学性

目前国内商贸业发展水平的评价指标体系在很长时期内未能随着现代流通方式的引进与发展作及时调整,致使一些地区商贸业发展思路与现实要求产生偏差。例如一直以来,政府与业界都习惯于以传统的各地商业网点绝对数增加值来评价地区商贸流通业乃至整个经济发展程度。商业网点是指城市行政区域内国营、集体、合营、联营、私营、个体商业、饮食业、服务业的固定经营门点以及集贸市场,国内传统的商业发展评价指标主要是千人零售网点数,各级、各地政府也普遍以千人均商业网点数的快速增加为荣,至今一些地区在衡量本地商贸业发展情况时,还习惯于炫耀本地商贸服务网点的快速增加。这种评价指标体系在改革开放初期市场经济刚刚起步阶段有其客观必然性与必要性,然而随着社会经济的不断发展,收入水平提高与市场化步伐加快,消费者对购物环境、商品质量、品种数量等的要求均已经发生改变,发达国家早已走上了以人均商业营业面积的扩大为指标的现代商贸业发展道路。随着现代商业业态的引进与发展,与世界商业发展轨迹相一致,各地零售业态发展将会依次走上发达地区零售业态曾经走过的道路,从单一型、零散型向规模化、集约化、效益化转变,新的流通业态不断涌现,商业业态越来越多地从传统分散化的“夫妻店”、小卖部,走向大超市、大卖场、购物中心(摩尔)等综合性的购物城、具有中国特色的大专业市场、集贸市场等,综合性的网点一个相当于过去的十几个、几十个,甚至上百个营业网点,若仍然沿用过去的数量评价指标,不仅不能起到科学的引导与示范作用,反而会进一步助长盲目的低效率扩张。原来只针对"狭义商业"、"传统商业"的管理体制势必不能适应"大商业"、"现代商业"管理与发展的需要,政出多门、商品入市渠道混乱、基本商业资料统计困难、缺乏统一的宏观规划和宏观指导等一系列问题已经成为制约商业发展的巨大障碍。

(二)我国商贸流通产业政府管制失效的成因

1.对商贸流通产业管制问题的理论认识不足

(1)认识上的惯性。这主要是因为我国长期实行的计划经济是一种短缺经济,那时的营业网点和商品数量都是短缺的,改革开放以后,各地为繁荣本地经济,解决就业问题,纷纷采取了鼓励发展流通产业的政策,忽视对流通企业规模和数量的宏观控制。

(2)流通产业的自由竞争和自由放任相混淆。流通产业是一个竞争度非常高的产业,理论上讲,自由进出是必要的,但是自由并不是无序。许多地方解决下岗再就业的主要手段便是给出很多优惠措施鼓励下岗职工经商,客观上造成了流通产业的无序进入。

(3)国有资本退出流通产业与对流通产业的管理对应起来。由于国有资本要逐步退出流通产业,这对于那些长期习惯于为国有资产增值保值负责的流通产业的主管部门而言,就面临着职能的重新定位和管理方式的变革。但是一些主管部门却无法及时适应这种转变,非要把国有资本退出流通产业与对流通产业的管理对应起来,认为只要国有资本退出流通产业,那么对流通产业就可以少管、甚至不管,这种观点目前还很有市场,它既对国有流通企业改革产生负面影响,也对流通产业实施进入管制产生阻碍作用。

2.缺乏权威、统一的管制主体

我国流通产业长期实行内外贸分离,商、粮、供自成系统,这严重影响了进入管制的统一性。比如,我国目前的政府机构设置,涉及分销领域的包括内外贸、工农业生产、交通运输、新闻出版、药品管理等多个政府部门。就内贸而言,伴随着国家的每一次机构改革,流通产业进入管制主体的权威性随着级别的降低而不断降低。国内贸易部被撤销以后,其职能由国家国内贸易局接管;2001 年 3 月,国家国内贸易局再度被撤销以后,其职能又转入国家经贸委的贸易市场局。地方政府部门更是有多个流通产业管理部门,商(贸)委、经(贸)委、计委,职能交叉、重复。从中央与地方的管制主体的关系上看,不统一性也非常明显。例如,中央政府规定试点期间中外合资零售企业设立的审批权属于国务院,但是一些地方政府在局部利益的驱动下,采取了种种变通的方式,越权审批了大量未经国务院批准的中外合资合作零售企业。

3.进入管制政策体系不完善

这一点在引导外资进入国内流通产业和国内商业网点建设两个方面都表现得很突出。

第一,在引导外资进入国内流通产业方面。目前,我国只在《外商投资产业指导目录》中,对商业流通领域利用外资的情况有所规定。1992 年国务院作出的批复中对外商的准入条件、资格标准、合营年限、合作形式、审批权限及程序等都未作出明确的规定,这为实际的进入管制工作带来相当大的难度,导致了地方越权审批以及外资通过多种变通形式进入国内流通产业情形的出现。

第二,在国内商业网点建设方面。1981 年国务院颁布了 103 号文件,1991 年原商业部也发布了《城市商业网点建设管理暂行规定》,国内贸易部 1995 年 12 月 12 日发布实施了新的《城市商业网点建设管理规定》,2001 年 9 月 4 日,国家经贸委又下发了《关于商业网点规划的实施指导意见》。由于这些规定是一些原则性的条款,可操作性不强,且不具有法律约束力,所以它的管制效力就完全取决于地方各级政府职能部门。从地方执行情况来看,呈两种态势:一是将以上规定和文件搁置在一边,完全不予重视;二是完全遵循国家的政策,出台一些没有针对性和操作性的明细条款。这都为进入管制的实施增加了难度。

4.地方政府及职能部门有强烈的进入动机

财政包干制改革进一步增大了留归地方财政收入的比例,激发了地方的利益动机。地方政府为了使自己"灶"上的"饭"多一些,必然会想方设法利用自己能调动和支配的各种资源,在本地建设一些投资少、见效快的项目。开办流通企业就非常符合这一要求。而且,商业的发展往往是一个地方经济发展的缩影,是地方形象的代表,因此,出于政绩的考虑,商业特别受地方政府偏爱。于是,地方政府不但鼓励民间资本、外资进入,而且积极组织资源自行进入,建大店,建豪华店。在 20 世纪 80 年代末的市场建设热中,地方政府投资建设了各种各样的市场,造成许多市场"有场无市";在 90 年代初以后百货店热,地方政府也迎头赶上,商委、经委、计委纷纷披挂上阵,个别地方财政局也不甘示弱,以各种形式介入。管制客体与管制主体重复,是我国许多产业,包括流通产业过度进入的重要原因。

(三)管制政策缺位引发的不良后果

我国商贸流通领域上述问题的出现,追本溯源,与改革开放以后政府管制政策的缺位有直接的关系。

1.轻视流通产业对经济发展的贡献,流通业长期得不到应有的重视

长期以来,我国"重生产、轻流通"的思想根深蒂固,流通业长期得不到应有的重视,不少地区、部门,包括政府决策机构还没有完全转变轻商思想,只求速度、政绩,不求质量、效益,只重视制造业的发展,"重生产、轻流通"的思想极大地阻碍了流通业的发展。

2.对流通产业在维护国家经济安全中的地位与作用认识不足

一些地方政府或是只看到设立外资零售企业可以带来大量国外资本,或是认为外资零售企业可以向我国零售企业传授管理技术;或是仅片面地看到设立外资零售企业可以促进我国商品出口。事实上,外资零售企业在我国除了注入初始股本金外,多数是用我国的信贷资金和供应商的资金来发展的,占用的仍是国内紧缺的资金;管理技术的转移只能通过在外企工作过一段时间的人来实现,指望外资企业向我国的合作伙伴转移管理技术是很难的;从促进本国产品出口角度分析,这与外企进入中国开店也没有必然的联系,中国商品在此之前已经在国际市场上占有相当的价格优势。

3.条块分割、地方保护的管理体制阻碍了流通企业做大做强

目前,我国新型商业业态发展较快但规模过小,大型零售商业资本集团过少,国际化、超大型资本集团空缺。多年以来,流通企业期待着以资本为纽带,进行跨所有制、跨部门、跨地区的重组,但成效甚微。究其原因,是我国长期条块分割、地方保护管理体制的制约,不仅使中国企业没有强强联合、做大做强,反而内耗加剧、合作困难、纠纷不断的趋势,严重阻碍了商业企业的扩张和发展。

4.缺乏健全的法律法规,流通领域在很多方面基本上是无法可依

市场秩序不规范,假冒伪劣盛行,商业欺诈严重,质量、卫生安全问题十分突出。在流通设施建设方面,至今还没有关于大型商业设施建立和批准的法律法规,建设大型商业设施无法可依,存在很大盲目性。

三、政府管制思想的重新构建——从计划管制迈向市场化管制

由于流通产业具有投资壁垒低、投资周期短而回报率高等特点，外资一旦进入，就很难对其发展规模和发展速度进行有效控制，而外商可以很快回收资本，获得长期稳定的高额利润。再加上，由于流通业的销售收入只能是所在国货币，必须允许其兑换成外币汇到国外，如果外资规模过大会对该国的国际收支平衡产生不利影响。正因为如此，世界上绝大部分国家，特别是发展中国家在引进外资的顺序上，都是先工业、后商业，先生产、后流通。很多已经加入WTO(包括其前身"关贸总协定")多年的发展中国家，如马来西亚、泰国、菲律宾、印度尼西亚、韩国、巴西、墨西哥等，至今仍未完全开放国内流通产业。因此，在力量对比过于悬殊的情况下，我们在引资进入零售产业的同时，就必须考虑选择一种既有利于商贸流通业发展，又能避免较大冲击的利用外资道路。

(一)重构政府商贸流通领域管制体制的必要性

对于流通这样一个具有高度竞争性的行业，是否需要政府制定专门法规实施产业进入管制，争论颇多。有人认为实施进入管制违背自由竞争原则，不符合世贸组织的游戏规则；有人认为对流通产业进入管制过于超前，我国流通产业刚步入快速发展轨道，流通组织化程度不高，企业规模普遍偏小，实施进入管制尚为时过早，不利于我国大型流通组织的成长。也有人认为流通产业是否需要政府进行进入管制，主要看其在国民经济中所处的地位以及是否存在过度进入所导致的低效竞争。流通产业在国民经济中的重要性毋庸置疑，在本书第二章已经做了分析。但是，目前流通产业在发展过程中产生的问题也越来越突出，主要表现为大量的低效、无序竞争，尤其是在零售行业，由于进入成本相对较低，流通秩序混乱以及获利相对容易所导致的"拥挤现象"(各行各业一齐进入流通领域)和重复建设。使得过度进入的低效竞争表现得更为明显。

本书第三章已经从多角度分析了商贸流通产业进入壁垒的情况，得出其基本不存在经济性与国内在位企业人为设置的进入壁垒这一客观事实，因此，政府管制就成为防止企业过度进入流通领域的最后屏障，要防止流通企业的过度进入，政府管制成为一种必然选择。

1. 政府管制可以根据科学的预见实现事前调节，倾斜资源配置，避免资源配置的浪费，加速产业结构的演进和发展

政府这只看得见的手可以有效地支持未来主导产业和支柱产业的成长壮大。对于经济后发国，则更可以充分利用发达国家产业结构演进的经验，发挥后发优势，通过国家干预，较快地实现资源配置的优化。

2. 政府管制可以弥补市场失灵的缺陷，促进市场结构和市场机制的完善

由于规模经济、公共产品、外部性、信息不对称等市场失灵领域的存在，如果仅靠市场机制就无法避免垄断、不正当竞争、基础设施投资不足、环境污染、资源浪费等现象的发生和蔓延。历史经验表明，各国产业政策的普遍作用就是弥补市场失灵的缺陷，通过实施各种政策解决上述问题；另外，产业政策由于具有明确的指导性，实际上还可为企业提供一个透明度较高的经营发展环境，可以减少企业的短期行为和盲目竞争。

3. 政府管制可以在经济全球化的进程中，趋利避害，保障国家的经济安全，防止出现严重的产业安全危机

“无国界经济”在促进世界资源优化配置的同时，其脆弱性和敏感性往往使各国之间经济安全关联系数增大：一是经济危机在世界范围内的波及对政府的施政能力提出了严峻的挑战；二是对发展中国家政府维护本国产业结构系统中的关键性产业安全提出了很高的要求。如何保护民族工业、新兴工业的发展，增强本国产业的国际竞争力，需要制定科学、有效的产业政策。

4. 政府可以通过扶持和保护新技术、新设施的推广利用，促进产业技术水平的提高

就商贸流通产业而言，可以加速电子商务、现代物流、商务会展等现代流通方式的进入，并使生产与流通更为有效地结合起来，提高生产流通效率。

改革开放以来，商业领域出现的一系列问题表明，越是发展市场经济，政府部门越应该加强对商业领域的管制。1978 年以后，中国以调整所有制结构，转变政府职能，扩大企业经营自主权为主线开始的流通体制的改革，以放松政府对商业的管制为特点，在搞活企业、增加数量方面取得了明显的效果，商业领域获得了前所未有的繁荣，但同时也出现了失控现象。以网点建设为例，多数地方政府并没有认识到严格管制的重要性，网点建设多次失控。许多企业受短期高额利润的诱惑盲目跟风，纷纷介入商业领域，造成总量规模的过剩。先是市场建设热，许多地方都先后建起各种各样的市场，造成许多市场“有场无市”。前几年百货商店热，不少城市都出现了大商场过

剩的局面,致使许多商场开业不久便陷入困境,甚至倒闭。现在大型超级市场建设又开始升温,几千或上万平方米的大型综合超市大量兴建,竞争十分激烈,已经出现了过剩苗头。这些都表明在商业领域确实存在着个体行为理性与群体行为非理性的矛盾,需要政府部门从整体角度加以控制。

(二)有效竞争市场的建设——政府制定与实施产业管制政策的基本导向

正如我们在第三章"市场绩效评价"一节中已经做过的分析,兼容规模经济与竞争效益的有效竞争市场格局是高绩效市场。营造有效竞争的市场格局,是政府制定与实施产业组织政策的目标导向,有效竞争理论的出现,为政府产业组织政策的实施提供了目标方向。

1.有效竞争市场的难点所在

有效竞争的两个决定变量是规模经济和竞争活力。规模经济的通常含义是指随着企业规模的扩大而使单位产品成本降低、收益增加的一种经济现象,它是实现社会资源优化使用,提高经济效率的手段和途径;而竞争活力的经济意义表现为它与价格机制、供求机制综合作用,发挥市场机制自发组织功能,实现社会资源的优化配置,从而提高经济效率。可见,规模经济和竞争活力在优化配置和有效使用社会资源、提高经济效率上达到了统一,即规模经济和竞争活力是以不同的途径谋求同一目标。

然而,规模经济和竞争活力在一定程度上又具有相互排斥性,特别是在那些规模经济比较显著的产业,两者的排斥性就表现得更加明显。其表现形式是:随着企业规模的扩大就会引起生产集中甚至垄断的出现,垄断则是对市场竞争的否定,它会导致经济缺乏竞争活力。这就要求首先对规模经济和市场竞争度这两个有效竞争的决定变量进行系统分析,进而探讨有效竞争的标准,为分析研究产业组织政策提供价值基准。

2.有效竞争的决定

从有效竞争的概念可知,有效竞争要求规模经济和竞争活力相兼容,两者相互协调。因此,有效竞争首先决定于规模经济和竞争活力,而竞争活力又决定于市场竞争度,只有在一定的市场竞争度下才能产生竞争活力。事实上,市场集中和进入壁垒是相互联系的,两者共同决定市场竞争度。

适度竞争的对立面是过度竞争或竞争不足。当某产业存在过度竞争时,往往由于供大于求,会出现企业开工不足、生产能力过剩、促销费用猛增等现象,这表明该产业原来进入壁垒太低,致使企业数量过多,需要提高进入壁垒,控制新企业进入该产业,甚至淘汰原有不合格企业,从而提高市场集中度。这就会降低市场竞争度,使之趋于适度竞争。相反,当某产业存在竞争不足时,往往会产生或增强垄断因素,企业因产品供不应求而缺乏创新动力,价格不能随着成本的减少而相应降低,这意味着该产业原来进入壁垒可能过高,企业数量过少,应当降低进入壁垒,使新企业能进入产业参与竞争,以降低市场集中度,相应提高市场竞争度,消除垄断因素,使之趋于适度竞争。可见,实现适度竞争的前提是存在合理的进入壁垒和市场集中。

有效竞争是规模经济和市场竞争活力相互协调的一种理想状态,其协调点是合理确定规模经济和竞争活力的"度",其协调目标是两者所发挥的综合作用使经济效率极大化。这可作为政策设计有效竞争标准的基本思路。由于规模经济和竞争活力是一对矛盾体,要达到有效竞争状态就要综合考虑规模经济和市场竞争度,要求两者能做出适当"让步"。根据规模经济理论,当企业处于适度规模范围时,其平均生产成本和交易成本较小,规模收益较大。因此,规模经济"让步"的最低限就要保证产业内大多数企业的规模不低于最小经济规模,否则,牺牲规模经济就谈不上有效竞争。而市场竞争度"让步"的最低限则是要保证竞争收益大于竞争成本,即适度竞争。由于两者都"留有余地",存在一个合理区间,因此,有效竞争状态不是一种点状态,而是一种区域状态。我们可以通过图 4-1 形象化地模拟有效竞争的决定。

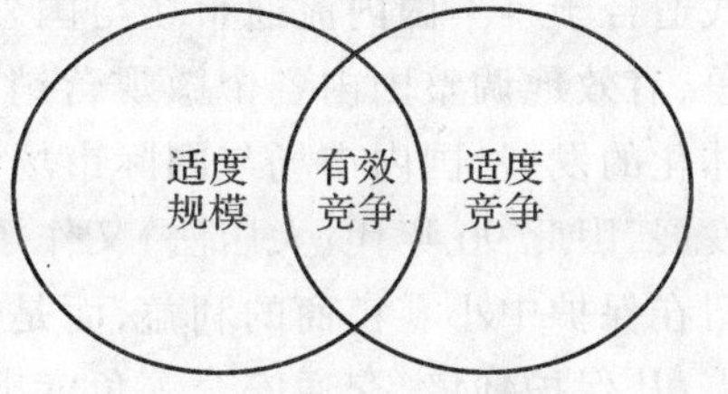

图 4-1　有效竞争的区域

由图 4-1 可见,有效竞争是由适度规模与适度竞争相交部分所组成的区域,虽然在这一区域内获得的规模效益和竞争效益不一定是最大的,但两者的综合效益最大,能实现经济效率极大化的目标。因此,只要在某产业中大多数企业达到最低适度规模(即最小经济规模)要求,而且,其市场竞争度能保证竞争收益大于竞争成本,即处于适度竞争范围,这个产业就基本上处于有效竞争状态。这便构成衡量有效竞争的标准。

(四)重建管制体制应遵循的基本原则

1. 市场化管制

政府管制政策不能凌驾于市场之上,政策应体现向前看,以尊重市场化原则为政府流通领域行为的基本准则,任何试图通过限制竞争来恢复有序竞争,或保护本国产业的做法,最终都只能是南辕北辙,并为今后发展留下新的遗憾。考虑到现期政策的制定与实施可能在今后出现事与愿违的滞后效应,为尽可能减少政策的负效应,应充分尊重经济发展规律,尊重市场经济的基本要求,在推动商贸流通产业发展的政策思路上,强化市场主导与政府推动的有效结合,对于外资外企进入流通产业,政府不能硬堵而应采取积极的措施加以应对,政策的目标只能是促使本国产业尽快强大而与外资企业相抗衡。

2. 管制政策的科学性与引导性

政府管制与扶持政策应具有前瞻性,并适时进行调整,以更好地适应经济变化的需要。日本政府随着国家经济发展环境及企业发展状况的变化而不断变迁流通产业法规,有力地促进了有效的市场竞争和经济发展。以日本的《大店法》几次制订修改为例,在 20 世纪 70 年代经济高度增长时期,日本《大店法》着眼于保护中小零售企业,限制大型零售商业的发展,以不断吸引大批劳动力。80 年代该法律则着眼于加强管制。1982 年,通产省通告"当前的管制措施",对建店的自主限制进行指导,建店数迅速减少。这种方式适合于日本国内流通市场与国外市场相隔绝的情况,有利于保护国内竞争,有效地调整国内各个微观营销主体之间的利益。但是随着世界经济一体化的发展,国内市场与国际市场的接轨,旧的政策制约了现代零售商业的发展,因此 90 年代《大店法》又作了合理调整,政府商业管制已不再是只停留在保护中小零售商的利益,而是以考虑消费者及周边居民的利益为出发点,从保护环境、交通安全等角度出发合理规划商业的发展。中国同样应对流通产业政策进行及时的修正,以保证其适用性。

3. 以立法手段为主要政策工具,体现政策的严肃性

过去我们习惯于借助于中央政府的行政命令管理经济工作,缺乏管理的规范性与强制性,致使各地置行政命令于不顾,违规情况时有发生。为保证政策的贯彻实施,今后我国流通产业发展应摆脱传统行政命令式管制的做法,更多地重视立法手段的运用,商业立法应成为我国政府流通产业政策的立足点。目前我国与流通领域经营秩序相关的法律法规明显滞后,在我国诸多法律法规中,规范流通企业经营行为和保护消费者权益的立法相对滞后,在行业发展和政府监管等许多方面基本处于无法可依的状态,一些已经出台的法律、法规,则缺乏具体的实施细则,操作性不强。面对国内依然存在的商业欺诈行为,需采取有力的措施开展专项整治,严厉打击破坏市场经济秩序的违法犯罪行为,快速扭转流通领域市场秩序局部混乱的局面;同

时,政府应加快市场法规方面的立法建设,对违反市场竞争规则的行为予以坚决打击。为协调流通产业发展过程中的竞争与规模效益,对外开放与本国产业发展,国家利益与地方利益等各方面的矛盾冲突,政府应结合中国具体国情,加快制定有效的旨在强化流通产业结构重组、培养国内强势企业、合理的网点布局、规范的竞争行为等为主要内容的,具有中央权威性的法律法规。

4.遵循 WTO 的基本准则

正如本书第一章已经进行过的分析,WTO 的基本原则主要包括最惠国待遇原则、国民待遇原则、自由贸易原则、公平竞争原则、透明度原则等五大原则,其最基本的思想就是公平、公正、公开,中国政府入世谈判中已明确就商贸业的发展做出了承诺,三年内取消合营公司的数量、地域、股权和企业设立方式方面的限制,五年内除少数重要商品和仓储超市业态的 30 家店铺以上的连锁企业仍由中方控股外,取消其他一切限制。这些承诺实际上解决了"市场准入"问题,也就是说,在参与国内市场竞争方面,外资企业具备了同国内企业同等的权利,摆脱了入世前的那种受到种种限制的"次国民待遇"。中国政府流通产业政策希望实现民族企业的健康、快速成长与发展,但绝不能再利用行政的力量排斥外资流通企业。

中国加入 WTO,根据中国政府的入世承诺,商贸流通领域将逐步迎来全面开放。中国是世界上少数经济快速增长的地区之一,具有全世界潜力最大的市场,必将成为发达国家大商业集团争夺的目标。可以预想,商业领域将会出现新一轮的投资热潮,政府合理的管制政策的实施,无论是对国内商业的发展还是对国外商业的进入都有益处。随着国内商业企业经营水平的快速提高,外资商业也会尽量避免正面冲突。因此,加强商业管制,形成良好的竞争秩序,也符合外资企业的根本利益。强调加强商业领域的政府管制,是指政府部门要充分发挥裁判的职能,通过严格执行比赛规则,为双方队员塑造一个公平合理的竞争环境。

四、WTO 背景下的政府产业管制

(一)WTO 规则与政府商业管制的关系

在公平、公开、公正原则基础上,政府对商业领域加强管制符合世贸组织的原则要求,加入 WTO 并不等于放弃政府的宏观调控或管理。尽管世贸组织成员对经济的调控方法、程度、效果不尽一致，但没有哪个国家放松国家调控而实行完全的“自由经济”。实际上，WTO 仅按本身的规则对其成员提出义务要求，并不强制性要求成员只能干什么或不能干什么。《服务贸易总协定》并未就服务业对外资的开放做出任何限制性的规定，为了维护本国的服务贸易秩序，每个成员国可以根据自己的国情和政策目标，制定各种管理其境内服务贸易的法律和规章。当然，为了使这些法律和规章不至于妨碍服务贸易自由化目标的实现，《服务贸易总协定》第 6 条针对成员方的国内规章规定了一般纪律。只要成员国制定的法律和规章符合总协定的一般纪律要求，构不成贸易壁垒和障碍，就能为其他成员国认可。可见《服务贸易总协定》实际上赋予成员方行使制定各种新法规以符合其国内政策目标的权利。事实上，这种法规和规章业已成为各成员国规范和管理境内服务贸易活动最为通行的有效手段。只要我们做到一视同仁，在商业领域进行合理的管制，是符合世贸组织原则要求的。

加强政府管制是世贸组织成员国的普遍做法。从发达国家的经验看，正是由于商业竞争度高，总量和结构容易失衡，各国政府都很重视对商业的合理化管制。日本是自由企业体制国家，原则上政府无权对企业活动进行直接干预，有必要进行干预时，就以法律的形式将其“正当化”，先促成有关法律的制定，然后依据法律管制企业。法国是“计划经济”成分较高的市场经济国家，对商业的管制更加严格。如为加强政府对超市的规范管理先后制定了一系列法律。1969 年在各省市还建立了规范商业管理的机构，规定不能随便建立超市，1981 年和 1993 年曾两度冻结超市的审批。1993 年后，规定建设超过 400 平方米的都要上报，由省经济部、城市发展部、工商会等部门批准；要兴建 3000 平方米以上的超市，则要经由 7 人组成的全国专家委员会投票决定。为防止过度竞争，还规定一定辐射区域内不能同时开设两个巨型超市，一个企业集团不能在同一区域内开设三家以上的商店。美国虽然非常崇尚自由竞争，但在商业领域也有严格规定。城市规划经市议会批准后具有法律效力。在商业设施规划中将网点配置明确分为城市中心、地区中心、社区中心和邻里等层次，分别予以调控，以保证合理建设、规模适度和有效竞争。正是由于有了严格的管制，这些国家的商业才没有出现过度竞争局面。发达国家的这些经验值得我们借鉴。

政府加强商贸流通领域的管制符合中外商业企业的共同利益。从本土流通企业发展的角度看，需要借助于政府管制的力量，保证国外企业规范、有序进入，防止外商、外资过度超前进入对民族企业发展造成不利影响；从外商企业角度看，他们也清楚地知道自身在竞争中的优势与劣势，不希望与地方流通企业恶性竞争导致两败俱伤，而希望政府能营造一个良好的竞争环境、良好的竞争秩序，加强政府商业管制，也符合外资企业的根本利益。

(二)管制手段的创新

市场经济与对外开放的大背景，给重新确立政府流通领域管制体制提出了新的要求。

首先，从观念上，要从维护国家经济安全的战略高度发展我国现代流通业，确立其先导产业地位。如果我国流通业发展长期滞后，必然会对国民经济带来严重后果；如果我国流通业被外资占领，将直接影响我国广大的制造业和金融业，影响我国的经济安全。因此，必须从维护国家经济安全的战略高度重视发展我国现代流通业，确立其先导产业地位。要设计适应世贸组织规则的中国流通产业政策，并把流通产业政策纳入国家宏观经济政策。

其次，在法律、法规制定上，要加强立法和信用体系建设工作，抓紧制定《反垄断法》，构建以《反垄断法》为核心的一系列法律法规体系。加快建立市场信用体系，强化企业信用意识，引导企业建立信用风险管理制度，逐步使企业内部的信用管理工作规范化、制度化；发挥行业协会的作用，建立流通行业诚信自律机制；发挥政府部门行业管理的职能，建立重点行业的信用监管系统。

第三，在具体操作中，要加快建立流通现代化评价指标体系，完善统计口径。为正确评价我国流通业的现状、发展水平、存在的问题以及同国外的差距，需要建立流通现代化评价指标体系，以进行准确的量化比较和分析监测，彻底改变现行不分业态的销售额统计办法，建立按同类业态、可以比较的统计口径。要分业态(如百货、医药、食品、建材、家电等)统计内外资企业现有的市场份额，并根据内外资企业未来几年的发展规划，提出该业态内能够与外资进行竞争的内资龙头企业名单，并给予重点扶持。

第四，在流通产业政策制定中，应分层次制定流通产业政策。根据已加入 WTO 的国家的实例，政府在以下三大领域是可以有所作为的：一是政府投入资金用于提高中长期产业竞争力的技术开发；二是对本国经济落后地区进行扶持；三是对中小企业进行扶持。政府需要制定规模不等的大中小商业企业政策、批发业和零售业政策、工业企业发展分销体系政策、物流产业政策和进出口政策。就目前而言，应强调各地严格执行对外商投资商业项目管理办法，防止地方政府钻政策的漏洞，采取措施防止流通领域重复建设，研究制定大型商业设施分业态设立标准（如规模、间距、密度等），各大中城市以此为参考依据制定大型商业设施建设规划。把大型商业设施项目，纳入政府核准目录范围，并制定和颁布项目标准和核准程序。并结合流通领域的特点，抓紧制定专门的管理办法。同时应加大扶持力度，进一步改革条块分割、地方保护的管理体制，按照资源、平等、互利、双赢目标，以资本为纽带，鼓励各种商业资源进行跨所有制、跨部门、跨地区重组，尽快形成规模巨大、实力强的流通企业集团；各级政府要设立大型流通企业发展专项资金，按照扶优扶强的原则对大型流通企业给予重点扶持；给予大型流通企业土地、用电、用水、融资、信贷、税收等优惠政策。

在贯彻非歧视原则下，WTO 并不禁止产业政策的使用，产业政策正在逐步成为体现发展中国家适当贸易保护要求的重要手段。只要能做到一视同仁，在商业领域进行合理的管制，是符合世贸组织原则要求的。目前世界各国政府实施产业政策的基本手段可归纳为以下经济、行政、法律三大手段，经济手段包括财税措施、金融措施、价格措施、政府采购与收入调节等，主要用于扶持产业发展；行政手段包括信息指导、行政审批、行政处罚、行政强制、制度改革等，主要用于限制国内产业盲目发展；法律手段包括反垄断法、反不正当竞争法、产业振兴法、萧条产业临时措施法、调整特定产业的结构的改善结构法等，主要用于规范各类企业市场行为，及提升本国产业结构。

（三）政府商贸流通产业管制的主要工作思路

1.借助于政府管制提升产业竞争力

产业的国际竞争力是一国应对外来竞争压力的能力。政府通过管制政策提升本国流通产业竞争力，应注重从以下方面作进一步的努力。

（1）积极参与国际竞争，建立适合于产业发展的宽松环境。中国是一个发展中的大国，已经形成了比较完整的产业结构体系。特别是经过改革开放 20 多年的发展，一些行业正以较快的速度向世界主要发达国家逼近。但与发达国家相比，我国经济发展的整体水平还很低，产业竞争力也较弱。因此，在大量非熟练劳动力存在，以及资本、土地要素严重匮乏的条件下，要保持我国经济持续快速稳定增长，必须进一步加快国际化进程，尽快融入经济全球化进程，通过参与国际分工，分享经济全球化带来的效益，提高我国的产业竞争力。特别是在适应 WTO 过程中，我们应积极主动地调整有关政策，努力适应全球经济发展的基本趋势，使调整成本达到最小。在此过程中，政府的作用是至关重要的。

要进一步建立和完善适合于产业发展的公平、公正的竞争环境，加快消除各种垄断，这对于提高产业整体竞争力具有重大的意义。要按照社会主义市场经济体制的基本要求与我国加入 WTO 的承诺，清理各种制度障碍。这主要包括：进一步削减政府经济职能，简化审批程序，强化服务意识；进一步清理带有计划经济色彩的行政壁垒与制度障碍，为各类企业，特别是民营企业的投资经营提供更广泛的空间与更自由的选择；加快垄断性行业改革，要根据市场经济的要求，鼓励各类企业积极参与市场竞争，提高经济活力；等等。

另外，政府要尽快为企业发展建立一个良好的发展空间，加快社会保障体系的建设，减轻企业负担；同时要完善反倾销法，加强对民族企业的保护力度。

(2)通过合理的产业政策，逐步提高中国的产业竞争力。目前，中国的产业政策处于由过去计划经济体制向社会主义市场经济的过渡中，一定程度上受过去历史传统影响，仍比较侧重对个别部门的倾斜，认为主要发展某些产业就是产业政策。但在今天全球化与区域化的过程中，这种完全以部门为主的产业政策需要进行调整，顺应产业结构调整机制的转变，相应调整政府的角色定位，以适应世界经济全球化和区域化的发展趋势和需要。新的产业政策不能过分强调发展某个特定部门和行业的发展，而强调一般性的产业政策，即重点在于提高整个经济的整体竞争能力。因此，产业政策包括加强对基础设施的投资，加大对教育、研究与开发(R&D)的投资，改进运输设施，促进技术发展与转让，促进与工业发展相关的服务业的发展等。从产业结构政策而言，在加大调整第二产业结构的同时，要积极推动第三产业的快速发展。对于第二产业不仅要重视发展中国具有比较优势产业，即劳动密集型产业，同时也要加大科技投入，促进产业内部结构的升级，积极发展资本密集型和高新技术产业，增强中国产业的整体竞争力。但作为政府要充分利用产业政策对各行业发展的宏观调控作用，在不同阶段，可以根据市场需求，特别是世界经济发展的趋势，制定一些扶持、鼓励和限制某些产业发展的政策，以增强民族产业在国际竞争中的能力。政府要加强产业要素与产业基础设施建设，包括人力资本开发、企业家培养，以及产业技术保障提供和共性技术的开发，如技术标准的研制与支持、专利扶持等。

(3)积极鼓励企业进行战略重组，通过优化组织结构，提高企业的生产规模，增强企业的竞争力。目前中国的产业普遍存在着生产规模小的问题，因此,加大资产重组力度,对任何一个产业都很重要。要在市场机制的作用下,通过企业内部协作和企业间的专业化分工等形式,促使企业进行跨行业、跨地区、跨部门、跨所有制兼并和联合等战略性重组,在优化企业组织结构的基础上,尽快建立一批具有国际竞争力的企业集团。各行业可以以本行业的大型企业为核心,以资产为纽带,以名牌产品为依托,组建几个具有国际竞争优势企业集团参与国际竞争。

进一步完善企业退出制度,对衰退行业实施必要的退出援助,强制性淘汰落后生产能力要以法律为依据。对于一些衰退行业内的企业,政府要提供积极的措施,如:①提供企业退出渠道,包括企业重组、关闭、破产以及上市公司退出渠道的疏通和规范;②完善企业退出的保障措施,其中包括完善社会保障体制、引入新的投资者、培育接替产业、再就业培训和过渡期的财政来源等。对污染严重、浪费资源、危及安全、假冒伪劣及其他危害经济和社会的产品和企业,应运用多种手段综合治理,必要时可实行强制性淘汰。但应以有关法律和产品、技术标准为依据,针对行为而不针对某一规模类型的企业。

(4)在对外开放中,加大保护和扶持民族产业的力度。对外开放是中国一项基本国策,也是中国经济能够高速持续发展的重要动力。随着中国加入WTO步伐加快,中国经济的开放程度还会进一步加大,中国经济也只有纳入世界经济发展的体系中,才能不断提高和锻炼中国的产业和企业竞争力。然而,中国目前的产业状况尚不能够完全与世界发达国家进行竞争,适当的保护和扶持对于民族产业的发展具有重要的作用。如汽车、电子信息产业、金融和保险业以及其他技术和知识含量较高的行业无法与国外企业进行竞争,必须进行适当保护和扶持。事实上很多国家为了本国民族产业的发展也采取了类似的政策,如日本小汽车的关税保护一直到1978年才完全取消,对电子信息产业的保护也很严格,虽然在1974年承诺实行自由贸易,但实际上在1976年才开始实行;目前欧盟与美国之间在电信市场开放上也相互进行讨价还价,可见保护本国市场和促进民族产业发展是所有国家共同采取的措施。中国作为一个发展中国家,在承担一定义务的同时,也要建立相应的产业保障措施,一方面,要通过关税、非关税和国内产业政策保护和扶持幼稚产业和关键产业;另一方面,要建立高效的对外贸易预警机制,包括贸易预警(如反倾销)、政策预警、技术预警(如绿色壁垒)等,形成政府有关部门、行业协会、企业结合组成的严密有序、内外结合、协调配合的信息系统和应对机制,主动掌握有关国家的贸易政策及相关措施,提高我国企业的应急能力和产业国际竞争力。

(5)进一步重视并加强政府对企业的各种服务。在宏观和中长期发展方面，政府占有信息上的优势，这些信息对企业的正确决策具有重要的引导和指导作用。政府的发展规划，实质上也是提供一种前瞻性的信息。当政府对企业的直接干预减少以后，信息服务应当成为政府为企业提供的服务中非常重要的部分。为此，政府有关部门应当加强信息的收集、加工，形成顺畅的信息传递与互动渠道。

要积极鼓励发展各种自律性行业协会的发展，充分重视行业协会在制定产品标准、开发共性技术、开拓国际市场、规范市场竞争中的作用。

2. 双重管制政策观念的确立——协调商贸流通领域的"马歇尔冲突"

新古典经济学派奠基者，英国著名经济学家马歇尔(A. Marshall)1890年在其名著《经济学原理》一书中，提出了规模经济和市场竞争活力之间存在冲突的问题。一方面，随着企业生产规模的扩大，单位产品成本降低，规模经济的正面作用得以发挥，而企业在追求规模经济的过程中又可能会导致垄断，从而使经济发展缺乏活力；另一方面，竞争企业数量的增加、市场竞争活力的增强，导致单个企业生产规模下降，难以发挥出规模经济优势。这就是说，规模经济和市场竞争活力之间存在此消彼长的关系，选择规模经济，就可能丧失竞争活力；要竞争活力，规模经济优势就得不到充分发挥，这个两难的困境，就是所谓的"马歇尔冲突"。

长期以来，经济学家对于如何克服"马歇尔冲突"进行了积极的探索。自1940年克拉克在其《有效竞争的概念》一文中提出"有效竞争"的概念，对"有效竞争"问题的研究就一直没有停止过。"有效竞争"是一种将规模经济和市场竞争活力有效地协调，形成一种有利于长期均衡的竞争格局。人们一般将"有效竞争"归纳为以下3个特征：第一，有效竞争是竞争收益明显大于竞争成本的竞争。竞争既能使资源得到优化配置和使用，但竞争也可能产生亏损，甚至破产倒闭，造成资源浪费。因此竞争产生收益，又可能产生成本。而有效竞争则要求竞争收益大于竞争成本。第二，有效竞争是一种适度竞争，有别于过度竞争和竞争不足。竞争不足会削弱竞争功能的有效发挥，达不到社会资源优化配置的效果；而过度竞争表现为企业数量及其生产规模超过市场需求，从而削弱了规模经济效益，甚至导致恶性竞争。只有适度竞争才能把竞争的负面影响控制在较低限度，而尽力发挥竞争的正面效用，才能产生较大的竞争效益。第三，有效竞争应符合规模经济要求。处于有效竞争状态中的竞争企业，其生产规模应满足最小经济规模的要求。[①]从上述有效竞争的特征可以看出，有效竞争兼顾了规模经济和市场竞争活力，有效竞争是适度规模和适度竞争的有机结合，有效竞争为解决“马歇尔冲突”提供了一个可行的途径。

就中国商贸流通产业而言，在目前全面开放的经济背景下，也正面临着产业发展中的两难困境：一方面是要求充分引入竞争机制，促使本国企业在竞争中发展壮大；另一方面面对外来强势企业的进入，为维护本国产业安全，又迫切需要本土企业走规模化发展道路。在协调与解决两难困境问题上，中外理论、学术界均离不开对政府作用的分析。事实上，有效竞争问题不仅仅是指向自然垄断领域或其他国民经济基础设施产业，对于一个发展中国家处在开放背景下的流通产业而言，政府产业政策如何协调好这两者的关系，对于国家经济的整体发展意义尤其重大。

3.双重管制政策思路下的具体工作思路

(1)为避免可能出现的国内产业安全危机，政府应大力扶持本土国内流通企业走集团化、规模化发展之路。

国外跨国流通企业所拥有的资本规模和技术优势都是在长期的市场经济、自由竞争中自然发展壮大的，必然具有其自身强大的竞争力；我国的流通企业长期受计划经济体制的影响，在市场竞争中受到行政保护，且多为中小企业，尚没能形成与国外强势企业具有抗衡能力的企业集团，规模经济发展明显不足，产业整体竞争实力非常薄弱。加入WTO后，本着公正、公开、透明、非歧视的基本原则，国内企业与跨国企业同台竞争，正面较量不可避免。对于国内流通企业而言，当务之急是苦练内功，大力引进现代流通方式，不断改进技术、降低成本，力争早日培育起与国外企业分庭抗争的能力。

在整体政策管制思路上，体现反垄断低度立法原则。中国一直都在酝酿出台适应本国经济发展实际需要的反垄断法，笔者以为，就商贸流通产业而言，反垄断法应充分考虑对外开放环境下中国产业发展的实际需要，在鼓励企业规模扩大方面有所偏向，亦即体现低度立法原则。低度立法原则强调的是反垄断法不应管制企业的市场支配地位，只有当企业滥用市场支配地位，限制了竞争，反垄断法才予以管制。低度立法目前已成为世界各国反垄断立法的潮流，即使以前对反垄断立法较为严厉的美国、日本等国，也开始采纳合理原则来对原先的严厉规则进行补充修改，强调市场支配地位本

① 王俊豪：《市场结构与有效竞争》，人民出版社1995年版，第31页。

身并不违法，只有当其滥用了支配手段限制竞争才属违法，反垄断应反对企业的垄断性行为而非垄断性市场结构，这也正是现代产业组织理论对“反垄断”的新定义。正如前面已经探讨过的，如果中国滥用市场支配地位的概念来反对拥有规模、技术优势的企业，将不利于国内产业的健康发展。低度立法原则不仅顺应了各国反垄断立法的发展趋势，也适合我国流通领域的国情，既可以促进竞争，建立竞争性的市场结构，防止出现垄断，又可以在相当程度上促进中国商贸流通产业规模经济的形成和发展。

在具体政策措施上，应鼓励本土企业采取各种措施开拓、占领国内新的市场空间。中国本土商业企业应把在国内网点上的优势最大限度地发挥出来，采取主动，占领有战略意义的制高点。随着中国零售业全面开放的到来，跨国大企业又酝酿着对中国市场展开新一轮的冲击，其触角正逐步从省会城市转向地级市，甚至一些经济比较发达的县级市，总体上说其看中的主要还是中国迅速膨胀的城市集中消费能力。事实上，随着中国农村经济体制改革的深入，富裕起来的中国农村、中国农民蕴含了巨大的潜在消费能力，而中国农村地区地域广阔，人口居住相对分散，短期内外资企业尚无暇也无能力顾及，非中国企业莫属，所以向农村市场推进，走农村商业连锁化发展的道路，能使国内商贸流通企业实现低成本的快速扩张，在满足中国农村不断提高的消费要求的同时，避免了城市商业的过于集中、过度竞争，同时也可借此为平台，实现规模化发展。

政府流通产业扶持政策应体现在鼓励农村连锁商业发展上，积极筹集、发放必要的扶持资金，并从批地、贷款、开业、税收等各方面给予政策优惠。在具体工作方法上，可引导利用农村供销社的传统销售网络解决布点问题。农村供销合作社作为中国农村传统的流通组织，经历了几十年的发展，在广大的农村地区形成了一张相当完备的布点、销售网络，虽说目前多数地区供销社已完成转制，但传统的关系网基本还在，目前国内一些地区凭借供销社网络发展起来的连锁经营在县城、乡镇已经具有良好的发展势头。政府产业扶持政策应充分重视利用现有的网络资源对现有的基层供销合作社进行连锁经营改造，以较少的资金投入和较小的风险开展连锁经营，集团作战，开拓农村市场，占领竞争优势。

改变目前滞后的商贸流通产业发展评价指标体系，构筑起新的体现流通现代化发展实情的产业竞争力评价标准。经济发展的评价指标本身应具有科学性、导向性、前瞻性，政府有关部门应借鉴发达国家流通产业发展评价指标体系，考虑地区商贸业发展的连锁率指标（连锁企业年销售额占销售总额比率的递增率)作为本国本地区商贸业发展指标。

(2)政策动态性地保护国内中小商贸流通企业。中小企业保护政策与反垄断政策,是政府用来维护必要的市场竞争格局的常用手段,也是各国产业组织政策的重要内容。日本的流通产业政策在中小企业保护、反垄断方面的措施非常严厉:为避免无序竞争、保护中小商业企业,通商产业省出台了《大规模零售店铺法》和《零售商业调整特别措施法》,对大零售企业的营业时间等给予限制;为帮助中小商业企业发展,通过经济立法确立中小企业地位,引导其适应经济发展,出台了《中小企业基本法》、《中小企业指导法》和《中小零售商业振兴法》。在反垄断方面,日本政府则制定了《独占禁止法》(禁止垄断法)等相关法规,禁止共同拒绝交易、禁止生产厂家约束批发商和零售商的批发、零售价格,限定销售地域、销售店铺和顾客等。日本流通产业政策的实施,事实上形成了国内产业较强的封闭性与排外性,虽说这在相当程度上保护了日本本土生产企业与流通企业的发展,维护了本国产业安全,但另一方面也造成了日本店铺过多、过小,流通环节过多,流通业生产性低,流通成本高等弊病,其过多地保护本国产业尤其是本国中小企业的政策措施所形成的进口壁垒也招致了各国广泛的批评。

正如我们前面已经探讨的,中国本着彻底的、非歧视的对外开放基本原则,目前流通领域存在的最严峻问题是对外开放背景下的跨国大企业大量进入而本土流通企业散、小、弱,缺乏竞争力,中国流通产业政策的一项紧迫任务是鼓励国内中小流通企业联合、重组,做大做强,所以中国流通产业政策在协调维护市场竞争性与保证产业安全性两方面关系上的任务艰巨,需在保护中小流通企业与鼓励企业走规模化经营道路两方面做通盘慎重的考虑。事实是,政策本身就是在综合比较各种矛盾与利害关系后的优选方案,某项政策本身必然存在一定的机会成本,只要政策的机会成本低于其综合收益,这就是一项值得推行的政策。同时,一项政策出台以后也不是一成不变的,而是适应经济发展一定阶段的实际需要,具有阶段性特征,就目前而言,中国流通产业政策应更多地重视鼓励、扶持本国流通企业走上规模化发展道路,一旦我们培育出了若干家有相当国际竞争实力的流通企业,形成了与国外强势企业分庭抗争的局面,下一步的政策重点就应转入维护国内市场正常的竞争秩序,更多地关注反垄断与中小流通企业的保护。

(3)政策积极鼓励本土流通企业努力提高流通效率。我国的流通产业目前仍然是国民经济的薄弱环节,对国民经济贡献度低,与经济发展不相适应。据商务部提供的数据,2003 年,我国的 GDP 总量为 1.4 万亿美元,其中批发、零售、餐饮业的贡献度为7.7%，而发达国家这一比重在20世纪90年代就已达到15%以上，我国流通业对GDP的贡献明显与国民经济快速发展的要求和全面建设小康社会的客观要求不相适应；另外，我国企业500强中的流通企业流动资金周转速度仅为2.3次，而发达国家流通企业资金周转速度一般都能达到20次以上，流通效率低、效益差是我国流通产业发展的巨大障碍。

无论外来的扶持力量如何强大，企业在竞争中能否占领优势，最终还是取决于其自身的核心竞争力。政府对商贸流通企业的扶持主要体现在产业政策上的稍加倾斜，但一般而言流通产业政策仅能在流通产业发展的速度和规模方面有所作为，而对于流通效率的提高、效益的改善并不一定有效，类似于制定行业门槛，限制外资比例等措施一般均无助于流通企业的创新和竞争。当然，在必要的时候，中国流通领域也可以借鉴日本的一些做法，在资金、税收等方面扶持国内流通企业加速引进现代流通方式，加速传统落后经营业态与设备的改造与淘汰。但现代流通方式的进入并不一定意味着流通效率的提高，决定流通企业效率提高的关键在于其是否处于一个公平竞争的市场环境中，因此流通产业政策的导向也就在于如何创造条件，为企业营造充分、公平的竞争环境，促其在竞争中提高效率。

对外开放以来，中国商贸流通领域的内外资待遇差距很大，地方政府考虑到外资企业的进入对地方上的招商引资、人员就业、税收等方面都有好处，就对外资企业的进入一路绿灯，越权审批外资企业，形成“过度开放”，给予了外资“超国民待遇”，这于本土商贸流通企业就是一种不公平的竞争。日本经济起飞时期政府奉行开大门、关后门的流通产业政策，至少外来企业不能得到来自政府部门的额外好处，维护了本土流通企业的利益，就这一点而言非常值得中国借鉴。目前整个中国经济发展还需要解决的一个重大问题是打破地域、行业之间的市场界限，建立全国统一的大市场，只有在一个公平、公开的市场环境中，中国企业才能通过产业政策的积极引导，加强自身的修炼，得以迅速崛起与发展壮大。

在上述基本工作思路下，政府商贸流通产业管制工作的实践应重点围绕以下五个方面展开：

第一，立法管制，规范政府管制工作的步骤与程序。

第二，培育流通领域各级行业协会，充分发挥商会的中介作用，引导企业完善自我管制。

第三，规划引导，通过编制商业网点规划，引导国内各级商贸流通服务业有序发展。

第四，政府引导大力引入现代流通方式，推进国内商贸流通产业现代化水平的提高。

第五，完善商业统计信息系统的整体建设，构筑产业安全预警系统。

第六，学习借鉴发达国家政府商贸业先进管理经验。

下篇　实践篇

第五章

政府—行业协会—企业的现代商业制度研究

现代化商业制度是健全商业运行环境的基本保证。商会及各级行业协会作为市场中介组织，应该在政府与企业之间发挥更大的作用。中介组织的运作对内可以强化行业内部的自我管理，规范市场竞争秩序，对外可尽量减少政府对经济活动的直接干预，有利于构筑起能游离于 WTO 规则之外的市场壁垒，保护本国经济免受外国资本的无限侵入。“小政府大协会”的发展模式应该成为中国商业制度构建的目标。

一、商业制度及商业制度的构建主体

(一)制度与商业制度

制度是人类社会所特有的，制度能约束主体的行为，在高效率的制度约束下，人们有可能在特定的环境条件下以最小的成本获得最大的收益。意大利经济学家帕累托按照经济最大化的设定，提出了一种经济或福利最优学说，他认为，在一个经济体系中，当一个人最优状况的改善都将影响到他人的最优状况时，即任何状况的重新配置都不可能使至少一个人的状况变好，而又不使任何人的状况变坏，此时的经济体系就达到了最优状况，后人把他的这一分析结果称为“帕累托最优状况”。虽说这种状况在现实生活中很能难达到，但它提出了一个值得深思的问题：在一个经济体系中，当个体能实现不影响他人前提下自身状况的改善，则其行为不仅能增大自己的经济利益，同时也就增加了整个社会的经济利益，这种个体状况的改善是有效率的；反过来，如果在一个经济体系中，个体自身状况的改善是以影响、牺牲他人的利益才得到的，这时整个经济体系的经济状况可能不仅没有得到改善，反而可能因对他人的损害大于个体自身的收益而使整个经济体系的状况更为恶化,这种个体状况的改善就是无效率,或者说是不符合制度规范的。依据"帕累托最优"理论的这一思想,商业制度创新的基本意义就在于通过社会交易秩序和交易过程等流通制度的"帕累托"改进,降低全社会的交易费用。

商业制度,简单地说,就是商业主体在交换过程中逐渐形成的、大家共同遵守的交易习惯、行为准则和商业政策。商业制度的作用,就是在界定商业主体的权利与义务的同时,将千差万别的交易活动制度化、道德化、规范化,即:使交易活动和交易方式可模仿、可重复,使交易活动变得简单、规范、有序,使商业主体能容易地判明哪些商业行为是合理的,哪些是不合理的,从而使交易费用更低、交易效率更高。① 商业制度的核心问题是确定商业主体谋取经济利益的行为是否合理。市场经济条件下,良好的商业制度是市场有序竞争的根本保证。

市场经济活动中,即使在市场经济高度发达的国家和地区,商贸流通领域的垄断、信息传递的不对称性、外部性等市场失灵的情况仍然客观存在,盲目性、自发性是市场经济活动所共有的基本特征,个体对自身利益追逐的结果往往会导致社会整体利益的受损,并引发经济发展中的一系列新问题,单个流通主体对个人利益的追求可能造成对社会整体利益的损害。商业制度的约束就成为解决这一问题的有效途径。就中国具体情况而言,中国社会主义市场经济体制的建立,最早是从商业体制的改革与商业制度的建立开始的。商贸流通领域是改革开放以来非公有制经济发展最迅猛的领域,由于传统的"重生产、轻流通"思想的影响,加之商贸流通产业与生俱来的低进入壁垒特性,政府允许、鼓励非公有制经济发展的政策一经出台,民营商业企业就如雨后春笋般快速成长发展起来,海绵型的市场需求带给了企业丰厚的利润回报。这是一个形成时间极短、发育严重不成熟的市场,旧的商业制度结构尚未完全打破,新的商业制度结构尚未完全确立起来,制度本身极不完善,加之新旧两种制度之间种种"摩擦"的客观存在,正常的市场经济活动往往被扭曲。在制度严重缺失的市场,表现出来的是市场信号失真,企业竞争行为不规范,价格水平波动大;商业信用整体缺失,商务合同不规范,债务拖欠,三角债,假冒伪劣商品充斥市场;企业流通资金短缺,商品流通效率严重受损。

---

① 蔡文浩:《商业制度创新论》,中国审计出版社 2001 年版,第 6 页。

(二)现代市场经济下的三类商业制度构建主体

总体上说,构建完善的商业制度,需要政府、市场中介组织和商业企业三方面的共同努力。

1.政府主体

中国传统的计划经济体制下,商业活动受政府的严格控制,政府是商业制度的惟一主体,商业活动缺乏经营自主权,客观上只需政府的政策而无须其他更多的制度约束,政府以其强制性的经济政策,通过严格控制商业企业的经营活动实现对商业企业的控制和管理。商业企业没有经营自主权,政策亦可谓之为"制度",很容易被企业接受并严格贯彻实施,但这显然是一种低效率的制度。现代市场经济条件下,虽说政府仍然必须在商业制度的构建中承担重要的职责,但政府的经济活动已经从市场的直接管理者转为市场监督者和宏观调控者,政府工作将逐步从行政手段为主向以经济手段和法律手段为主转变。其构建商业制度的手段更多地转向立法手段,通过制定诸如《反不正当竞争法》、《反垄断法》、《大店法》等流通领域的法令、法规,规范商业企业的竞争行为,形成一种外部强制性的制度约束,并通过严厉的制裁措施迫使市场主体依法行事。

2.企业主体

企业是商业制度的实际执行者,随着中国市场经济的逐步成熟与发展,外部竞争环境的变化和经营者自身素质的不断提高,理性的经营者日益意识到良好的商业制度于国、于市场,尤其是于己都是有百利而无一弊的,企业均会呈现出合作、交流的趋势,自觉地遵守既有的合理的商业制度,并自然而然地在交换过程中形成新的、大家愿意共同遵守的交易习惯、行为准则、商业习惯,并由此发展成为新的商业制度。

3.市场中介组织主体

商会、行业协会等是介于政府与商业企业之间的市场中介组织,在市场经济发达的国家和地区,由企业自发组织起来的商会等行业组织承担了大量的企业间技术性、服务性、协调性职能。中国对外开放以后,与国际规则接轨,政府职能也应逐步从对企业事务的直接行政管理活动中淡出,未来商业制度的建立与完善将主要依靠行业协会作用的大力发挥。

二、发达国家的行业协会及与政府关系研究

(一)"第三部门"理论的兴起

在西方国家,20 世纪 70 年代末出现了一个新的名词——"第三部门","第三部门理论"将人类组织大致地分为三大部门,第一部门指政府组织,第二部门主要指企业等营利性组织,第三部门亦即所谓的"非政府组织"(Non-Governmental Organization, NGO),这个概念从 80 年代开始流行。NGO 现在一般又被称为"志愿者部门"、"非营利机构",目前已经影响到非常广泛的社会领域。这种既非政府又非营利性的组织是现代社会发展的产物,它是在社会政治经济发展到一个相当程度后出现的。关于第三部门的范围和具体定义,还存在着各种不同的意见,若仅从一般组织的形成——运作机制和功能目的而言,我们可以把一切人类组织依据其公益性与私益性两个维度,划分为三大"部门"[①],用图 5-1 加以模拟:

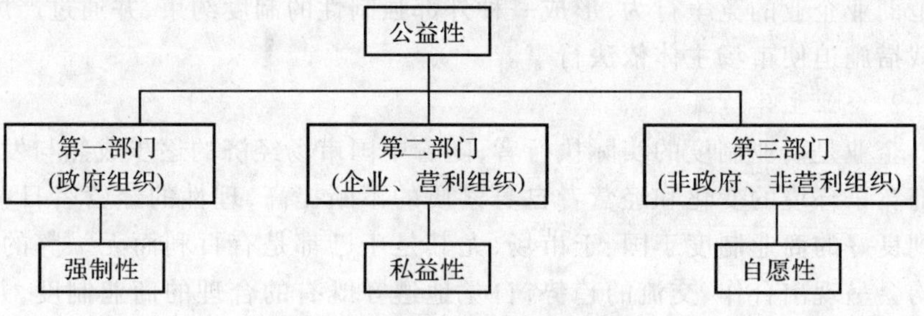

图 5-1 "第三部门理论"的简单图示

西方第三部门理论的核心论点可以简单地归纳为:政府失灵靠市场,市场失灵靠政府,如果政府、市场都失灵了就要靠 NGO 这样的第三部门组织了。入世后,中国政府加速放松对流通领域直接的行政管理,然而正如我们前面已经探讨的,中国市场经济起步时间不长,发达的市场经济国家经过上百年的时间才得以建立起来的市场规则、市场秩序、商业制度在我国均极不完善,且不说市场机制自身存在"市场失灵"的天然不足,即使在市场机制不应失灵的场合,也因市场种种人为的缺陷而助长了企业、营利组织的私益性。在这种情况下,为使市场配置资源达到帕累托最优效率,经济运行带来

① 秦晖:《全球化进程与入世后的中国第三部门》,载中国网 http://www.china.org.cn

社会福利最大化,第三部门的作用明显显现出来。

商贸流通领域的第三部门就是商贸流通环节的市场中介组织,亦即商会及各级、各类行业协会。商会首先是一个民间自发组织起来的商业团体,出于共同特定的市场目的,同行业或相关行业的成员联合起来,签订协议、组成联盟,共同遵守一定的行为规则,形成一种既定的商业制度。商业中介组织是商品经济发展的产物,现代市场经济条件下,它已经与宏观政策、微观企业行为一起,成为实现资源优化配置的不可缺少的重要环节,是实现政府与企业、企业与企业、企业与社会之间相互联系的重要纽带。

(二)发达国家行业协会的起源与发展

1. 大陆型商会组织——法国的商会组织

大陆型商会组织以大陆法系为依据而建立起来。这类商会的共同特点是具有政府辅助机构的性质,由工商业者作为义务、通过缴纳税金和注册费负担商会的正常运转费用,会员的入会带有一定程度的强制性质。

这种类型的商会组织以法国、德国、意大利等国为代表,尤其是法国,是现代商会的发源地,也是大陆型商会的典型代表,其商会组织是一种公立、公益组织,具有政府公共管理机构的性质,机构专职职员是政府公务员,由法律赋予特许的权力,以完成所承担的任务。法国的商会实行分区管理,港口、机场、大型仓库,以及与流通有关的设施和工业区、国际展览中心、国际会议中心、桥梁以及饭店、游艇、码头、高尔夫球场等均由商会建设、管理和运营。

法国的商会设议员大会(类似理事会性质),议员由工商界团体的代表作为候选人,三年选举一次,议员大会负责商会的运营。

法国商会作为工商业者的公共代表机构,除接受行政咨询、呈报意见和提案外,还开展信息服务与宣传、咨询、指导、教育、培训、公共设施管理与运营,及各类国际活动。商会的主要收入来源一是来自地方工商业者到商会注册缴纳的税金收入中的一部分;二是公共设施的运营收入,这是主要的收入。商会可自行决定收入的支出用途,无须受政府影响。

总起来说,法国商会不仅具有一般商会民间机构的职能,而且法国政府还赋予它一些特殊的职能,这些职能一般带有一定的行政管理色彩,商会行使了部分政府职能。这是由法国的社会经济制度,特别是政府管理体制所决定的。

2.美法系商会组织——英国的商会组织

英美法系商会组织是以英美法系为依据而建立起来的。这种商会通常由工商业者任意组成，旨在促进工商业者的自由发展，并依法维护其合法权益。

这一组织形式以英国、美国为代表，例如英国，没有有关规定商会的设立、商会宗旨、商会的组织与行为等的特别法。在英国，商会都是依据公司法设立的非营利法人。小规模的商会以非法人化的任意团体居多，管辖地区由相邻的商会之间通过协商确定。

英国商会会员入会为自愿入会制度，希望入会的企业提出入会申请，经过审核(也有被拒绝的)后即成为会员。商会日常的运行和业务活动的开展，是由从商会会员中选出的理事会负责，理事任期一般在3年以内，规模大的商会要雇用日常工作人员。

英国商会的性质和特点，决定了其主要职能是为会员服务，维护会员的合法权益，促进和保障会员企业生产经营活动的正常有效进行。具体活动内容包括：

政策建议。向各级政府、议会陈述经济界的意见，使政府的经济政策有利于促进并保障会员企业和工商业者的发展。

振兴出口。通过举办海外展览会、派遣代表团等方式，对对外贸易活动进行指导、颁发出口证明书、举办出口培训讲座、开展出口市场调查等，为会员提供促进对外贸易、扩大出口的各项服务。

培训教育。开展职业训练，提高就业者的素质；对经营者、从业人员开办培训讲座和考试检验等。

商业服务。为工商业者提供所需的各类信息、出版企业名录、发行与经贸活动有关的刊物、通过现代化信息技术手段如电子信息技术等，为工商业者提供必要的服务。

由于英国商会的设立及组织行为没有特别的法律规定，商会基本上是自主行为，因此商会的经费来源是以会员的会费为基础的，商会从事一些诸如出版物的有收益的事业活动也需缴纳税金。英国政府通常不提供政府补助金或财政拨款。所以总体上说其经费来源就是会员会费和事业活动、服务性收入两个方面，支出也基本上用于为会员服务所开展的各项事业活动。

总起来说，英国商会最大的特点是自愿入会制及政府基本不干预，这也是与英国政府的管制体制直接相关的。

3. 日本、韩国式商会组织

日本与韩国等国商会最大的特点是,商会的会员是自愿入会的,但法律规定的部分“特定工商业者”必须每年到商会注册登记,商会也接受政府的某些委托,承担竞争与会员直接相关的管理、服务活动。

以日本为例,日本作为第二次世界大战后迅速恢复经济并走向发达的市场经济国家,有着不同于欧美国家的市场经济模式,具有比较强的政府引导社会经济的特征。这种市场经济模式必然要求建立相应健全的、发达的社会市场中介组织。社会的市场中介组织最有名的就是商工会所,它对日本经济的发展起到了其他经济组织所无法取代的重要作用。

日本的商工会所是一个民间性组织,一般具有以下五个方面的特征:①独立自主开展事业活动,不为特定政党利用。②以促进区域经济、社会发展为宗旨,不得从事以营利为目的的事业活动。③在组织结构上分为两个层次:是全国性的综合经济团体,以促进国民经济健康发展,加强国际交流与合作为宗旨;二是各地方的商工会所,则是以促进本地区工商业的全面发展,增进一般社会福利事业为宗旨,各级商工会所不仅为会员,也为非会员的工商业者提供必要的服务。④凡符合条件的工商业者均可申请入会,入会退会自由。⑤特定工商业者需强制登记并缴纳一定的费用。

商工会所的组织结构一般是通过选举产生会长、副会长,当选者大多是知名度很高的大企业或综合商社的董事长或社长,商工会所下设事务局,具体负责商工会所的日常工作,各级理事经议员大会同意后选任,其中专任理事、常务理事则通常由通产省派官员担任。

日本商工会所的主要活动内容包括:建议咨询、产业振兴、扶持中小企业、技能鉴定、地域振兴、信息沟通、培训人才、出具证明、公益活动、国际交流等,另外还常常举办博览会、商品展销会,承办政府委托的有关工作。

商工会所的经费来源包括会费、事业收入、政府资助及其他收入。其中政府资助项主要是政府委托商工会所开展扶持中小企业活动的费用、特定事项委托补助金、节日庆典组织活动费等。据统计,其会费收入、事业收入、政府资助三项分别占总收入的 50%、20%、30%;经费支出主要用于工作人员的开支和活动经费的开支。

日本的商工会所虽然有比较充分的活动自主和自由,但政府对其仍有一定程度和范围的监督与管理:商工会所的设立、搬迁、解散、清算完结等须依政府政令规定进行登记,商工会所的组织和事业活动应接受通产省的联系与指导。但即使如此,商工会所的活动仍是相当自由的,通产省只是立法予以监督管理，商工会所可依法开展各项事业活动。

从国际贸易角度看，目前发达国家的行业协会通过与政府的密切合作，基本上已经形成了“小政府大社会”，或称为“小政府大行业协会”的布局，行业协会所制定的各国国内市场规则和非贸易壁垒，已经成为游离于WTO宗旨和其争端、争议解决机制之外的市场屏障，其目的是千方百计不让政府出面，体现了市场公正条件下保护本国经济免受外国资本无限侵入的意图，其做法很好地使各国规避了WTO有关条款的约束及相关公平、公开、公正的法律法规制约，使其对本国产业系统安全的维护限定在WTO的基本框架之内。

（三）行业协会的特点、职能及其在市场制度建设的作用

1. 一般特点

市场的中介组织既不同于企业、又不同于一般社会团体组织，更不同于政府机构，只是一种服务性机构，虽说在服务中也要收取一定的费用，但它并不是营利性组织。它是经济领域中的一个民间团体，不能以个人、法人及其他组织的利益为目的从事活动，具有自治自律的特性，是一个民间自律组织。归纳起来说，综合性与区域性、公益性与非营利性、服务性与经济性、自主性和监管性、民间性与官方性、地区性与国际性等是其应该具备的本质特点。

(1)综合性与区域性。现代中介组织的活动不再简单地是某一行业或某一领域的专门性组织，其活动范畴日益拓展，跨行业协调活动日益多见，具有综合性特点，但同时又主要服务于区域性商业组织。

(2)公益性与非营利性。中介组织主要以社会公共利益为目的，为组织内的企业提供各种相应的服务，监督企业的活动，一般不以营利为目标，从社会团体法人的角度看，它虽然有时可以从事某些经济性的事业活动，但就整体而言，绝不应是以营利为目的的，更不能将所得营利在成员之间分配。

(3)服务性与经济性。中介组织最基本的任务就是为会员企业提供各种服务，其服务领域与服务对象都是经济性团体，这使其活动呈现出经济特性而非政治性团体特性。

(4)自主性和监管性。市场中介组织依据有关法律、法规，自主地享有应有的权利、承担相应的义务；商会的主要任务是协调、沟通、联络、服务，活动范围广泛，与政府部门关系密切。

(5)民间性与官方性。市场中介组织不是一个政府机构，不具有政府机

构所拥有的立法、司法、行政监督管理权，但并不排除其受政府委托而承担某些带有政府机构特点的职能，如税收征管、企业注册登记等。

(6)地区性与国际性。地区性指其外部组织结构以地区横向设置为基准；国际性指其发展不囿于一国的自然疆界，而随着经济的发展越来越多地从事跨国合作与交流。

2.主要职能

政府与企业之间联系的桥梁与纽带职能。商会、行业协会作为商业中介组织，是政府与企业之间的桥梁和纽带。政府需要通过行业协会收集企业信息，行业协会向政府反映企业的呼声和要求。作为企业的代言人，行业组织与企业是服务和被服务的关系。发达国家对商会的作用十分重视，商会的地位相当高，它不同于一般的行业协会，甚至比有些政府部门的影响还要大，一些国家的商会会长直接由总统担任，参与制定行业发展战略规划和年度计划，对行业改革与发展的重要问题向政府提出建议，为政府决策提供依据。日本商会有权决定成员企业的销售额，决定行业的生产经营方向和企业的改建、扩建、扩大再生产，有权关闭效益差的企业等。发达国家商会作为行业的代言人在运用国际贸易规则，实施反倾销、反补贴，制止违法竞争，维护本行业的合法权益中也发挥着重要的作用。同时忠实地贯彻执行政府的有关法令法规，阻止企业的违法经营，及时向政府反馈经营状况和重要经济事项，接受政府的指导并向政府反映企业的呼声。具有相当高的权威性和决策性，发挥了政府与企业间的桥梁和纽带作用。

协调企业与企业之间关系的职能。市场经济越发达，企业之间的关系除了竞争与对抗，更多地表现出来的是协作与交流。事实已经证明，这是现代企业制胜的法宝。企业与企业间良好的协作关系需要有良好的信息沟通渠道，信息交流平台，这就需要有一个第三方组织作中介，这个组织不是政府，也不能是完全不了解企业经营活动情况的纯社会性组织，而只能是由企业自发组织、成立的民间性、具有一定经济性的组织，行业协会等正是迎合了这种需要而出现的。商会通过制定一些加强行业自律和规范自身行为的管理办法，制定行规行约，规范商业服务业企业的行为；通过制定一系列内部管理办法，如对话协商、当面沟通、资源整合、协调动作、依法调解、帮助仲裁等，协调、化解矛盾，构建和谐关系，共创多赢局面，使商会的发展能够在法制的轨道上正常健康地运转。

新型的营销方式与管理理念推广者的职能。商会通过组织商品交易活动，举办会展、开展业务培训等活动，推动新型营销方式和新兴商业服务行业的发展，尤其引入新的流通方式、流通业态，指导流通市场与国际接轨，向现代化方向有序发展。

国内外市场信息传递员的职能。随着各地商会组织的不断发展壮大，商会将成为成员单位的信息交流中心，全国性商业信息网络平台的逐步建立，可以使商会组织以现代化信息技术为手段，广泛收集、加工和传播有关的经济、科技尤其是市场信息，让信息资源最大限度地转化为社会财富，在国内外激烈多变的市场竞争中为成员企业提供最快、最有价值的信息，使之赢得商战良机，提高企业竞争力。商会借助于自身的特殊地位通过国际交往渠道，组织国际合作与交流，可以最大限度地收集、分析、发布、传递国内外市场信息，协助会员单位开拓国际市场，引进国外先进技术、经营管理方法、营销策略和资金、项目等。

行业内部各类具体行政事务操作者的职能。市场经济条件下，一般行业具体事务管理活动主要由行业协会自己组织完成，例如行业的科研管理、质量管理、质量认证、质量监督，参与行业生产、经营许可证的发放、企业的资质审查，行业检查、行业评比等一系列活动均应主要由商会等行业协会承担。

市场秩序维护者职能。随着市场竞争的加剧，失业人员将会增加，社会矛盾日趋突出，商会将成为公益事业的重要力量。为化解社会矛盾在政府、企业和公民之间建立起沟通和对话机制，将在维护社会和经济运行的正常秩序中发挥重要作用。

3. 在社会经济发展过程中的作用

行业管理。同业工会的管理职能对于企业经营制度的建立起了很大的作用，对当时的生产技术的提高和管理的改进都具有积极的意义。

调解经济纠纷。商会通过商事共断权保护商事主体的合法权益，同时也增强了商会的凝聚力，而且消除了当事人之间的一些不必要的纠纷和冲突，成为当时社会治安的一个治理手段。

传递各类信息。商会通过举办实业教育、职业教育，进行商事调查，工商社团同时还充当了当时工商业者、企业和各级政府之间传递信息的桥梁。

解决经济危机、经济风潮。在近代中国遇到经济波动、经济风潮，或者是社会波动、政府危机时，商会都成为了缓解危机不可替代的角色，商会在参与解决一些跨行业的全局性的经济问题时也具有很重要的意义。

通过参与政府活动和一些社会公益活动，建设城市基础公共设施，发挥准政府的作用。

(四)发达国家的行业协会与政府关系模式

由于当今市场经济国家经济发展历史不同,社会环境不一样,社会中介组织呈现出各不相同的特点。从行业协会的建立与运作和政府关系角度出发,大致可将世界各国的行业协会模式作如下归类。

1.以美国为代表的民间自发型行业协会模式

在这种模式下,行业协会的工作以政府工作为中心,各协会之间基本上是平等的,美国经济发展史一直以推行自由主义经济体制为核心,强调在没有国家干预的市场中自由竞争,美国的产业组织理论十分强调反垄断、反串谋,自19世纪末以来,美国政府制定了严厉的反垄断、反不正当竞争法,统称反托拉斯法(Antitrust Law),如1890年的《谢尔曼法》,1914年的《克莱顿法》,1914年的《联邦贸易委员会法》,1936年的《罗宾逊·帕特曼法》,1938年的《维勒·李法》,1950年《席勒·凯福尔法》等。

美国缺少促使国家推行经济干预和企业合作的外部动力,企业也极少需要联合起来向政府提出保护要求。美国没有专门的行业协会法律,各协会完全依据宪法赋予的"结社自由"权利组织协会,国家对所有协会一视同仁。

2.以德国、日本为代表的政府干预型行业协会模式

这些国家的行业协会大多有一定的政府背景,在某些方面甚至取代了政府职能。这些国家国内设有专门的行业协会的相关法规,各协会按照法律赋予的权利加以组织,不同的协会拥有不同的权限。

从历史上看,德国、日本有相当多的行业协会的前身是当时君主立宪时期由国家强制推选的行会组织,第二次世界大战以后,德国、日本的企业面临着来自美国、英国等国企业的激烈竞争,所以企业之间有强烈的联合需要以及要求政府合作和支持的强烈愿望;从政府方面看,为加速工业化的步伐,素有政府干预传统的国家制定经济政策,也强调企业进行合作。以日本为例,日本政府为刺激日本经济持续发展,曾于1978年颁布了一个特殊的法令——《特殊萧条产业安定临时措施法》(简称《特安法》),法令实施的宗旨在于以各种手段促使企业减量经营,使参与某行业竞争的企业及其产量与该领域应有的数量大体相等。这项法令的贯彻实施主要是通过与民间商业组织的密切配合来进行的。为了促进结构性萧条产业转向有销路的、附加值高的产业部门,从而从根本上制止过度的低价竞争,《特安法》规定准许企业提前设备报废,报废设备经批准可获国家财政补贴;规定允许经批准的

萧条产业内部通过政府、行业协会、企业三方面的筹资渠道设立“特殊萧条产业信用基金”给产业内企业提供优惠利率的贷款,帮助转产。政府允许行业组织“萧条各种垄断组织”,对某些因供求明显失调,价格降低到平均生产费用以下的行业,其经营者之间可以缔结有关限制产量、销售量的垄断组织,目的是使产业的价格维持在成本费用之上。日本通产省大臣还通过与召集大企业总裁、大协会会长开会,“劝告操短”,减少生产。法令还要求过剩企业定期销售自己的产品,由行业内部相互监控、约束无序降价行为,规范市场竞争行为。上述种种措施都要求有行业协会组织起作用。事实上,日本凭借自己特殊的法令,借助于行业协会的工作,迅速渡过了第二次世界大战以后的产业结构调整期,经济得到了新的发展。

无论是民间自发型行业协会模式,还是政府干预型行业协会模式,从整体上说,发达国家的商会组织均以企业的自发性活动为主体,政府的作用主要是外在的,以政策指导为主而非强制性、行政性的管制,组织的负责人大多通过行业内部推选或由行业内领头大企业负责人担当,组织的日常财务活动一般通过由成员企业定期缴纳会费及通过发布行业信息、有偿发行业内专业资料、提供服务等方式实现。当然某些行业组织会聘请一些政府部门官员担任顾问,但其日常活动总体上说是独立于政府主管部门的,是为企业谋利益的“第三部门”,通过规范的行业自律,制定行规、行约,共守职业道德、商业制度。

三、中国行业协会的起源、发展与现存问题研究

(一)中国行业协会组织的起源与发展

行业组织是商品交换发展到一定阶段的必然产物。随着封建社会商品经济的发展,城市商人和各行业的手工业者为限制竞争,维护自身共同的利益,以规定生产内容或业务范围的形式结成内部联盟组织。

1. 中国早期的“行会”组织

我国的商会组织最早可追溯至春秋时期,时称“肆”,自唐代起有了“行”的组织,到了宋代,众多的生产者与商人联结了起来,形成了较大规模的发展,当时行会又被称为“行”或“行帮”。这种行会是随着封建社会商品经济的发展,城市商人和各行业的手工业者为限制竞争,规定生产或业务范围,在协议或联盟的基础上,由同行业或相关行业的成员联合组成的组织。最

初设立行会的目的是为了防止同业竞争，解决业主困难和保护同行的利益，所以各行会一般都制定有严密的行规，又称“帮规”、“业规”等，其主要内容包括：规定经营范围、生产原料、产品规格、售价、劳动条件、学徒制度等，实施的目的在于维护同业利益、限制同业竞争、保护传统习惯。按其规定，行会的会员都必须遵守行规，违者将给予处罚。

行会在反对封建压迫、促进工商业发展、发展商品经济等方面发挥了积极的作用，但由于它是在封建社会不发达的商品经济基础上产生的，加入行会的成员往往以垄断来谋求利益的最大化，反对自由贸易和自由竞争，因此，随着商品交换的扩大和发展，它便成了社会生产力和商品经济进一步发展的障碍。

2. 同业公会的发展

同业公会的前身主要就是上述“行会”。到清朝末年，工商业集中的大城市开始设立商行，后来发展到全国，行会也逐渐改名为“同业公会”。同业组织所涉及的领域既包括工业，也包括商业，1929 年，当时的国民政府颁布了《工商同业公会法》，将原所有的工业和商业同业公会组织都改为同业公会。旧中国的同业公会发挥作用与其自身发展，都与官府密切相关，甚至必须依赖官府才能发挥作用，一些重要商务活动的开展，往往是与官商结合在一起搞的，清末张之洞创办的汉口商业会所，袁世凯创办的天津商务公所都带有官商性质。1914 年 3 月，中华全国商会联合会成立，在发挥自身积极作用的同时，获得了自身组织体系和结构上的完整化与规范化。

在商品交换发展的历史进程中，商会起到了把当时的生产者与商人相联结的作用，在反对封建压迫、促进工商业发展，进而在发展商品经济等许多方面均发挥了积极的作用。

3. 新中国成立以后，行业协会组织的发展

新中国成立后，旧商会被解散，在单一的计划经济体制下，商会存在和发展所依赖的市场经济已不复存在，对工商业的管理职责全部由政府部门承担起来。改革开放以后，随着社会主义市场经济体制的建立和发展，我国的各级各类商会从无到有，逐渐发展起来。

目前中国行业协会组织结构由中国商业联合会及地方性各级商会组织和各级、各类行业协会两大块组成。

(1)中国商业联合会及地方性各级商会组织。中国商业联合会(China General Chamber of Commerce，缩写 CGCC)是全国性的社会团体，由从事商品生产、商品流通业、饮食业、服务业的企业或企业集团和各级商业联合会

（商业总会、商业行业协会）、全国性专业协会和其他类型的中介组织及从事商品流通活动的个人自愿组成，属非营利性的社会团体组织，具有社会团体法人资格。改革开放以后，新成立的中国商业联合会经国务院批准成立、民政部注册登记，接受民政部门的工作指导与监督。

中国商业联合会是商品流通行业的中介组织，中国政府机构改革后开始接受政府委托，行使一些行业管理职能，直接管理原隶属于国家内贸局的多个事业单位；现有对外联络工作委员会、中国商业联合会专家工作委员会、中华老字号工作委员会、职业经理人研究委员会、零售供货商专业委员会、购物中心专业委员会、商品交易市场专业委员会、洗染专业委员会、沐浴专业委员会、珠宝首饰分会10个专业委员会，代为管理40个全国性社会团体（包括协会、学会、研究会等）。为了更好地做好分支机构的管理工作，中国商业联合会制定了《中国商业联合会分支机构管理办法及其细则》，商会会员发展到近千家，加上间接会员，全国约有7万家，几乎覆盖了流通行业大中型企业的全部。

目前，新的中国商业联合会的组织结构体系如图5-2所示。

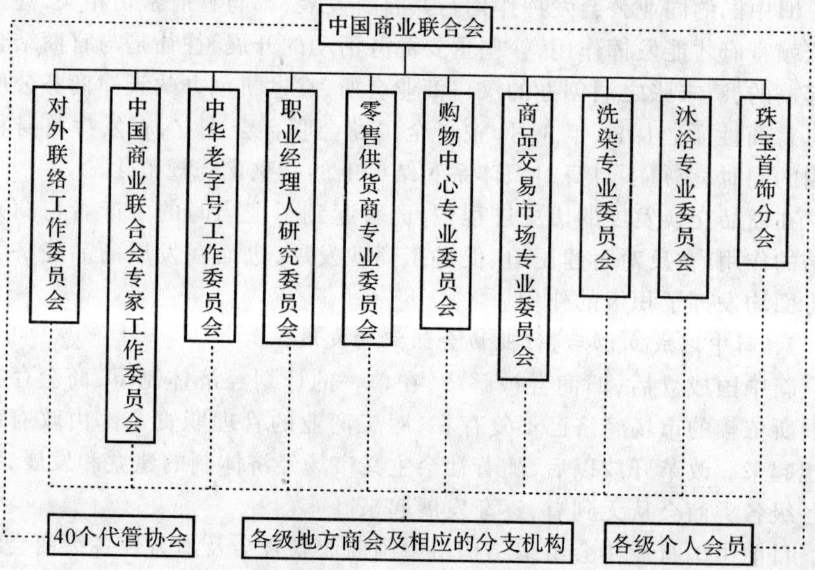

图5-2　中国商业联合会的组织结构体系示意图

《中国商业联合会章程》规定，中国商业联合会的业务范围包括以下十三个方面。

①吸引社会商业团体、中介组织、企业和个人入会，凝聚行业力量，发挥群体优势。

②指导商品流通企业和服务业企业贯彻执行国家有关方针政策和法律法规，维护企业合法权益。搞好行业自律，信守商业道德，保护消费者合法权益。

③开展调查研究，向政府反映商品流通和服务行业的情况和问题，提出政策性建议；协助政府制定商品流通和服务行业的方针政策，积极完成政府委托、交办的各项任务。

④协助政府有关部门对行业内重大的投资、改造、开发项目的先进性、经济性、可行性进行前期论证，并参与项目责任监督。推荐行业内的高新技术产品、名牌产品。组织行业技术成果的鉴定和推广应用。

⑤参与制定、修改本行业各类标准工作，包括技术标准、经济标准、管理标准。组织推进标准的贯彻实施，开展行检、行评工作。对不符合质量标准及其他标准的产品和企业，配合政府有关部门监督整改，乃至建议政府有关部门采取有关措施妥善处理。

⑥维护会员的合法权益，代表会员与政府协商对话，向政府和有关方面反映会员的合理意见、要求和建议。

⑦向企业提供市场统计、市场分析、市场预测、产业政策、经营策略等方面的信息服务和科学技术导向，引导企业按照市场需求，确定经营战略和经营目标。

⑧帮助企业开拓新的经营领域和流通渠道，主办各类展览会、博览会，协助企业引进国外先进技术、经营管理方法和资金，促进国内流通企业和服务业企业的现代化，实行现代企业制度。

⑨做好会员间、会员与各部门、各地区间的协调服务工作。

⑩为会员提供有关咨询、培训和市场调查研究等各项服务。

⑪开展对外交流与合作，帮助会员企业寻找合作伙伴。为会员企业招商引资牵线搭桥，促进企业参与国际大流通。

⑫协助全国性专业委员会、协会开展工作；指导参加本会的地方商业联合会、商业总会、商业协会的工作。

⑬开办非营利性的实业。

除国家级商会组织之外，各省、市、地区、县等也均设立了地方级商会，通过下属行业协会的工作，承担起了相当大一部分经济、行政、社会性事务，在引导商业企业规范化经营，培育良好的竞争秩序等方面发挥了相当大的作用。

(2)各级、各类行业协会。中国商业联合会是国家级的商业中介组织，是综合性的行业组织，它的日常事务可能涵盖众多行业。而遍布于全国各地的各级、各类行业组织则以其具有专业性、针对性更强的服务，被看成是大商会组织下的子机构，其组织活动主要围绕为本行业内部的企业业务活动提供全方位的服务上。中国农产品行业协会、中国消费者协会、中国连锁经营协会、中国物流与采购联合会以及下属的各级分会，为目前国内规模较大、工作比较成功的行业协会。中国消费者协会通过定期、不定期地展开维权活动，向政府反映社情民意、创办维权刊物、为消费者提供消费信息和咨询服务等途径，为中国商业制度的建立和完善立下了汗马功劳。中国连锁经营协会通过培训会员、举办会展活动等各种活动，为协会成员提供服务。中国物流与采购联合会通过制定行业标准、举办展览展示、进行规划咨询、加强基地建设、实施采购服务、改进托盘装备、合理划分分销领域、进行教育培训、发布科技信息、举办专家论坛、推进国际交往等活动，为成员企业提供服务。

(二)中国行业协会的形成模式及存在的问题

1. 形成模式

中国目前的行业协会组织的形成主要有三种方式：

第一种，从政府机构演化而来的行业组织。这种类型的行业组织目前人员、经费、职能等方面仍主要依赖于政府主管部门，作为政府机构的外延而存在，其工作重点主要在对会员企业的组织和管理上，一切工作的重心也主要是围绕政府工作展开。政府主导下的行业组织虽说有体现政府行业发展需要，执行宏观经济政策的优势，但它往往侧重于政策、宏观利益，凌驾于企业之上，成为政策的代言人，忽略对企业利益的维护，这同时也就导致其组织覆盖范围的局限性，不能全面地掌握本行业的发展状况，不能及时有效地为企业提供所需要的服务，进而得不到企业的认同。行业组织与企业之间由此会陷入这样一种不良循环：行业组织由于管理资源紧张和资金缺乏，无法为企业提供有效的服务；企业由于行业组织不能提供有效的服务，因而不愿提供行业组织运作所必需的资金和信息；而没有必要的资金和信息作保障，行业组织的正常工作无法进行。目前国内绝大多数行业组织属于这种类型。

第二种，互助合作型的行业组织。这种类型的行业组织是由行业内部的企业自发组建形成的,目的是一致对外,共担风险,共渡难关,其性质确实是独立的社会中介组织。随着中国对外贸易的日益扩大,互助型行业组织在国际贸易活动中发挥的作用正在不断扩大。但这类行业组织往往对整个行业和会员企业的发展状况没有一个整体的认知,在行业管理理念和行业组织运作等诸多方面没有什么概念,其行为方式看起来更像是一个咨询公司或互助合作组织,而不是规范的行业组织,所以对会员企业很难有实际的影响力,缺乏威信与号召力,因此也就难以有效地发挥综合协调的作用和市场导向作用。

第三种,由行业中主导企业组建的行业组织。这种类型的行业组织是在市场经济一体化的激烈竞争中应运而生的。这种行业组织主要是由行业中的主导企业组建的,其主要领导者也是由这些企业的主要管理者担任。从本质上讲,这种类型的行业组织与国外的行业组织在职能和作用方面基本上是一样的。它的出现体现了我国企业在市场经济环境中的日臻成熟。但这种类型的行业组织容易产生本位主义,行业组织的领导者往往从自己企业的利益出发制定行业制度,缺乏整体观念,更有一些组织者甚至为了本企业的利益而不惜牺牲整个行业的利益,这对入世后的中国民族工业发展是致命之灾。而面对这种状况,行业组织却常常显得束手无策。

2.中国行业协会组织形成与发展中存在的问题

(1)政府行政管理痕迹浓重。由于我国目前众多的商会、行业组织都是由政府职能部门牵头,会长大多由政府官员担任,组织内部成员以政府部门人员为主,企业人员只占了很小的比重,重要会议的参与者、重要组织政策的制定者均由主管部门说了算,其运作系统主要是延伸部分政府的管理职能。虽说这种情况的出现很多时候是由于行业内企业自我管理协调能力弱,政府也是不得已而为之,但这样发展的结果使得绝大多数行业组织受制于政府的行政命令,对基层企业的实际情况缺乏深入的了解,淡化了为企业说话,担当政府与企业传声筒的职能。另外,政府部门的条块分割体制也难以形成一个面向全行业与所有企业的组织结构,致使组织层次偏多,部门分割,重复交叉。

(2)法律法规不健全,独立的行业协会社会合法性不足。不少行业协会的性质、职能、权益等,在法律法规上缺乏明确规定,致使行业协会开展活动的法律依据不足,合法性难以保证。迄今为止还没有专门针对行业协会的法律,对行业协会的法律地位、基本职能、应有的权益和应当承担的责任,以及法律给予何种保护等一系列的问题,都得不到法律法规的准确无误的回答。

(3)商会职能定位不明确。现阶段我国工商领域正处在重要的转型期，由过去高度集权的管理体制向企业自主经营、政府间接调控、更多地发挥市场机制调节作用的模式转变，致使不少行业组织职能描述空泛，日常职能缺乏。国家在进一步转变政府职能上还有更多的工作要做。

(4)社会保障体系不健全，经费不足，人才难进，骨干难留。由于目前国内从政府到企业，对商会等中介组织的功能认识不清，很多时候商会是处于既非政府机构，又非民间自发管理组织这样一种位置，因此，其在经费筹集、机构运转等众多方面都存在障碍，以至形成恶性循环，一方面是机构职能难以发挥，另一方面又直接导致机构人员流动大，缺乏懂行的专业人员，工作难以开展。

由于与政府的关系难以理顺，一直以来，中国行业协会的作用不能正常发挥，不少商会组织虽早已组建，但工作难以开展，与目前国际上规范的商会组织的作用功能反差很大。

四、构建“政府—行业协会—企业”的政府间接管理模式

(一)关于社会中介组织与政府关系的论述

目前关于政府和社会中介组织关系的论述主要存在以下两种观点。

1.*互动论*

国内多数学者认为，政府推动了中介组织的发展，而社会中介组织的发展又反过来有助于政府行政体制的完善，两者是相辅相成的关系。社会中介组织的活动应该在国家允许的法律范围内；推动市场规范化的力量既来自于政府，也来自于社会中介组织；政府监管中介组织的运作，中介组织的发展又反过来推动政府行政体制的改革与完善。李恒光认为，社会中介组织对公共行政组织的职能具有辅助性与替代性，有助于减少公共行政组织的职能，缩小公共行政组织的规模，克服权力腐败现象，从而有利于推动政府的行政改革和政府行政体制的完善。[①] 朱秦认为，因为社会中介组织的发展将会使培育服务观念成为政府公共管理的核心理念；社会中介组织的发展有效促进了民主行政和法制行政的建设；社会中介组织的发展更加有

① 李恒光：《发展社会中介组织，推进政府行政改革》，《理论与改革》2002 年第 3 期。

利于间接化行政方式的形成；社会中介组织的发展能使公共管理职能的主体多元化，所以伴随着社会中介组织的发展将会实现政府公共管理模式的转变。①。

2.监管论

有学者通过对社会中介组织发展过程中政府所扮演的角色进行分析后认为，政府应当实现从“推动者”向“监管者”的转变。吴锦良提出了在改革开放初期，政府作为中介组织的兴办者，对社会中介组织的发展起到了积极的推动作用，但政府与社会中介组织之间也结成了千丝万缕的联系，为社会中介组织的健康发展留下了隐患。尤其是多头管理造成社会中介组织林立、市场中介服务无序；行政权力进入中介市场，扰乱市场秩序，影响了公平竞争；政府部门的“自利”活动，导致了社会中介组织违规执业及对社会中介组织监管不力，政府成为社会中介服务行为失当的始作俑者。为此，政府应该退出中介市场，尽快完成从社会中介组织的兴办者到监管者的角色转换。② 曹永胜也认为在我国社会中介组织的兴起与发展中，政府发挥了直接的和决定性的推动作用，在新的条件下我国社会中介组织的发展不仅要强化其社会性、独立性、自律性，还必须加强政府对社会中介组织的监督与管理，从根本上实现从政策管理与调整为主的方式向依法管理的方式的转变，从而提升政府对社会中介组织的管理效能。③

(二)政府经济职能的转变与商业制度模式创新

1.政府经济职能转变的基本内涵

政府经济职能转变表现在以下三个方面：一是对微观企业活动的管理从传统的直接计划管理转向以市场为中介的宏观间接管理为主；二是政府经济管理职能从传统的对企业具体经营活动的微观管理为主转向对整个社会经济活动的宏观调控为主；三是政府对经济活动管理的方法从传统的行政命令、盖章审批，更多地转向搞好规划、协调、监督和服务。

现代市场经济条件下，政府的主要活动内容是治理好宏观经济环境，完善市场各项竞争、交易规则，为企业的经营活动提供更多的便利和服务，要实现从行政命令性功能向服务性功能的重要转变。依托行业协会是政府商

① 朱秦：《社会中介组织的发展与政府公共管理模式转变》，《南京社会科学》2002年第1期。
② 吴锦良：《我国社会中介组织发展中的政府角色》，《中共中央党校学报》2001年第8期。
③ 曹永胜：《论我国政府在社会中介组织发展中的作用》，《山西大学学报》2003年第4期。

业管制措施改革的一项重要内容。健全的行业协会能够在政府和企业之间建立起桥梁,促进政府产业结构调整政策的落实。在中国专门的商业行政管理机构撤销后,行业协会的这种作用就显得更加重要。从机构形式和组织制度上,政府应明确规范与中介组织的关系,摆脱中介机构与政府部门的从属关系,确保中介组织的独立性。用竞争机制打破政府垄断,完善公共服务体系建设,抓好一批支柱行业协会、商会的组建工作,着力推进现有行业协会的整合,发挥行业协会在行业自律、结构调整、技术攻关、优势集成、信息沟通、打假维权、招商引资和提供决策咨询等方面的作用,建立健全较为完善的“政府—行业协会—企业”宏观经济管理体系,以及由行业协会根据会员企业共同利益需要制定相应管理规则的行业协会—企业的内部自我管理体系。通过商业中介组织的培育,加快推进公共服务社会化步伐,理顺政府与社会的关系。

从国际经验看,随着一国经济的发展,市场经济体制的逐步完善,由企业自发组织起来的各类民间商业组织必将在企业行为的规范与约束等方面发挥更大的作用,商业制度的建立与完善将主要依靠行业协会作用的大力发挥。对外开放以后,与国际规则接轨,政府对商贸流通产业直接性的行政管制措施进一步减少,取而代之的是立法管制措施的强化与由同行业或者相关行业的成员联合组成的商会组织对企业行为约束力的增强。由企业自发组织起来的民间商业集体组织的活动会促使会员企业千差万别的交易活动向制度化、道德化、规范化方向发展,从而使交易费用更低、交易效率更高。

2. 商贸流通领域政府管制模式创新——充分发挥商会在商业制度创新中的作用

市场调节的结果如何,在相当程度上取决于该市场的成熟程度。一个成熟、完善的市场除拥有成熟的市场主客体外,还应有完善的民间商业组织在起作用。一个国家或地区是否拥有完善的民间企业管理、协调组织,是判断该国、该地区市场成熟程度的一个重要标志,也是政府管制制度改革步伐推进的关键衡量指标。流通领域政府职能的转变则是从原来政府—商业企业的直接管理模式转向政府—民间商业组织—商业企业的政府间接管理模式。鉴于纯公共性的政府管理机构与纯私利性的商业企业这两大部门在商业制度构建中存在的种种不足,民间商业组织在克服政府与市场双重失灵,约束个别企业行为,强化企业自我管理等方面具有独特的优势,因此,政府流通领域管制职能转变的重心转移的一个重要方向是大力培育健全的、完善的行业协会组织，充分依托行业协会，发挥其行业内部自我管理的职能。

(三)创新政府对商业中介组织的管理职能

市场是规范主体行为的重要力量，市场的作用来源于分散的利益主体，众多分散的经济主体对客观事物的认识不同、目标不同，自身能力也不尽相同，使市场的力量不可能成为方向一致的合力，其对制度创新的推动作用势必漫长、无效率，制度创新的成本也会大大增加，甚至可能导致制度创新夭折。为此需要有一个权威的，能够将众多经济人的个体理性汇总为集体理性，并使这种集体的理性成为制度。政府是天然的权威，政府与生俱来的行政管理职能使它成为市场经济运行的组织、调控者和市场作用的补缺者。流通产业政策是政府为实现一定历史时期的目标和任务而制定的行动准则，属于宏观层次的商业制度，它覆盖面大，作用范围广，决定着整个商业产业的规模、结构和发展趋势。政府微观商业管制的重点是确立合理的商业制度，随着中国社会主义市场经济体制的不断完善，商会作为政府与工商企业间的中介组织将发挥十分重要的桥梁和纽带作用。中国加入世贸组织后，与国际惯例接轨，各级行业协会也应加快与国际接轨的步伐，充分发挥其市场性、社会化功能，积极探讨取消政府行政管理机构后的商业管制新模式，是政府微观商业管制方式变革的一项重要内容。“政府—商业中介组织—企业”的政府间接管理模式应该成为今后中国商业制度创新的根本目标。

1.政府对商业中介组织的管理方式需要创新

政府转变对中介组织管制职能，理清各类社会中介组织与政府的关系，是目前国内学界普遍关注的话题。

从目前情况看，我国的社会中介组织大多由政府部门推动成立并开展工作，一直以来扮演的是“二政府”的角色，实质上是准政治性团体，处于政府附属物的地位，政府和商会之间不存在平等的互动，商会内部的结构、角色、功能等均比较单一。改革开放以后，随着中国经济体制改革的不断深化，单向控制型行政管理体制逐步向互动、民主合作的格局演变，政府与民间中介组织的关系是互相促进的关系。社会中介组织的存在和发展有助于减少公共行政组织的职能，缩小公共行政组织的规模，并有助于克服权力腐败现象，所以社会中介组织的发展有利于推进政府的行政改革，从而有助于政府行政体制的完善。大力推进发挥商会等民间中介组织的作用，这是政府职能转变与重新定位的必然之路。建立在契约关系而非行政权力基础上的社会中介组织可以作为政府和市场之间的联系通道，使两者相互补充、相得益彰、相互促进。

传统的社会中介组织从政府的行政控制下独立出来以后，政府与行业协会的关系应该是监管与被监管的关系。在行业协会的宗旨上，它理应与政府行政部门分开行事，行业协会与政府有关部门的关系应该具有一定的对抗性，这种对抗性一方面表现为行业协会应代表本行业广大企业或绝大多数企业与政府沟通、联系、交流，另一方面表现为反映与表达本行业大部分企业在市场中遇到的困难与问题时，要具有与政府，特别是各行政主管部门合理对抗性的对话权利。否则，一是本行业企业不会尊重该行业协会；二是国外企业与资本也会对该行业协会的真正性质产生疑虑，从而否决行业协会所制定的市场准入交易行为标准等行业规则。而从政府部门角度看，应实现从传统的行政主管部门向更为公正、客观的监管者角色的转变。改革开放初期，政府作为兴办者，对社会中介组织的发展起到了积极的推动作用，但政府与社会中介组织之间也结成了千丝万缕的行政联系，为社会中介组织的健康发展留下了隐患，行政权力过度渗入中介市场，扰乱了市场秩序，影响了公平竞争；政府部门的"自利"活动，导致了社会中介组织违规执业，客观上也无法对中介组织实施有力的监管。为此，政府部门应尽快退出对中介市场的直接参与，尽快完成从兴办者到监管者的角色转换。

李景鹏提出，新的政府中介组织管理体制和管理方式应该具备以下方面的基本特征：

第一，管理主体多元化，即政府管理与社会中介组织的自我管理相结合；

第二，自上而下与自下而上的互动，即政府与各个社会中介组织间在政府政策和社会中介组织的利益之间形成一种相互作用的格局；

第三，管理体制为社会中介组织的发展提供比较宽松的空间，使社会中介组织能够比较自由地发展和发挥作用；

第四，政府主要通过法律和制度来进行管理，而不是像过去那样依靠行政隶属关系来管理；

第五，政府从对社会中介组织的控制转为服务、协调、指导和监督等等。①

2.政府促进行业协会建设与制度完善的具体工作

重视商会工作，赋予商会以必要的职能。这是政府推进商会工作顺利

① 李景鹏：《关于非政府组织若干问题的探讨》，《新视野》2003年第1期。

进行的关键步骤。为尽快改变我国商会目前的落后状况,各级政府必须转变职能,建立起新型的政府宏观经济管理体制,以更好地促进现代商会制度的发展。应提高认识,切实重视商会工作,赋予商会必要的职能。在当前政府机构改革中有关部门迟迟不愿将分流出的职能移交社会中介机构,仍由政府有关部门包揽,形成既管又不管,管又管不过来或管不好的局面,影响了商会组织工作的开展。随着我国市场经济体制的日趋完善,商会作为社会主义市场经济体制的重要组成部分,要使商会发挥应有的作用,各级政府必须站在发展和完善社会主义市场经济体制的高度,从世界经济一体化的视角,摆布商会的位置。赋予商会必要的职能并以法规的形式加以明确,坚决、彻底地将政府管不过来又管不好的职能分流给商会管理,加快与国际商会接轨的步伐。

深化企业体制改革,建立现代企业制度,创造商会健康发展的微观基础。只有通过深化企业体制改革,建立起与社会主义市场经济体制相适应的现代企业制度,才能奠定以广大工商业企业为服务对象的现代商会发展的微观基础,才能最终创造商会发展的动力与源泉。目前中国的流通企业已经基本完成了体制改革,在国内众多行业中,改革步伐推进是最彻底的,但由于上游生产企业及一些加工企业产权关系不明晰,致使流通领域商业中介组织的协调功能难以正常发挥,所以政府需进一步加快企业制度改革,使生产、流通企业成为自主经营、自负盈亏的独立核算企业。

加快立法,加强监管。市场经济本身就是法制经济,商会工作的运转也要依法行事。目前我国各级各类商会、行业协会五花八门,专业商会、行业协会与一般性的协会、学会、研究会混同,既存在重复设会、职能交叉等问题,也存在内部组织机构不合理、不健全等问题,大大影响了商会作用的发挥。作为政府部门,为推进商会工作的正常开展,应加快相应的法制建设,对其进行依法管理,相应设立的商会法应对商会设立与分布的原则、设立程序和设立条件等作出明确规定。世界上大多数市场经济国家都有商会法或类似法规。目前我国商会不能健康、规范发展的一个重要原因就是商会建设与发展无法可依。我国应尽快填补法律盲区,统一健全相关法律体系,大力改善非政府组织的法律与政策环境,同时防止行政部门借立法强化本部门权力,改变长期以来对非政府组织“重登记、轻管理”,“重行政管理、轻依法管理”的局面。

引导商会强化自身发展必须观念转变与各项制度的建立健全与完善。随着政府职能逐步从对企业的直接行政管理淡出,政府减少了对经济活动的干预，强化了市场机制的作用，使得大量过去由政府承担的技术性、服务性、协调性职能直接转给了商会等行业组织。面对这种转变，行为组织必须明确定位自己在市场经济活动中的职能和作用，真正成为企业的代言人，成为行业利益的代表者。借鉴发达国家商会组织管理、财务制度与运行的各种先进经验，重视强化商会的中介服务观念、民间自律观念和非营利观念，引导其快速走上规范化发展的轨道。

随着市场经济体制的不断完善、改革的不断深入，政府职能将进一步转变，企业将越来越走向市场化，中国入世促使企业进一步国际化，在这种情况下，行业组织的地位进一步提高，功能越来越凸现，作用在不断增强。企业在走向市场化、国际化的过程中，也要求行业组织发挥更大的作用。因此培育和发展行业组织是政府机构改革和深化国有企业改革的重要内容。从发展趋势看，按照国际惯例，行业组织将逐渐与政府分离，作为自立组织，行业组织必须真正成为企业的主要依靠。这既是行业组织自身的发展目标，也是当今市场经济发展大趋势的迫切要求。

第六章

商贸流通产业发展规划的编制

一、商贸流通产业发展规划的基本理论

(一)规划制定的意义

市场经济条件下,政府经济工作的一项重要内容是制定各种经济发展战略规划,战略发展规划的制定是产业有序发展的基础保证。对商贸流通产业而言,至关重要的是制定合理的网点发展规划。

商业网点(Commercial Network)一般是指中国城市中商业与服务业机构的网络。一般按分等分级(例如市区和小区级)设置的原则,在一定地域范围内布点,确立每个点的作用与经营范围,以及点与点之间的分工合作关系,以发挥网点最大的经济效益。商业网点规划、审批、业态标准的制定、竞争规范的确立及商业现代化的推进等是商业领域政府管制的重要内容,政府部门通过加强统一规划和政策引导,对商业网点的数量、结构、布局等进行统一合理安排,使不同规模、业态的企业在不同区域内协调发展。网点发展规划的编制具有重要的意义。

1.强化商贸业的有序发展,通过制定规划,对商业网点建设进行引导和调控,抑制流通领域投资与建设中的盲目性、重复性及低效率竞争问题

市场经济是法制经济,不是无序经济,商业是纯粹的竞争性行业,市场准入门槛低,发展速度自然很快,但并不是可以任其盲目自由发展,否则就会造成过度竞争、社会资源的浪费。尽管现在的商业网点、商业设施绝大多数是社会资金和个体、民营资金,但对于有限的资源若不能加以合理的规划与利用,就整个社会而言,依然是商业资源与城市资源的巨大浪费,会对城市经济的协调发展造成损失。因此,政府规划、宏观调控商业网点建设发展,是市场经济发展的必然,是建立统一开放、竞争有序的市场经济制度的

要求。

2.化解目前国内流通产业的结构性矛盾

目前我国流通领域商业设施总量不足和结构不合理矛盾并存。以零售业为例,我国大中城市与中小城市、农村地区的商业设施严重不均衡,县以下人均商业营业面积不足0.1平方米;区域市场发展也很不平衡,东部地区零售企业数占全国的61.8%,从业人数占59.1%,而中、西部地区零售企业数分别占22.6%和15.6%,从业人数为26.5%和14.4%。一方面是中西部地区及广大农村地区商业设施严重不足,另一方面是部分城市存在大型商业设施严重重复建设问题,恶性竞争行为时有出现。针对这种情况,政府部门通过网点发展规划的编制,可以有效地引导商业布局的调整、业态的整合。

3.促进建立高效、顺畅、便捷的流通服务体系,引入现代流通方式,建设大市场、发展大贸易、搞活大流通,为生产建设服务

通过战略发展规划的制定,政府部门可以及时掌握本地区产业资源存量情况,及时调整资源结构,宏观调控资源更新与配置,尤其是在中国目前流通方式落后、流通业态滞后于经济需要的环境下,是摸清家底,并进而提升档次的有效途径。

4.通过规划,创建布局合理、业态丰富的购物和消费环境,扩大劳动就业,提升城市商业现代化水平和综合竞争力

由于信息的不对称,地方经济发展往往容易呈现非理性化发展的态势,随着人民收入水平的提升,消费者的购买活动对环境的要求日益提高,产业发展规划可立足于长远,高起点制定,充分吸收发达国家产业发展中的经验教训,引导本国产业健康、合理发展。商贸流通业在国民经济产业结构系统中既与老百姓的日常生活消费息息相关,又以其极高的就业系数,关系到人口就业与社会经济整体的安定。因此,需要通过制定相应的规划,防止因盲目发展而出现过度竞争,频繁倒闭而影响社会安定。

5.适应对外开放新形势的需要

按照中国加入世贸组织的承诺,2004年12月11日起,中国取消了外商投资商业领域在地域、数量、股权的限制,商业领域进入全面对外开放的新阶段,外资商业企业进入速度加快,需要采取国际通行的方法进行宏观调控和管理。城市商业网点规划是符合国际通行规划的政府调控方式,在发达国家,如美国、法国、日本等,均在不同程度上通过制定商业网点规划和通过限制大型店或小型店等的法规,对本国商业网点发展进行调控。对中国

目前而言,加强政府调控,制定商业网点规划,可引导外资有序进入,保证内外资商业企业的公平竞争。

WTO背景下,一切经济工作无疑都应遵循国际规则、国际惯例。政府制定商贸业发展规划是否违背WTO的公开、公平、公正,及全面的市场准入原则呢?我们剖析WTO服务贸易总协定一般例外原则,其规定,只要措施的实施不在情况相同的国家内构成武断的、或不公正的歧视,或构成对服务贸易的变相限制,则允许其成员国采取或实施以下措施:为保护公共道德或维护公共秩序而必需的;为保护人类、动物或植物的生命或健康而必需的;等。事实上,从发达国家经济发展走过的历程来看,为确保经济的健康发展,各国政府对商贸流通产业并非放任不管,而是各有一套约束、干预机制:美国《国家授权法》从规范土地的使用角度出发,提出商业规划的七个目的:减少交通堵塞;避免火灾与恐慌的产生;推广大众健康与福利;提供充足的光线与空气;防止土地的过度使用;避免人口过度拥挤;促进基础设施、学校、公园的建设。虽说很难定义美国的规划角色,但可最简单地概括为向前看,即规范是为将来作决策。日本针对国内零售企业网点建设的《大店法》设置的主要目的是实现充分就业与保护市场竞争。

中国目前商贸业发展面临的一系列问题都与社会公共秩序、人民生活密切相关,无论是从WTO规则还是从国外经验借鉴看,商贸发展规划的编制都是客观必要且有据可依的。全面开放背景下,政府通过编制地区商贸发展规划引导本国产业发展并不违背WTO的规则。编制商贸业发展规划是政府引导商贸流通产业正常、有序发展的有效途径。

(二)规划编制应遵循的基本原则

网点规划编制内容应与城市发展规划有机结合,将发展新型业态与改造传统业态有机结合,将大型商业设施建设与中小商业的生存发展有机结合,合理安排空间布局、业态结构和发展速度,突出以人为本,体现城市特色,坚持与环境协调发展。具体说来,科学的网点规划应遵循以下基本原则。

1.商业网点规划应与城市整体规划有机结合

目前随着国内城市化水平的快速推进,城市建设以前所未有的速度扩张,商业网点建设作为城市建设的重要组成部分,应随着城市范围的变化、居住区的建成、人口的转移而有步骤地合理推进,既防止城市扩张中出现商贸服务业缺位,又防止短期过快进入而出现效益下降。我国工业化早期由于建设资金不足、观念跟不上，实行“先生产、后生活”的方针，造成不少工业城市、工矿区、加工工业区生产相对先进，但商业服务设施相对滞后，城市景观不美，经济不够繁荣，职工和居民的生活多有不便，通勤人员过多，运输负担过重交通不畅。这些传统工业区产值较高，职工收入也不低，但因为当地商业发展跟不上，不能很好地满足消费需要，致使本应在当地实现的购买力外流，职工和居民不得不出区域或跨区域消费，影响了这些地区经济的进一步发展。在目前城市化进程中，特别是新一轮现代化城市规划建设中，要特别注意产业结构的布局和优化，树立以人为本，为人服务的理念，在保证当地主导产业、支柱产业优先发展的同时，充分注意在资金、人员、空间安排上生产与生活的客观比例与结构，重视商贸流通产业与支柱产业、主导产业的相应配套，为商贸流通产业未来健康发展留下必要的空间，避免再出现上述问题。

2.网点建设与当地经济和社会发展相结合

目前先进的流通方式、流通业态不断涌现，但有不少只适用于经济发达、工业生产兴盛、人民收入水平与购买力较高的地区。国内目前各地经济发展水平存在较大差异，商贸业的发展，现代流通方式的引入应考虑地区经济发展的实力，强调区域统筹和全市域城乡统筹，要切合本地实际，避免盲目攀比、贪大求洋，要深入研究消费需求的发展变化规律，既要合理布局和总量调控，避免重复建设带来的相同业态的恶性竞争，又要用业态的多样化满足消费需求的多层次与多样性，使城市流通和生产生活服务网络建设有较快的发展。

3.发展新型业态与改造传统商业有机结合

西方国家零售业在过去的130多年里曾经历过百货商店、连锁商店、超级市场、购物中心、无店铺销售5次流通革命，这为中国未来商贸业的发展，现代流通方式与流通业态的引入提供了很好的参照。经过改革开放几十年的发展，中国商贸流通产业已经有了一定的发展规模，容纳了众多的就业人口，现代商业的发展、新型业态的进入不可能置原有商业于不顾，否则就会加深经济发展的矛盾与冲突。新业态的进入应充分考虑地区商业现状，注重用现代流通方式改造传统商业，对原有的商业设施进行整合、改造，提升档次。

4.大型商业设施建设与中小商业的生存发展有机结合

根据“大象与蝴蝶共舞”的现代市场结构理论，大型企业与中小企业均各有不同的服务对象与服务领域，各有其一方生存的空间，为满足不同生产、消费者的需要，维护市场的竞争性与规模效益性，各级政府既应重视商业规模的扩大与档次的提升，也应维护中小商业企业的生存与发展的权利。

5. 处理好商贸用地与商贸设施建设之间的关系

网点规划应坚持以人为本，考虑小康社会的人居环境，坚持与环境协调发展。商贸业的发展应与当地文化特色相融合，体现出休闲功能与商贸文化氛围，注意协调好土地利用率的提高与商业建筑设施容积率下降之间的关系。未来城市商贸业需更多地考虑向纵深发展，避免高楼大厦过度拥挤、城市绿地缺乏、居住环境恶化等现代"城市病"。商贸规划的制定应给城市的未来创造更加优美的环境而非使城市变得更加拥挤。另外，规划应体现区域协调原则，与周边城市与地区加强协作，防止重复建设导致的资源浪费。

6. 重视规划的可操作性

过去我们不重视流通产业发展规划的作用，制定出来的规划缺乏对产业发展长期有效的引导作用，一任政府一任规划，指导意义不强，这实际也是导致各地商贸流通产业无序发展的一个重要的外在原因。

(三)目前规划编制过程中面临的困难及对策

笔者近年来参与了浙江省内多项地区商贸服务业与网点发展规划的编制工作，工作中遇到的最大困难可以用以下四句话概括：资料收集难；统计口径统一难；部门间协作难；规划操作执行难。

首先是资料收集难。由于改革开放相当长的一段时间政府部门放松了对商贸流通领域的必要管制，鉴于其是竞争性产业而任其自由发展、自生自灭，盲目发展，没有明确的归口管理部门，必要的现状数据资料很不完善，无从收集。

其次是统计口径统一难。我国流通领域标准化程度低，缺乏真正与国际接轨的标准体系，一些统计指标沿用的仍然是计划经济年代的，难以体现流通现代化目标。例如，目前国内许多地区仍然沿用人均商业网点数指标反映地区商贸业发展，事实上，这一指标是与现代商业发展模式相违背的，尤其是在经济发达地区，商业不是走向分散而是日益集中，随着消费模式的变更，零售业单体规模在扩大，网点常常不是增加而是趋于减少；另外，专业市场、批发市场等的大量涌现，如何统计其单体中的网点数，难以有明确的结论。

再次是部门间协作难。由于政府部门之间缺乏良好的沟通与协作，信息传导不畅,土管局、规划局、经贸局等各持己见,各有一套发展思路,一项规划众口难调,难以形成统一的意见。

最后是规划操作执行难。一些商贸规划完成以后主持规划的本届领导任期已满或另有他用,本项规划极易成为摆设,尤其对那些长远性规划项目,最后成为虚设,只为完成上级任务而制定,难以起到长远引导地方商贸业发展的作用。

如何才能编制好一项网点规划?根据规划编制的原则与目前存在的困难,我们认为应重视以下四个环节的工作:①深入调研,摸清家底,掌握第一手资料;②认真分析、深入研究,科学地确定发展方向、目标和建设重点;③与建设规划等有关部门密切合作、优势互补、发挥合力;④广泛听取意见,进行充分论证,提高规划编制透明度和社会公众参与度,促其长远贯彻。

1.基础数据调查、收集与整理

是否进行了扎实有效的基础数据的调查、收集、整理与分析,是判断一项规划是否具备科学性的前提保障。商业网点规划涉及生产、消费各个方面,更应重视对现状资料及未来发展趋势的预测分析:地区 GDP 现状及未来预测;人口数、人口结构、人均收入、人均购买力;社会消费品零售总额,现状商业设施、营业面积、销售业绩的调查,等等,均是编制网点规划必不可少的基础资料。数据收集整理得越详细,规划的科学性就越强。在实际规划编制工作中,需要做好的第一项工作就是数据的调查收集与分析工作:

(1)社会经济数据调查内容。数据资料的调查年份越长、内容越详细,编制成的规划就越具有科学性、可操作性。根据笔者近年来编制商贸发展规划的经验,结合商务部的各地商业网点规划编制的指导意见,商贸业发展规划编制前期需进行以下几方面的调查摸底,见表 6-1~6-9 所示。

表 6-1　历年社会经济数据调查表

指标＼年份	城市常住人口（人）			城市 GDP（亿元）			第三产业 GDP（亿元）		城市化率（%）
	合计	市区	农村	总额	增长速度	人均 GDP	总额	增长速度	

表 6-2　历年商贸相关经济数据调查表

指标 年份	社会消费品		批发、零售业（万元）		餐饮业（万元）		其他生活服务业（万元）		人均可支配收入（元）	人均消费性支出（元）
	零售总额（万元）	增长速度（%）	销售额	实现税收	销售额	实现税收	销售额	实现税收		

表 6-3　商业产出及效率调查表

指标 时间	全市零售业销售总额（万元）	全市农副产品批发市场销售总额（万元）	全市生产资料交易市场销售总额（万元）	商业就业人数（人）	商业就业贡献率（%）

表 6-4　已列入城市规划的商业建设项目调查表

序号	名称	区位	建筑面积（平方米）	拟经营的业态	客户定位

表 6-5　3000 平方米以上大型零售网点调查表

名称	地址	业态	建筑面积（平方米）	营业面积（平方米）	建成时间（年）	年营业额（万元）	年利润额（万元）	就业人数（人）

表 6-6　商业功能区调查表

名　称	区　位	定　位	客流量	大型零售网点数量与营业面积（平方米）	业态调整重点	特色要求

表 6-7　商品交易市场调查表

名　称	地　址	类　型	建筑面积（平方米）	营业面积（平方米）	年成交额（亿元）	就业人数（人）

表 6-8 商业街调查表

序 号	名 称	区 位	辐射范围	规模(长、宽)(米)	门店数(个)	主要业态	文化特色

表 6-9 物流基地/物流配送中心调查表

序 号	名 称	区 位	规模(平方公里)	辐射范围	运作方式	电子商务设施/平台

(2)地区商贸业发展承载力分析。商贸业发展规模应以地区经济发展与人口增长为前提,规划的一项重要内容是确定未来产业发展规模,或者称为控制指标,在充分掌握现有商业设施面积及现状企业经济效益的基础上,通过调查,预测地区经济增长指标、人口增长情况及人口收入、消费等数据,预测商业用地、未来社会购买力、社会消费品零售总额等与商业发展规模密切相关的量化指标。这一项工作属常规调查,基础数据资料可通过计划、规划部门提供,人口普查数据等途径获得,然后通过相关测算,可以得到控制指标。

首先,地区购买力预测是商贸业发展承载力分析的重要内容。地区购买力主要由以下五部分构成:

地区城镇、农村户籍人口收入。一般情况下,这部分人收入中的绝大部分转化成当地购买力,是地区购买力的主要内容。

地区外来人口收入。外来人口的收入并不能全部算作当地购买力,尤其是在家乡有赡养人的单身在外打工者,视个人具体情况,其收入中的一半左右可形成当地购买力。

一般建议外来人均可支配收入按城镇指标计算;能留作当地消费,形成当地社会购买力可支配收入视各地经济发展情况,一般近期可按占全部可支配收入的 50%,中期占全部可支配收入的 40%,远期占全部可支配收入的 30%递减。

集团消费。指地区工商企业业务费用、接待费用以及行政事业单位的集团性购买。越是经济发达,工业生产繁荣的城市与地区,集团消费的数量就越大。

外来旅游人口形成的购买力。这在旅游型城市表现得尤为明显。

周边地区消费者在本地形成的购买力。一个地区商贸业发展越是兴旺,对周边地区的吸引力就越大,形成的购买力就越强。

上述五部分购买力加总,就形成当地实际社会总购买力主体,通过预测未来社会总购买力,可为未来商业发展规模的扩大提供量化依据。上述指标可以用表 6-10 描述。

表 6-10 可形成当地社会购买力的可支配收入规模测算表

指标 年份	城镇人均		农村人均		外来人均		其他购买力		社会购买力总额（亿元）
	增长率（%）	绝对值（元）	增长率（%）	绝对值（元）	增长率（%）	绝对值（元）	增长率（%）	绝对值（亿元）	

其次,地区商贸业发展用地指标的确定是商业规划的重要内容,而人均商业营业面积则是其中的重要量化指标。视地区经济发展水平的不同,人均商业营业面积也各不相同,一些发达国家经济发达,购物环境优良,加之人少地广,一般人均商业营业面积很大,中国虽说商贸服务业正处在快速发展阶段,但毕竟土地资源稀缺,人均商业营业面积不可能像某些国家那样大。目前一般像北京、上海这样的大城市在人均 1.2 平方米左右,一般城市在人均 1 平方米左右;在江、浙、粤一带经济发达的中小城市甚至乡镇,人均商业面积甚至超过国内一些大中城市;浙江的义乌、广东的东莞等商贸型城市由于有发达的加工业、繁荣的市场群,商贸业向外辐射度极大,其商业营业面积就不能用与一般城市相同的方式衡量,需加计相应的辐射系数;商业营业面积确定后,在确定商业用地问题上,则还需考虑相应的建筑系数、建筑设施容积率。上述指标可以用表 6-11 描述。

表 6-11 商贸服务业营业面积控制测算表

指标 年份	商贸业服务人口（万人）	人均营业面积（平方米）	加计辐射值	商业营业面积（万平方米）	建筑系数	建筑面积（万平方米）	容积率	商业用地（万平方米）	占土地面积比重(%)

第三,“菜篮子”放心工程建设是城市商业网点建设的重要环节,在规划工作中需重点加以关注。生猪定点屠宰、豆制品加工配送、食品卫生检疫等与人民生活密切相关。现代化农副产品批发市场建设与改造过程中,还

需重视检测中心、信息中心、果菜残余物环保处理中心、统一结算中心等基础设施建设，鼓励发展专业化农产品经销公司、农产品物流配送中心、农产品标准化分类分级及净菜包装；做好食品安全快速检测技术应用、无公害食品、绿色食品营销；完善农产品加工中心、配送中心的建设。

在城市“菜篮子”网点建设工作中，可考虑在城市蔬菜副食品基地与综合批发市场基础上，在城市居民集中居住的东、南、西、北四个区块选址分别建设好一家有一定规模的农贸市场(参见图 6-1)。

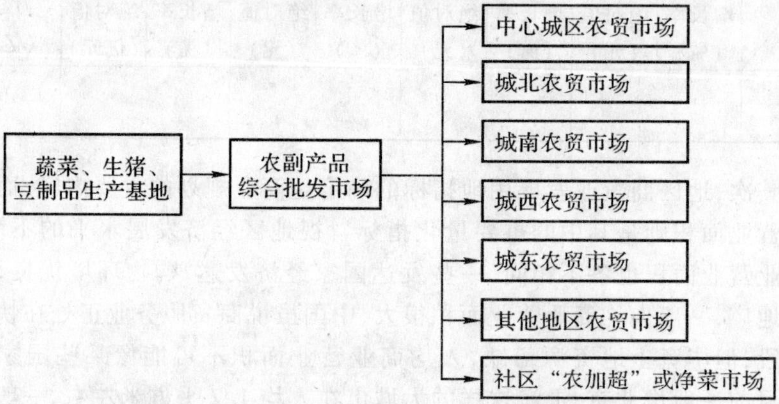

图 6-1　城市“菜篮子工程”布局与发展示意图

第四，商贸流通产业网点数规划。据统计，截至 2004 年，全国已有各类批发零售网点 1700 多万个，按全国 13 亿人口计，千人网点拥有量在 13 个以上，许多发达地区每千人网点数已经超过 30 个。传统商贸流通产业发展评价指标体系中有一项重要的指标就是千人均网点数，各地均以千人均商业网点数的快速递增为荣，这在改革开放初期，市场经济起步阶段有一定的客观必然性与必要性。随着社会经济的不断发展，人民收入水平的逐年提高，市场化步伐的日益深化，消费者对购物环境、商品质量、品种数量等的要求均会发生改变，各地零售业态发展将会依次走上发达地区零售业态曾经走过的道路，从单一型、零散型向规模化、集约化、效益化转变，从传统业态向现代流通方式转变，过去的那种仅以数量增加评价发展的指标不仅不能起到科学的引导与示范作用，反而会进一步助长盲目的低效率扩张。为保证商贸业发展指标的科学性、导向性、前瞻性，规划编制过程中有必要借鉴发达国家常用的千人均商业面积拥有量，再考虑地区商贸业发展的连锁率指标(连锁企业年销售额占销售总额比率的递增率)作为本国本地区商贸业发展指标，构筑起新的体现流通现代化发展实情的产业竞争力评价标准。

需要引起重视的是，为防止各地商贸业盲目发展、重复建设、低水平发展，规划中必须反映商贸业发展的控制指标，尤其是用地指标。在产业结构升级，城市化快速推进的进程中，商贸业作为与人民生活紧密相关的重要产业，越来越明显地呈现出城市化进程中的先导产业特性，如果在新一轮的城市化进程中，不能预先为今后商业的发展留下足够的发展空间与合适的发展地块，就难以从根本上体现政府对地区产业结构升级的宏观引导作用，就可能永久留下难以弥补的发展后患。

2. 加强政府各部门之间及政府与企业之间在规划编制过程中的密切协作与沟通，确保规划的严肃性与科学性

城市商贸规划是一项由用地、建筑等硬件与业态设置、结构布局等软件组成的项目，从制定到实施，是一项系统性、战略性工程，单靠规划部门的力量是难以完成的，需要各相关部门的密切配合，通力合作，在编制工作过程中，各部门之间还需经常性地沟通、交流进展情况，与地区（城市）发展规划部门充分协调，争取各方面的支持与协作，防止经常性变动。

现在各地商贸规划编制工作中存在的一个突出难题是，城市规划归建设部、规划局等主管，而商业网点的审批又归商业部门，商贸规划究竟该由哪个部门牵头负责？这个问题不解决，规划即使编制完成也只能是成为纸上谈兵。有一种意见认为应由建设部门规划商业区，由地方商业部门规划商业区内部的各种业态；笔者以为，商贸规划是一项系统工程，商业区的选定与区内业态的布局两项工作是商贸规划不可分割的两个环节，人为地割裂只会影响规划的科学性，应该由规划、城建部门与贸易部门共同组成规划小组，遇到问题随时协商讨论解决。

另外，商业规划，尤其是网点规划在编制过程中还应充分听取现有商业经营者的意见与建议。惟其如此，才能在规划编制完成以后有切实贯彻实施的环境保障。

3. 准确把握产业结构调整、升级的发展趋势，处理好城市经济发展过程中的土地资源利用与改造问题

中国经济发展正面临产业结构调整、升级的迫切需要，根据产业结构升级的基本规律，随着工业化的推进，第一产业增加值及就业人口将不断下降，第二产业增加值及就业人口将趋于稳定，而第三产业对经济增长的贡献率及就业人口将不断上升。这一产业结构演进规律已经在中国城市化推进过程中表现得越来越明显。城市的形成历史已经证明，“城”是壳，“市”是

核,“市”就是商业、贸易、服务业,中国传统经济建设只重生产,轻视流通,这种观点虽说随着经济的发展、供求结构的转变及人民生活水平的提高,已经发生了明显的变化,但在国内不少地区这一观念仍然根深蒂固地存在,在新的一轮城市化建设浪潮中,许多城市建设发展资金大多以土地出让方式获取,由于缺乏对城市新区商贸发展的土地预留,作为新区建设主力军的房地产开发公司,在建设开发过程中较多地把注意力放在土地开发效益上而很少顾及城市整体规模与档次的提升,致使一些地区的商贸业分散在各个居住区、办公区,且仅表现为沿街店面房(俗称“卷闸门”现象),缺乏具有标志性商贸建筑设施、建筑集群的地区核心商业区,商圈定位失当,或是功能不健全,影响了城市整体功能的拓展与形象的提升。

根据第二与第三产业的基本特性及中国的基本国情,中国未来城市经济发展的基本格局是,城市中心区域的工业生产将逐步向城市边缘迁移,中心城区商贸业将有更大的发展,产业结构呈现“退二进三”的基本格局,在城市商业网点规划中,应逐步将地区产业结构调整、置换出来的土地考虑留作商业用地。

二、商业中心区功能与业态的结构规划

网点规划的一项重要工作是完善商业区规划。商业区是一个城市商贸业核心区,其商业基本构成元素根据城市的大小及功能定位,从点上看,有商业广场、商核、商圈等理论;从线上看,主要是商业街布局。大城市有中央商务区,一般城市有中心商业区,它们共同组成城市商业体系。

(一)现代商圈理论

1.商圈的含义

商圈(Trading Area),也称商势圈,日本商圈研究权威室井铁卫指出:“所谓商圈就是现代市场中,企业市场活动的空间范围,并且是一种直接或间接地与消费者空间范围相重叠的空间范围。”① 它一般被认为是企业吸引顾客的区域范围,或指一家商店(或一个商业设施、商业建筑)对顾客的吸引力所及范围(辐射区域),它以商店为中心向四周扩散,并形成一定的辐射范围。商圈具有比较明显的层次性特征,一般由三个层次构成,即:

① [日]室井铁卫:《商圈知识》,《日本经济新报社》,昭和61,第15页。

(1)主要商圈,或称基本商圈,是指最接近商店并拥有高密度顾客群的区域,通常本区域50%左右的消费者来本店购物。

(2)次要商圈,位于主要商圈的外围,顾客光顾率较低,一般这一区域15%~20%的消费者来本店购买商品。

(3)边际商圈,位于次要商圈的外围,属于本企业的辐射范围,在此商圈内来本店购物的比例更低。一般本企业的顾客有10%左右来自边际商圈。

商圈范畴的确定对商业企业的发展十分重要,它可以确定企业市场覆盖的空间范围,了解所存在的市场销售机会,推算出企业的销售潜力,从而制定出企业必须采取的销售策略,这是商圈理论在微观经济分析中的作用。同时,商圈理论在宏观商业发展中也有十分重要的意义,一般也可用来描述城市某商业集中区(或商核)吸引周边顾客的地理区域。如果把区域空间中的各个居民集聚点看作需求地,需求地的消费者自然会在综合考虑各种因素后,作出自己对购买地的选择。消费者选择购买地主要取决于消费者的主观意志及商圈商业设施自我辐射能力(对顾客的吸引力),在其他条件相同的情况下,消费者着重考虑的是交通费用及其便捷性,距离需求地越近,其作为购物目标被选中的概率也就越大。当然,这也与商圈自身的魅力直接相关。

2.商圈分析应考虑的主要因素

从宏观角度来说,测定商圈应主要考虑内因与外因两大因素,另外,还需要考虑其他一些附加条件。

(1)外因条件:

- 量的条件
  - 人口、人口密度、家庭数
  - 流入人口、流出人口、白天人口
  - 零售销售额与营业面积
  - 现有大型商店的状况
  - 交通机构和交通量
- 质的条件
  - 年龄、职业、家庭人数、家庭结构
  - 收入水平、消费水平
  - 产业结构(就业状况)
  - 城市计划、相关城市的联系
  - 竞争商店、竞争地区的分布
  - 城市设施、商店街的规模

(2)内因条件：

主体条件——
- 商店规模、形式
- 商品结构
- 吸引顾客的设施状况、停车场
- 销售、促销、组织活动的状况

(3)附加条件：主要指文化、公共设施状况。

3. 商圈相对饱和度评价指标

从企业竞争角度出发，对商圈内竞争状况分析必须考虑现有商店的数量、现有商店的规模分布、新店开张率、所有商店的优势与弱点、短期和长期变动以及饱和情况等因素。

任何一个商圈都可能会处于商店过少、过多和饱和的情况。商店过少的商圈内只有很少的商店提供满足商圈内消费者需求的特定产品与服务；商店过多的商圈，有太多的商店销售特定的产品与服务，以致每家商店都得不到相应的投资回报；一个饱和的商圈商店数目恰好满足商圈内人口对特定产品与服务的需要。

一般可以用相对饱和度指数(IRS)衡量一个商圈的饱和情况。饱和度指数反映一个商圈所能支持的商店数量，公式表现为：

$$\mathrm{IRS} = C \times RE / RF$$

式中：C 为商业圈内的潜在顾客数目；RE 为商圈内消费者人均零售支出；RF 为商圈内商店的营业面积。

假设在商圈内有 10 万个家庭，每周在食品中支出 25 元人民币，共有 15 个店铺在商圈内，共有 144000 平方米销售面积。则该商圈的饱和指数为

$$\mathrm{IRS} = 100000 \times 25 / 144000 = 17.36$$

这一数字越大，则意味着该商圈的饱和度越低；该数字越小，则意味着该商圈的饱和度越高。作为经营企业，在不同的商圈中，应对比选择零售饱和指数较高的商圈开店。

4. 商圈辐射能力分析方法

(1)利用哈夫模型进行的商圈结构分析。[①] 商圈的辐射能力由该商业集聚的魅力与距离阻力双重因素的制衡决定。到某商圈购物的距离阻力越大，消费者越踌躇不前；而商圈魅力越大，消费者前往购物的愿望就越强烈。

---

① 吴小丁：《哈夫模型与城市商圈结构分析法》，《财贸经济》2001 年第 3 期。

这一理论在经济学上可用哈夫模型模拟：

设某商业集聚区为 $j(j=1,2,\cdots,n)$：

A_j：j 商圈对消费者的魅力；R_{ij}：i 地消费者到 j 商圈购物的阻力（$i=1,2,\cdots,m$）；DP_{ij}：j 商圈对 i 地消费者的吸引力。

则：

j 商圈对消费者的实际吸引力与该商业集聚区的魅力成正比，与消费者从 i 地到 j 商圈的阻力成反比。用公式表示：

$$DP_{ij}=\frac{A_j}{R_{ij}} \qquad (j=1,2,\cdots,n)$$

i 地的消费者要在几个商业集聚中选择出一个，实现其购买活动，这就要通过对各商业集聚吸引力进行比较，给出一个概率。

设 i 地消费者选择商业集聚 j 的概率为 P_{ij}，用公式表示：

$$P_{ij}=\frac{DP_{ij}}{\sum_{j=1}^{n} DP_{ij}}=\frac{\frac{A_j}{R_{ij}}}{\sum_{j=1}^{n}\frac{A_j}{R_{ij}}} \qquad (j=1,2,\cdots,n)$$

基本含义：消费者选择商业集聚区 j 的概率 P_{ij} 等于商业集聚 j 对该消费者的吸引力除以可能选择的所有商业集聚吸引力之和，这就是著名的哈夫模型。

设 i 地的人口为 H_i，则 i 地选择在商业集聚地 j 购买的消费者数为 $H_i\times P_{ij}$，商业集聚地 j 能吸引的消费者总数 N_j 为：

$$N_j=\sum_{i=1}^{m} P_{ij}\times H_i \qquad (j=1,2,\cdots,n)$$

综合上述分析，在实际运用哈夫模型计算某商业集聚地能吸引消费者的具体数目时，关键在于要具体测定该商业集聚地的魅力 A_j 和去该商业集聚的阻力 R_{ij}，在这两个指标的具体测定过程中，由于卖场面积大，一般备货比较充分，消费者选择余地大，所以构成重要的集聚魅力；从 i 地到 j 地距离的远近则构成主要的阻力。如果给定商业集聚（商圈）的地点，为能实现从更远的地点吸引更多消费者的目标，一般就须使卖场的面积更大，虽说仅以卖场面积并不能完全代表商业集聚的魅力，却是商业集聚魅力的重要构成要素，建立商业集聚区的理由也基本源于此。

如果已知居住地的人口、商业设施的面积、从居住地到商业设施的距离，运用哈夫模型就能得出现从各居住地去各商业设施的出行概率，也能得出各商业设施的购买者人数，再乘上平均每人的购买额，就可得到各商业设施(或商业集聚地)的销售额。如果能预知几年后的各地人口、卖场面积及人均购买额变化,便能预测出若干年后的商业集聚地销售额。

(2)雷利法则。又称销售引力法则,由美国的雷利(W. J. Reilly)提出。他根据对美国都市商圈的调查得出结论:"具有零售中心地机能的两个都市,对位于其间的一个城市的零售交易吸引力,与两个都市的人口成正比,与两个都市离中间地城市的距离成反比。"之所以与人口成正比,是因为人口越多其零售服务机能越强;之所以与距离成反比,是因为距离越远消费者的购物成本越高。用公式表示,即为

$$\frac{B_a}{B_b}=\frac{P_a}{P_b}\times\left(\frac{D_b}{D_a}\right)^2$$

式中:B_a 为 A 都市从中间地 C 城市吸引来的销售额;B_b 为 B 都市从中间地 C 城市吸引来的销售额;P_a 为 A 都市人口;P_b 为 B 都市人口;D_a 为 A 都市与中间地 C 城市之间的距离;D_b 为 B 都市与中间地 C 城市之间的距离。

例如,若已知:A 市人口为 39 851 人;B 市人口为 37 366 人;A 市与中间地 C 市的距离是 27 公里;B 市与中间地 C 市的距离是 25 公里。

计算得到

$$\frac{B_a}{B_b}=\frac{39\ 851}{373\ 66}\times\left(\frac{25}{27}\right)^2=0.925$$

相对百分比为　0.925/1.925=0.48

说明 A 市从 C 市吸引的交易量为 48%,B 市吸引的交易量为 52%。在人口相差无几的条件下,距离对购买的影响起决定作用。

商圈分析理论还有康帕斯法则、阿普波夫法则等,它们都是涉及求两个都市商圈分界点的一种理论,一般根据不同都市的销售场地面积和两个都市之间的距离来界定两个都市之间的商圈分界点。

5. 商圈分析在商业规划中具有重要意义

商圈分析方法对商业企业的市场布局、定位、经营方式、营销策略的制定有重要指导意义,在商业规划中强化对现代商圈理论的分析与研究,可以对地区近中远期商业布局与未来发展做出较为科学、准确的分析与预测,通过控制用地指标而引导商业设施合理设立,从而实现地区商业的合理布局,防止重复建设、盲目建设带来的资源浪费,并尽可能缓解城市发展中日益严重的交通压力。

(二)商业中心区建设规划与实践

城市商业中心一般内含商业中心广场,是商圈的主核,周边汇聚了商圈中主要的商业设施,如购物中心、商业街(步行街)、专卖店、精品店等。商业广场除具备一般商业功能外,一般还是地区社会、文化活动的集中地,具有极强的人气汇聚力。设置商业中心广场,能充分体现一地的商业氛围,并成为展示地方商贸特色的重要窗口。商业中心的设置根据城市规模的大小及功能的差异,有中央商务区和中央商业区两种形式。

1. 中央商务区(CBD)

中央商务区简称 CBD(Central Business District),起源于 20 世纪 20 年代的美国,按照国际通行的标准,一般都是一个城市、地区乃至全国、全世界的经济中枢,它集中了城市地区最多的人流量、最发达的交通设施、最高水准的服务、最高的地价和租金等众多之最。可以说,一个城市如果拥有 CBD,也就拥有证明自己地位和实力的凭证。

大城市 CBD 一般应包含的设施:

——写字楼、办公楼

——海运、海关、保险

——国际大财团总部或地方总部

——银行、投资公司

——酒店、商业设施

——高档体育、文化艺术设施、娱乐中心

——少数商务住宅、公寓楼

世界最人 CBD 中心在美国纽约,即纽约洛克菲勒中心。纽约曼哈顿中心区的一组建筑群的总称,占地约 9 万平方米,主要建筑物于 1930 年前后陆续建成。主要建筑有 19 座大楼,其中有办公建筑、剧院、音乐厅、餐馆、地下商场、地下车库等,还有小型花园和下沉式广场。洛克菲勒中心是一个包括 19 幢大楼、占地 22 英亩的建筑群。全国电视节目播送基地、国际许多公司的总部也设在这儿。是一座集办公、商业及娱乐功能于一体的 24 小时城中之城。

2. 地区中心商业区(CRD)

CBD 一般只在一国少数几个国际性大都市才有可能设立,中小城市一般只能形成中心商业区,俗称 CRD(Central Retail District),又称中心零售区。对于小城市及乡镇一级则就是商业中心区。根据地区的大小,可以考虑建设市级商业中心、区域商业中心、居住区商业中心、中心镇商业中心及一般镇商业中心。

商业中心一般由一个中心广场及广场配套商业、服务业、若干家综合商场、大中型超市及周边的几条商业街为核心组成。

3.商业街(专业街、步行街)构造

怎样构筑现代城市商业街,西方发达国家的学者们提出了具有创新意义的"豪布斯卡"原则,"豪布斯卡"(HOPSCA)是"Hotel"、"Office"、"Parking"、"Shopping"、"Convention"、"Apartment"六个英文单词第一个字母组合的音译。"豪布斯卡"原则的核心观念是:城市商业街不仅仅是一个购物的场所,而必须是一个集购物、娱乐、餐饮、休闲、居住为一体的生活空间。

Hotel—酒店。即在商业街的周围要建立一些酒店,从而既增加了商业街的客流又可增加商业街顾客的滞留时间。随着现代城市中人们工作时间的缩短及收入水平的提高,非有形商品的消费会日益成为主流,作为满足人们休闲消费需求的酒店业是必有可少的。把酒店引入商业街的目的是适应消费潮流的变化,同时带动顾客的连续购买。

Office—办公楼。在商业街要适当地引进办公楼,来增加商业街白天的人口。出入办公楼的人员一般都具有较高的购买力,他们是中高档商品的目标顾客,同时,办公人员进出商业街,也会使客流量呈多元化,据估计,每天进出办公楼的总人数至少要超过办公楼内固有职员的一倍以上。

Parking—停车场。为吸引购物和旅游观光客,商业街必须有充足的泊车空间,这对商业街的繁荣至关重要,也是大多数国家的商业街在经历了由低谷走向繁荣而后得出的结论。商业街的周围还要具备完整的交通网络,为商业街带来大批客流,商业街只有具备了便利、快捷的交通,才能带来更大的繁荣。

Shopping—购物。这是商业街最基本的功能。按照传统的观念,商业街即是购物街,"豪布期卡"原则强调随着市场环境的变化,充分发挥购物街的功能必须改变旧有的"单兵作战"的营销形式,注重商业街的整体效应来增加营销的强度和力度,这样有利于产生连锁效应。同时,与商业街购物功能相呼应的是餐饮业,要利用餐饮业来延长顾客在商业街的滞留时间。

Convention—集会。这里泛指集聚客流的场所及娱乐设施。商业街增加这方面的设施,是为了适应消费潮流的变化。根据恩格定律,随着人们生活水平的提高,投放在消费支出中的休闲消费、娱乐消费的比重将会增加,娱乐设施是集中客流的最佳场所。

Apartment—公寓、住宅。商业街周边的公寓与住宅可随时为商业街增添人气，弥补非节假日的夜晚可能出现的冷清。

商业街具体建设过程中，还应注意美化街景，如设立街头小品、融入现代大都市时尚风格、保留传统历史文化古迹；注重功能的多样性、商品的可选择性，引入精品专卖店、快餐、小吃，设立街边休息区，尽可能延长消费者的逗留时间。

4.大型综合性购物中心(摩尔)的建设与发展

随着各地城市建设的发展，新的商业业态也不断涌现，其中大型综合购物中心(Shopping Mall)、百货商场、大卖场、大超市、仓储式市场等营业面积数万甚至数十万的大型商业设施日渐增多，大型商业设施一般内部商品众多，消费者选择余地大，其中不少业态场地宽敞、购物环境优越，充分迎合了中国消费者收入水平提高后，对融购物、休闲于一体现代化商业设施需求的现代消费理念。根据国际经验，在人均 GDP 达到 1000 美元时，大型超市将在零售市场中占据全面优势，中国目前正处在这一时期，由我国居民收入水平所决定的消费结构预示着国内大型超市将具有巨大的现实市场和发展潜力。中国零售业正好又迎来了全面开放，国外大型跨国连锁商业企业、商业资本趁机快速进入，正如我们前面已做的分析，虽说带来了先进的管理经验、营销理念，但也可能对国内中小流通企业形成巨大的压力，挤垮国内流通企业，冲击国内生产，导致国内产业安全危机。因此，了解并掌握一些大型商业设施的业态特点，通过网点规划引导其规范进入、合理设置，是政府商贸业管制的一项重要工作内容。

摩尔这种商业业态发端于 20 世纪 50 年代的美国，目前是国际最先进的商业模式，俗称“戴帽子的商业街”。20 世纪初诞生于美国，七八十年代起盛行欧美并渐传入日本、东南亚。据统计，目前在美国，大型购物中心(摩尔)的消费额占消费总额的 60% 多。国外标准化的大型摩尔一般选址较远，坐落在一个大型建筑物中，由一个管理机构组织、协调和规划，内含超市、大卖场、专卖店、小吃、快餐店、通透式回廊、绿化带、庭院、休闲座椅、喷水池等，营业面积一般至少在 2 万平方米以上，大摩尔更是在 10 万平方米以上。按照所处位置、辐射半径和建筑面积，购物中心分为社区购物中心(5 万平方米以内)、市区购物中心(10 万平方米以内)、城郊大型购物中心(10 万平方米以上)。

目前在国内建设发展摩尔问题上，有两种不同意见，持反对意见的人认为，有资料表明，美国是在人均 GDP 达到 1 万美元以上，家庭汽车化和住宅郊区化基本形成,社会进入休闲时代,人们对购物和吃喝玩乐有了新的追求之后,摩尔才真正开始得到良性的快速发展。摩尔的主要服务对象是中产阶级,而我国现阶段人均 GDP 还只在 1000 美元,人均消费品支出只有美国的 1/40,就是最为发达的上海、北京、广州人均 GDP 也就 3000 美元左右,私家车的比例更是无法与美国相提并论。在这种情况下建设高档次摩尔只怕缺乏足够的客流和购买力支撑摩尔的日常运转。而赞成发展摩尔的人士则从两个方面认为,一是虽然我国的经济发展水平远比美国落后,但上海、北京等城市的人均收入已接近于菲律宾马尼拉、泰国曼谷等东南亚城市,而菲律宾、泰国、马来西亚、新加坡的摩尔发展得既多又好,且新的摩尔仍在不断建设中;二是我国居民的消费需求随着收入水平的提高已出现了新的变化和调整:消费者在购物时不仅追求方便性、多样性、注重个人品味的需求,同时更注重整体购买经历的愉悦,而且工作压力增大也需要增加适当的休闲和娱乐。所有这些变化都在导致需求多样化程度的提高,满足多重需要,一次购足和一站式娱乐休闲的消费习惯因此应运而生,最终必然促进摩尔的发展。

笔者以为,摩尔在中国的发展是一种趋势,适应中国国情,根据地区经济发展与收入水平的不同,目前主要适宜在大城市或经济发达地区的中小城市的中心商业区设置面积不宜太大的中小型摩尔或摩尔式精品综合商厦,加快发展社区型一站式购物中心建设,待条件成熟再逐步推进,切不可不顾地区经济发展和现有商贸设施的实际情况,好大喜功,盲目攀比,一哄而上。

三、社区(居住区)商业建设与发展规划

(一)社区商业的基本特点

社区商业一般位于社区内或在社区周边附近,主要服务于社会性区内或社区附近居民。社区住宅是人们生活的主要聚集地,随之与此相配套的社区商业便应运而生。其经营业态和业种有以满足社区顾客需求的社区购物中心、超市、便利店、菜市场、大众文化餐饮网点、物资回收网点、生活服务业网点、文化娱乐、沐浴、美容美发、快餐店等。

社区商业的发展具有与一般商业发展不同的特点:

第一,社区商业主要服务于周边居民日常生活,业态形式应呈现多元

化、生活化要求。随着社区建设的发展,现代社区商业建设发展需融合各种新型业态、各种服务功能。

第二,社区商业业态发展需充分考虑周边居民生活质量要求,具有独特性。居住楼底层开设餐饮、娱乐这类的底商会影响到楼上住户的生活质量,如果微观商业地产开发在定位规划方面不引起重视,底商与居住的矛盾将越来越明显。

第三,社区(居住区)商业建设,通常依靠各方面的力量,吸引多元资本。

第四,由于各个社区居住者收入与生活质量情况各不相同,各个社区商业的发展应根据不同的居住规模、人口构成、收入水平、消费习惯等方面进行确定,不能一概而论按一个模式搞一刀切。

社区商业的地段位置虽及不上中心商业区,但其作用意义巨大,应引起充分的重视,认真规划,合理设置。一个成熟区的商业业态和业种通常包括生活、服务、休闲和维修四大类,根据经验,社区商业业态可参照以下结构布局(图 6-2):

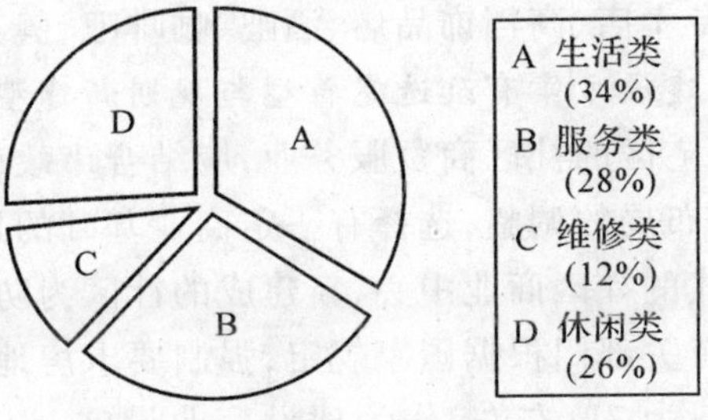

图 6-1　社区商业业种分布示意图

- 服务类:洗衣、理发、中介(房产、家政)、自助银行等。
- 维修类:家电维修、眼镜钟表、门锁等。
- 休闲类:茶吧、酒吧、足浴、美容美发、宠物店、音像制品、棋牌室、网吧等。
- 生活类:超市、便利店、饼屋、文具用品、布艺店等。

(二)社区商业的基本业态模式

1.社区商业按照建设的空间形态可分为沿街式、组团式、多点式和会所式等几种

(1)沿街式社区商业。这类商业主要依赖马路两边沿街商业网点、满足周边主要居住区日常生活需求。沿街式社区商业一般较多见于建成时间较

长的老式居民小区，一般由开发商出售(出租)底层为商铺，商业分布较为分散，业态分类不清晰，且变换频繁。

(2)组团式社区商业。这类商业一般处于成批居住楼包围之中，由1～2个一定规模的单体商业设施为核心组团相接而成。组团式社区商业一般建于封闭型社区内，是一类主要面向社区居民集中建设的小型商业聚集区，目前上规模的社区商业较多地围绕社区商业广场为中心展开，其典型经营方式就是苏州工业园区的邻里中心式商业单体建筑。①

(3)多点式社区商业。多点式社区商业网点相嵌分散布局在各个居住群之中，与沿街式社区商业一样，多点式社区商业也是一种较为传统的社区商业布局，一般较为零散，且多是小型商业，适用于小型及中低收入的大众社区。

(4)会所式或创业式社区商业。此类社区商业主要面向收入水平较高的高档社区，除满足高科技创业者生活需求服务外，还兼有商务交往、社会活动等功能，社区型商业会所业态设置上应融购物、餐饮、娱乐、休闲于一体，内设品牌服装专卖店、高档饰品店、酒吧、咖啡吧、健身娱乐等设施。

2.社区商业按建设方案有改造完善型与规划新建型两种

对现已建成住宅区的社区商贸服务业，应结合市政市容的建设、违章搭建的拆除和商业街布局的调整，选择有一定商业基础的地区，通过改造和业态调整，形成沿街式的社区商业中心，新建成的社区为防止房地产商预留面积不足，应由政府有关部门根据国家规定，强制要求房地产开发商预留下一定的建设面积(一般为7%左右)作为建设商业设施，为防止沿街商业设施档次提升困难的弊病，发展点式社区商贸服务业。

(三)社区商业发展中存在的问题与政策研究

随着消费需求和消费结构的变化，居民对社区商业的需求不断增加，经营服务内容也将更加丰富。目前国内大部分城市社区商业发展缺乏科学合理的规划，目前较多地任由开发商建设，网点布局不合理，或是嘈杂的餐饮、娱乐设施与居住区混建；有些社区商业服务功能单一，一些地产开发商看中的是商业地产的高利润，在政府要求的社区配套商业项目建成后，在一个很高的价位下把项目卖掉或租掉，满足自己快速回笼资金的愿望。高售价或

---

① 邻里中心：苏州工业园区在园区内居民点建设的一种新加坡模式的集购物、餐饮、休闲、娱乐、文化、健身等多种功能于一体的现代社区休闲商贸设施。

高租金下，一些社区商业经营商品的价格势必被抬高，不是老百姓日常生活所需要的，综合配套也就难以做到。这种做法的另一不良后果就是造成产权的分割行使，使得整个社区的商业难以形成统一的规划和必要的协调，散、乱、杂的情况难以根治，也就难以形成“人气、地气、商气”的互动。整个社区的居住环境、商业项目的前景也就难以乐观，不能满足居民基本生活和提高生活质量的需求。

除上述社区商业开发建设中已经或正在出现的问题之外，还有不少新建居民小区，居民已大量入住而配套商业却未能及时跟上，严重影响了居民日常生活，也加大了城市交通压力。加快发展社区商业，是满足居民消费，改变城市面貌，扩大劳动就业，提升城市商业现代化和综合竞争力的迫切要求，也是构建社会主义和谐社会和全面建设小康社会的迫切要求。

为了推进社区商业的发展，商务部于2005年发布《关于加快我国社区商业发展的指导意见》。提出争取在3～5年内，在全国人口过百万的166个城市中，初步完成社区商业建设和改造工作，形成满足基本生活消费需求的社区服务网络，基本实现社区居民购物、餐饮、维修、美容美发、洗衣、家庭服务和再生资源回收等基本生活需求在社区内就能得到满足。在消费水平较高的社区，要在满足基本生活需求的基础上，形成商业布局较合理、服务功能较齐备、服务质量和管理水平较高的社区商业综合服务体系。为防止开发商建设中的非理性化建设动机，保证社区商业规范、有序地推进，政府有关职能部门应重视做好以下工作：

第一，制定好社区商业发展规划。政府职能部门应该在城市商业网点规划中对社区商业的规模、结构、布局做出相应的规定，或是制定社区商业网点专项规划。完善两类社区配套商业服务设施：一类是满足现阶段居民日常生活需求的基础性配套，政府部门的职责是强制性监督开发商完成；另一类满足居民多元化多层次的物质和消费需求的发展型配套，政府部门的职责是指导投资者投资与建设。同时还要注重发挥和利用现有商业服务网点的辐射作用，大力健全网点设施；已预留服务网点的新建社区，要针对社区居民需求变化，合理配置网点，扩大服务范围，以完善网点和提升服务水平为主；尚未开发的社区，要加强总体规划，以集中建设团组式社区商业中心和合理配置多点式便利型商业网点为主。

第二，鼓励社区商业走连锁发展道路。政府职能部门要采取切实可行措施，通过资金、网点等一系列支持政策，积极引导企业运用连锁经营方式，到城市社区设立超市、便利店、标准化菜店、餐饮店、洗衣店等各类便民、利民的网点，满足社区居民多样化、个性化的消费需求。鼓励企业采取收购、兼并、特许加盟等多种形式整合分散的社区商业资源，规范社区内的小型门店，实现资源共享，综合利用。

第三，引导社区商业发展"以人为本"，走便民化发展道路。社区商业是面向居住区、直接面对居民的区域性商业网点，它的业态结构和经营服务模式应该要更适应社区的人文特点，凸现便民利民的服务特色、体现以人为本的经营理念是对社区商业发展的基本要求。社区商业发展应充分考虑居住区居民的收入水平与消费层次，合理定位，商业业态和行业的设置，应该跟社区商业发展规划以及项目周边的商业现状相结合，既满足社区居民需求，又避免重复建设浪费，并做到新建的商业业态适度超前，满足绝大多数消费者的商业需要。

第四，利用现代技术手段，创新社区商业服务体系。社区商业面向基层消费者，与人民生活关系最为密切，其发展决不应是孤立的，而应与各类便民服务设施相结合，通过积极建设面向社区服务的信息服务平台，鼓励有条件的企业利用信息技术开展社区便民服务，建立客户需求信息系统，及时采集、分析、存储客户信息，为居民提供定向、快捷、周到的服务。通过发展网上交易、网上服务，补充现有网点的不足；鼓励有条件的企业大力提倡社区骨干企业开展送货上门、送餐上门、修理上门的"三上门"服务，延伸服务功能，提高服务水平。

四、专业市场的规划、建设与改造

(一)专业市场的性质、类型

"专业市场"这一商业业态集中出现于20世纪80年代的沿海经济开放地区，尤其是江浙一带。在现实经济生活中，"专业市场"这一概念的使用较为混乱，国家也未能在业态分类术语中加以明确规范。《新帕尔格雷夫经济学大辞典》引用了英国皇家营销权利和税收委员会《最终报告》(1891)中的集贸市场的定义，即"得到当局批准的、商品买家和卖家在某个特定时间相聚、或多或少受到严格限制或规定的公共场所。"① 并通过九个方面描述其

① 约翰·伊特韦尔等编：《新帕尔格雷夫经济学大辞典》，经济科学出版社1996年版，第357页。

特点,以区别于期货市场、大商场、拍卖市场和超级市场等市场制度:①商品或货物必须是现货;②相对于买家而言,卖家人数众多;③市场是定期开放或关闭的;④市场开放通常依据当地公认的“集市日”而定;⑤市场不仅提供商品,同时也提供服务;⑥一般不包括拍卖场之类的项目,当然也不绝对排除以拍卖方式进行的交易;⑦集贸市场是“个公共场所”,买者和旁观者可以自由进入;⑧卖者通常以货物税金或摊位租金的方式纳税;⑨尽管对市场的解释通常偏重于“场地”,然而事实上是不同参与者的活动规定了市场的范围。

专业市场是集贸市场发展到一定阶段的产物,是集贸市场向专业化方向发展的结果。学术界主要从三个角度对专业市场进行分类:

从上市商品的来源角度,把专业市场划分为集散性专业市场、产地型专业市场、销地型专业市场和混合型专业市场。

从服务对象角度,可以把专业市场划分为农村专业市场和城市专业市场。

从交易时间角度,可以把专业市场划分为全日制专业市场和间歇性专业市场。

专业市场以其品种多、价格低廉、规模化经营等独特的优势,自20世纪80年代以来在沿海经济发达地区快速发展起来,借助于专业市场共享空间的营销网络,实现了本地产品的低成本扩张。然而,90年代中后期以来,传统专业市场所服务着的人口、产品、企业及其竞争对手发生了巨大的变化,从生产与消费两方面对专业市场流通路径造成了巨大的压力:专业市场主要辐射农村,面向中低收入阶层,随着我国中低收入人口绝对数量的减少,与现代新型流通业态相比,在占领发达地区市场尤其是城镇市场方面不利,而企业产品若不能进入超市,一般就很难得到发展;专业市场特有的交易方式与经营主体,使先进的交易方式难以推广,操作起来困难。专业市场是以独立、分散的经营户为市场主体,资金薄弱、经营户分散且素质不高,系统管理困难,在推行电子商务、网上交易、即时补货、标准化管理、规范税制等方面难度均很大;大多数专业市场购物环境拥挤、混乱,影响购物欲望。许多专业市场,尤其是一些建成时间长、规模较小的市场,其市场总体建筑陈旧、破败,商品摆放、布局杂乱无章,拥挤不堪,许多商品甚至露天堆放,包装外形缺乏美感,在这种购物环境下,加大了顾客对场内交易的产品品种质量的不良反应;加之专业市场经营户总体素质不高,缺乏必要的流通经济学、管理学常识;超市、连锁店、仓储式商场以及总经销、总代理等各种现代销售组织形式不断发展，迎合了消费者收入水平提高后价格偏好趋弱、品牌偏好趋强的倾向，这就使主要适合于低收入、低消费水平的，只重价格，忽视质量、服务、购物环境的专业批发市场，尤其是那些缺乏特色产业支撑，进入门槛较低的市场份额缩减的可能性大增；尤其是近年来随着中国产业结构转换步伐的加快，势必对与传统劳动密集型产业高度融合的专业批发市场带来严重的影响，传统小商品市场的运作方式已经不能很好地适合产品结构、档次提升的需要。上述困境使各地专业市场发展思路需要重新调整。

(二)政府促动专业市场再创新

1.专业市场在新形势下的固有优势

传统的专业市场因向中小企业提供低成本共享空间的营销网络而得以发展壮大，尽管国际、国内经济环境的变化使其这一传统功能逐步弱化，专业市场地位下降的趋势不可避免，但与其他流通业态相比，专业市场在以下几方面仍然具有固有竞争优势：

一是多年的发展形成的网络优势。经过多年的经营运作，各专业市场已经形成了自己一定的营销网络，在全国许多地方乃至在国外办有自己的分市场，像温州、义乌等地的专业市场不仅在国内、东南亚地区而且在世界也已享有较高的知名度。这是一笔巨大的先期积累下来的隐形财富，也是现今众多流通方式所望尘莫及的，专业市场一方面可以借此为没有能力或不想分心建立自己销售网的企业提供有效的营销服务，另一方面，专业市场的销售网在营销使用过程中势必会与其他流通业态的销售网形成交叉与联合，受网络放大效应的影响，众多网络之外的大企业也会被吸引进来，专业市场自身的网络实力也将因此而得到进一步的提升。

二是特定的服务对象优势。由于存在资金壁垒，在一个相当长的时期内，仍有大量中小企业生产的产品仍无法进入超市、商场等现代商贸组织的通道，而其自身又没有能力建立独立销售网络，或加盟其他销售网，传统专业市场网络仍是中小企业主要的销售渠道。

三是区域特色产品优势。专业市场大多以当地特色产品为依托，是特色产品的大型集散中心，就同类产品的品种、数量而言，一般批发商业是难以与之相比的，具有鲜明特色产品的市场仍有很大的潜在生命力。

四是价格优势。专业市场的产品大多来自本地个体、私营企业，生产产品档次不高，但其低廉的价格，在中国地区经济发展极不平衡的情况下，却能满足国内收入水平相对较低地区的消费需求，专业市场将在一个较长时期内会继续存在并发挥作用。

五是嫁接现代流通方式优势。专业市场嫁接现代流通方式有良好的基础与条件。专业市场通过积极向现代商贸集团的改造,可以凭借其较为完善的组织管理功能,推进“市场再造”,发挥其传统的低成本优势,通过统一配送原料、统一注册品牌,帮助企业引进、开发新产品,打入超市、商场等其他流通业态,嫁接现代流通方式。

另外,从消费者角度看,中国幅员辽阔,具有明显的区域经济发展的层级差异,而且目前中国的城市化总体水平还比较低,农村人口众多且分布较为分散,城乡低收入阶层将长期存在且人数众多,凭借共享空间的营销网络实现低成本扩张的专业批发市场在一个较长时期内将会继续存在并发挥作用。

2.政府促动专业市场改造与创新思路

(1)观念上的彻底变革。在大力推进体制改革的基础上,传统专业市场的主办者应变“市场管理者”为“特色商品组织与管理者”,从各方面服务市场经营户,开拓产品销路。

(2)建设市场为主体的大企业集团。专业市场在其形成的几十年里,主要是以出售摊位的方式为中小企业提供一个共享式营销网络的窗口,其初始定位功能亦在于此。然而,外来环境的变化使专业批发市场的这一基本功能正在不断弱化,专业批发市场所服务着的中小企业在主要靠技术、资本和规模为主的经济全球化竞争中面临着日益严峻的挑战。在参与国际竞争过程中,国内中小企业要求以联合形式组成小企业集群,发展壮大成大集团或者以中小企业集群方式组合成大集团。

(3)扶持经营企业延伸和创新市场功能,强化产品开发与生产服务。引导市场内经营企业分散生产,统一品牌,统一标准,充分发挥营销网络优势,创立自己的品牌,稳住和扩大国际、国内市场占有率,积极加入跨国公司分工体系,创造条件使本企业生产的小商品进入国际超市系统,使专业市场成为国际采购中心。政府引导专业市场的发展应从这一客观需要出发组织生产、满足消费。

(4)引导专业市场嫁接现代流通方式。现代流通方式,从形式上看,包括商业中的电子商务、网站交易、现代物流、跨地区连锁经营、集中配送,现代物流等。嫁接现代流通方式,应鼓励通过下属会展公司的运作,积极筹划举办全国及区域性综合与专业博览会;大力强化信息中心功能,启动电子商务平台,将无形市场与有形市场有效结合。从流通理念上看,则还包括流通业者观念的转变与组织结构的重组。在专业批发市场功能拓展,并积极向现代流通方式转变这一问题上,浙江的一些著名的专业批发市场如义乌小商品市场、台州路桥中国日用品商城已经领先一步,通过信息化改造与集团化经营,迈出了扎实的改革步伐,拓展了专业市场的传统功能。

(5)调整与改造相结合,硬件建设与软件培育相配套。随着城市化的推进,在一些经济发达地区由于传统专业市场占据了城市中心商业区,其建筑结构老化、交通环境拥堵杂乱、东西堆放无序等损害城市形象,影响市场进一步发展的问题暴露得越来越严重,许多专业市场面临着外迁、改造、提升的迫切要求。政府应从城市规划发展、产业布局调整等角度出发,规划安置好新的市场区,使其能健康发挥作用。

附:商业网点规划中部分基本指标的解释

居住面积密度(Density of Living Floor Area)

在中国,指居住单元内居室面积总和与居住区、居住小区或住宅组团内土地总面积之百分比。

居住建筑面积密度(Density of Residential Floor Area)

在中国,指居住区、居住小区或住宅组团,居住建筑的总建筑面积与土地总面积之百分比。

居住人口密度(Density of Registered Inhabitants)

在中国,指居住区、居住小区或住宅组团中,单位面积内持有正式户口的居住人口数。

人口密度(Population Density)

人口数字与所在地区面积之比。

人口分布(Population Distribution)

指根据统计得出的某一区域、地区或国家内居民的分布状况。

人口机械增长(Population Growth From Migration)

在中国,指城市中人口除自然增长外,因其他原因的增长,例如因人口迁移或工作调动,而将户口从一地迁至另一地所造成的人口增长。

居住密度(Residential Density)

居住区内的人口数或住房套数与居住区面积之比,分毛密度与净密度两种。毛密度指单位面积上的人口数或住户房套数与居住区总面积(包括住房用地及公共服务设施,道路和人行道)。而净密度则仅按住房用地计算。在中国,居住密度有三个主要指标:①居住人口密度;②居住建筑面积密度;③居住面积密度。

高层高密度(High-Rise /high Density)

在一块土地上建造多栋高层建筑,而其间或四周只余较小空间或小块空地,该块土地上的居住密度因而很高。这种做法常在可建造用地比较紧张的城市中采用,例如香港。

高层低密度(High-rise /low Density)

住房建设的一种方法,即建造一栋或数栋供多户居住的高层公寓楼,而将建设用地的大部分留作空地或绿地。

建筑面积比(Floor-area Ratio)

在美国,指控制建筑物体积的指标,即将允许的总建筑面积以用地面积的倍数表示。例如,在1.5平方英尺的土地上,如建筑面积比为2,即表示其上所建的总建筑面积不得超过3万平方英尺。在英国其相应指标称“容积率”和“建筑面积指标”。

居住建筑面积(Residential Floor Area)

在中国,指居住建筑的全部建筑面积,即各层外墙内的全部楼面积,包括各居住单元的居住面积、辅助面积、公共面积和结构所占的面积。

建筑高度(Building Height)

建筑物垂直方向的大小,以层数或尺寸(英尺或米)计。市区的建筑高度一般有规定,根据住宅建筑设计规范,一至三层为低层,四至六层为多层,七至九层为中高层,十至三十层为高层。

建筑红线(Building Line)

按地方建筑规范的规定,建筑物外立面所不能超出的界线。

第七章

商贸流通产业安全监测预警系统的构建

一、商贸流通产业安全与国家经济安全

(一)国家安全、经济安全与产业安全

国家经济安全泛指国家的根本经济利益不受伤害,具体涵盖了一国经济以下四方面内容:①经济在整体上基础稳定、健康运行、稳健增长、持续发展;②在国际经济生活中具有一定的自主性、自卫力和竞争力;③不至于因为某些问题的演化而使整个经济受到过大打击和(或)损失过多的国民经济利益;④能够避免或化解可能发生的局部性或全局性的经济危机。一般认为,国家经济领域的安全,主要指一国经济系统各重要子领域的安全,主要有战略资源安全、财政金融安全、生态环境安全、产业安全等。①

战略资源安全,主要指一国拥有对本国的各种战略资源(包括自然资源如耕地、粮食、石油、水资源、高级人才等)的主权(或实际占有、潜在占有)的数量和质量,能够保障该国经济当前的需要、参与国际竞争的需要及维持可持续发展的需要。财政金融安全,主要指一国财政收支基本平衡及金融领域能够通过各种手段抵御和消除来自内部或外部的各种威胁和侵害。生态环境安全,基本指的是在一定的破坏和污染下,一国的生态系统仍保持着基本的功能,能使经济可持续发展。而产业安全则有广义与狭义之分,广义上说,产业安全涵盖了战略资源安全、财政金融安全、生态环境安全的全部内容,是一个更宽泛的术语;而狭义的产业安全则一般指关系国计民生重要的国家关键部门,传统是指制造业,如新材料、机床、微电子器件等基础制造业的安全,重大装备、通讯设备等关键设备制造业的安全,汽车制造等高关联

① 雷家骕等著:《国家经济安全导论》,陕西人民出版社2000年版。

性制造业的安全等。产业安全概指在国际经济交往与竞争中，本国资本对关系国计民生的重要经济部门（产业）的控制……从根本上说，一个国家维护产业安全的能力最终取决于该国对本国国民经济重要产业的控制能力及该产业本身抵御外部威胁的能力（即产业竞争力）。[①] 产业安全的内涵兼有安全与发展两方面的内容，在产业安全的外部经济环境中，一国或地区能面对国内外威胁，充分利用各种有效手段，捍卫国家利益，保障国家的经济稳定、发展和繁荣，使重大经济利益免受损失，使经济发展战略和步骤不被打乱，并在国际竞争中处于有利地位。[②]

（二）产业安全度的主要评价指标

1.产业对外依存度

$$产业对外依存度=\frac{(产业对外销售额+对外服务额+进口额)}{该产业的总增加值}$$

如果由此测算出来的某产业对外依存度高于50%，一般就可判断该产业为高对外依存度产业，一旦出现贸易摩擦，该产业的安全度就会大大下降。但这一指标并不适合以提供服务为主要方式的流通产业安全度分析。

2.产业对外贸易的国别集中度

某产业对外贸易的国别集中度指标越低，意味着与该产业进行国际贸易的国家越分散，相应的产业安全度就越高。反之则产业安全度越低。虽说用这一指标来衡量流通产业也并不完全合适，但我们从中意识到，如果本国流通产业为一国或极少数几个国家所控制，则产业安全性就会比许多国家控制本国流通产业的危险程度高。

3.外资市场控制率

$$外资市场控制率=\frac{外资企业控制市场份额}{国内产业总的市场份额}$$

外资市场控制率指标越高，产业安全受影响的程度越大。我国流通产业外资市场的控制率目前在竞争最为激烈、各类零售业态中所占销售份额最大的大卖场高端市场中已经在50%以上，外资市场占绝对优势。

4.外资股权控制率

$$外资股权控制率=\frac{外资股权控制企业的增加值}{国内产业总增加值}$$

---

① 杨公朴、夏大慰主编：《产业经济学教程》，上海财经大学出版社2002年版，第305页。

② 中国现代国际关系研究院经济安全研究中心：《国家经济安全》，时事出版社2005年版，第143页。

外资股权控制率指标越高,产业发展安全受影响的程度就越大。一般认为,单个企业外资股权份额超过 20% 即可达到对企业的相对控制,达到 50% 即可达到对企业的绝对控制。除上述指标外,还可以用外资技术控制率、外资经营决策控制率、某个重要企业受外资控制情况、受控制企业的外资国别集中度等指标来衡量。①

(三)流通产业安全是国家经济安全的重要保障

在世界产业结构的升级演进过程中,流通产业以其高就业率、对经济发展的高贡献率,以及与其他产业之间的高关联性等突出特性,基础性产业的特性日益显现,受到了越来越多的关注,成为经济发展的重要拉动力量。中国加入 WTO 以后,在全球经济格局中最具优势的是巨大的市场资源,而流通产业主宰着市场,一旦跨国流通巨头控制了中国流通业,就意味着中国将失去对本国市场的控制力,本土流通企业、生产企业都将面临巨大的潜在生存威胁,而这绝非是简单的市场份额和企业利润之争,而是一场关系到国家主权与发展的看不见硝烟的经济战争,如果中国企业在流通业失守,中国的经济命脉有可能被外国巨头掌控,中国的经济安全隐患将会增加,一定程度上丧失经济主权,出现"拉美化"倾向就绝不是危言耸听了。

流通产业连接生产者和消费者,实现商品的转移与价值的增值,没有流通或流通不畅,产品交换困难,商品就只能滞留在流通某一环节,作为积压或库存品存在,其价值和使用价值就无法实现,这时,社会生产活动其实并没有在真正意义上完成;反过来,生产困难的直接后果就是表现为价值难以实现,直接妨碍劳动力价值的实现和补偿,导致社会劳动力需要量下降,失业人口增加,购买力下降,市场疲软,这就形成了恶性循环。由于现代流通业具有控制市场、决定生产、影响金融的强大渗透力,直接影响到国家的经济安全。因此,必须从维护国家经济安全的战略高度重视发展我国现代流通业。

外资进入中国流通产业,一方面是在中国的采购为中国制造业尤其是中小制造商带来了发展的机遇,但同时,如果中国本土制造商缺乏自主创新与发展意识,最终则会产生一系列不良后果:外资企业拥有的巨额订单和大规模商品采购能力,可能对中国整个生产、流通产业链实施纵深控制,乃至"掌管"起中国的产业结构;外商所给出的批量和价格"订单",操纵了国内众

① 杨公朴等编:《产业经济学》,复旦大学出版社 2005 年版,第 482—483 页。

多制造商的销路和生死。如果我们放任外资企业占据我国流通产业的主导地位,本土生产企业生产发展的主动性将被迫掌握在他人手中,而只能沦为为国外流通企业生产贴牌产品的加工车间。失去了主权商业,也就极有可能失去主权工业,而一个没有主权工商业的国家,也就不可能有主权经济。世界最大的跨国连锁企业沃尔玛40%的连锁商店开在南美国家,南美的巴西、阿根廷等国的商业流通业基本上由欧美国家的大零售企业所控制,其国内的生产企业主要就是为这些跨国大流通企业贴牌加工生产,成为其附庸。过度的依附必然使本国的产业结构系统失去安全保障而时刻面临安全危机,经济上的安全隐患必然影响到国家在政治上的独立自主。

目前,跨国流通企业进入中国的惯招是先采取各种办法(包括收购、收买地方官员等)取得进入通行证;然后出高薪招聘现有国内流通领域的骨干,从管理组织结构上实现经营本土化;接下来就是重金购买城市黄金地块作为商址,取得经营场所;再通过炒作效应,使中国制造商成为其商品的供货商。这一套程序完成后,外资实际上就控制了中国的流通市场、专业人才、企业品牌、供货渠道,乃至国内、国际市场通道,上述这些是流通产业的命脉,如其失去,中国制造商就会被牢牢地控制在供货网络之内,企业的生死完全被外商控制,这是外国资本输出发展的最终结果,接下来如其干涉受控制国的主权也就不足为怪了。

开放的经济环境中,一国维护本国产业系统安全的根本途径是提升本国产业国际竞争力,这是最终之策,当然的此过程中,可在国际规则允许的范围内,发挥政策的引导及管制作用。

二、商贸流通产业竞争力与产业安全度评价指标分析

(一)产业竞争力理论

古典贸易理论从“比较优势论”和“要素禀赋论”两大观点出发,认为产业竞争力的强弱主要取决于一个国家或地区生产要素——劳动力、资本和自然资源禀赋的相对优势,劳动力、资本和自然资源禀赋方面具有优势的国家或地区比其他国家或地区具有更大的竞争力。20世纪80年代美国哈佛大学的迈克尔·波特(M. Porter)教授在《竞争优势》一书中则系统提出了有关产业竞争力的“钻石理论”,波特认为,“产业结构强烈地影响着竞争规律的确立以及相适应的公司战略的形成。相对而言,产业外部的势力是相当

基本的,因为外部力量通常影响着产业内部的企业。"因此,在企业竞争战略形成过程中,应该对"产业进行总体分析、预测产业未来的变化、理解竞争对手以及自身地位,并根据具体业务类型将这种分析转化为一种竞争的战略"。[①] 波特通过考察研究 10 个国家特定产业发展和参与国际竞争的历史,认为一国的特定产业是否具有国际竞争力主要取决于生产要素,需求状况,相关产业,企业战略、结构与竞争环境、机遇以及政府行为等六个因素,这六个因素的相互影响与共同作用,就构成了其有关产业竞争力的著名的"钻石模型"。以美国经济学家克鲁格曼(P. Krugman)为代表的"新贸易理论"则认为,规模经济效益和产品多样化结合在一起,可以形成新的竞争优势,进而使不同国家间的产业内贸易或发达国家工业产品的双向贸易日益扩大。对于企业而言,在市场不完善和垄断竞争条件下,规模化生产和技术变化会使成本趋于下降。

近年来,许多国内外学者发展了波特的"钻石模型"理论,在产业竞争优势的影响因素中加入了产业国际竞争力的因素,组成了产业竞争力新的要素说。上述要素是一国产业保持竞争优势的关键之所在,也是影响一国产业安全的重要指标。其中,生产要素条件、需求条件、相关或支持性产业状况决定了该国产业的竞争优势和产业安全。

——生产要素条件是为产业生存和发展提供生产要素支持,包括了人力资源、自然资源、知识资源、资本资源和基础设施等因素。一般可以用产业内劳动力素质、相关知识资源状况和供给产业的竞争力等指标来反映。

(1)劳动者素质。这一指标是指劳动者的技能、专业知识等。可以用产业内技术人员的比重来表示。

(2)相关知识资源状况。它反映了相关科学技术对产业生存和支持状况,可以根据产业内的企业研发或技术投入占总成本的比重来衡量。

(3)供给产业的竞争力。这一指标反映供给商为产业内企业提供产品的能力。如果供给产业竞争力强,则可以为产业内企业提供稳定的产品供给,增强该产业的竞争力,可以用供给产业的贸易专业化指数、出口绩效相对指数等来衡量。

——市场容量(或称需求条件)一般可以用需求量及其增长率来反映,具体到商贸流通产业,可以用社会零售商品总额及其增长率来表示。如果一国需求量较大,就可以刺激零售企业加大投资,促进发展,增强该国企业

① [美]迈克尔·波特:《竞争战略》,中国财政经济出版社 1989 年版,第 9 页。

的生存能力。

——由于与商贸流通业关系最密切的产业莫过于制造业，因此，还可以考虑选择制造业作为零售业的相关产业或支持性产业，用制造业的规模、资产负债率、利润率等指标来表示其竞争力。

竞争力问题的研究目前在国内非常热门，各界人士对此问题研究的角度和层次从“产品竞争力”到“企业竞争力”、从“产业(行业)竞争力”到“国家竞争力”，从“区域(国内)竞争力”到“国际竞争力”，几乎涵盖了可以涉及的每个方面。但有一些重要产业(行业)的竞争力却被忽视了，例如流通产业的国际竞争力和区域竞争力问题。尽管流通产业在很多省市已成为国民经济的重要支柱，在 GDP 中占有较高的比重(2003 年全国平均水平为 9.76%)，但由于传统“重生产、轻流通”、“生产决定流通”的观念根深蒂固，流通产业安全性问题一直以来未能引起人们足够的重视。当前世界经济全球化和一体化趋势加剧，特别是在加入 WTO 后，我国在流通产业领域对外资的限制逐步全面放开，大型跨国流通集团纷纷进入全国各区域市场，国内流通产业正面临着强大的竞争压力，认识和了解各区域流通产业的竞争力状况和实力以及如何增强竞争实力显得日益迫切和重要。

综合上述理论研究的成果，产业竞争力作为一国产业安全度的重要评价指标，可从产业内部企业的规模、现有企业抵御外来入侵的能力、产业现代化、信息化程度，以及产业内现有企业盈利情况等多项指标反映出来。

长期以来，中国商贸流通产业竞争力情况不容乐观：

首先是流通领域中的各类企业规模小，集约化程度低。以销售额指标为例，2003 年中国批发零售业前 100 家企业的销售额仅为 4129.8 亿元，规模最大的前 10 家流通企业完成的社会消费品零售总额 CR_{10} 仅占总量的 9%，而同期世界最大的零售商美国沃尔玛公司一家的年销售额即为 2630 亿美元，占美国当年全社会消费品零售总额的比重达 7.6%；我国新组建的目前国内最大的流通企业上海百联集团，2003 年完成的 921 亿元销售额仅相当于沃尔玛公司当年销售额的 4.2%。

其次是流通企业信息化、现代化水平低。据有关部门对国内一些流通企业的调查，目前中国仅有 6.84% 的企业基本实现了电子商务，流通企业信息化投资占总资产的比例平均不到 2%，与国外大企业 8%～10% 的平均水平差距较大。

再次是管理水平较低，主要经济指标与跨国商业企业相比差距很大：2003 年我国企业 500 强中的商业企业流动资金平均周转速度仅为每年 2.4

次,而发达国家商业企业资金周转率最高的每年达到20多次。

最后从利润指标分析考察,2003年中国企业500强中的商业企业利润率平均为1.06%,而沃尔玛公司2002年的利润率就达到3%。

据统计,2004年前30家连锁企业中,外商投资企业共有8家,其中家乐福在中国的所有连锁企业总计排名第5、苏果超市有限公司排名第7、好又多管理咨询服务(上海)有限公司排名13、中国百胜餐饮集团排名14、华润万家有限公司排名15、沃尔玛(中国)投资有限公司排名20、易初莲花(中国)连锁超市有限公司排名21、锦江麦德龙现购自运有限公司排名23,这8家企业合计销售额达到864亿元,比上年增长34.6%,占30家连锁企业销售总额的22.5%;店铺数为3478家,增长21.2%,占30家店铺总数的25.2%。此外,未列入前30家的百安居、欧尚集团2004年销售额增幅都超过60%,发展势头迅猛。

(二)商贸流通产业安全度评价指标体系

1.产业竞争度指标

产业竞争度反映的是现状市场的基本结构,用以评价市场垄断力量的强弱。一般而言,对于一个开放的市场经济环境,高竞争度意味着高安全性。然而正如我们在前面第三章已经作过的分析,如果高竞争度市场中企业行为非理性化发展,致使高竞争度演化为过度竞争,则会内生出产业安全的威胁。

在一个开放的经济环境下,产业静态的竞争度可以用产业内企业的数量和大企业所占据的市场份额,即市场集中度指标衡量;就流通产业而言,还可以用到市场饱和度指标。市场集中度静态可表现为市场份额的分配,若由少数几家外来大企业所控制、瓜分,则竞争度低;产业动态的竞争度表现为进入壁垒的高低,它决定未来市场集中度的变化情况,所以它最终决定产业市场竞争程度。

由于商贸流通产业客观上的低经济性进入壁垒,从理论上说,竞争度应该是足够的;但由于目前内外资流通企业巨大的竞争实力差异,使未来本土流通企业的发展受到限制,而外资在我国的投资单体的规模一般普遍较大,这一方面能够提高我国商业零售业的市场集中度,但同时也伴随着因在位企业过大的规模带来过高的国内企业进入壁垒,从而降低市场竞争程度。因此,外资进入既有改变产业内部现有的市场结构,改善过度竞争的一面,也有因进入壁垒提高而降低市场竞争程度的一面。进入壁垒的高低虽然从理论上说可以用价格扭曲率衡量,但对于商贸流通产业而言,其多产品的特殊产业性决定了往往只能做出定性的判断。

2.产业控制力指标

产业控制力可分为内部控制力和外部控制力,内部控制和外部控制从不同的侧面反映了本国产业对国外资本的依赖程度。内部控制是指一国或地区对本国产业的调控能力,外部控制则是指外资在市场、技术、品牌和股权等方面对东道国产业的控制能力。如果该产业的内部控制力强大,该国产业就安全,反之,如果该国产业的外部控制力较强,说明本国产业对国外资本有较强的依赖,产业就越不安全。何维达、何昌用外资市场占有率、外资品牌拥有率、外资股权控制率、外资技术控制率、外资经营决策权控制率、某个重要企业受外资控制情况、受控制企业外资国别集中度等七个指标来衡量产业的控制力。[①] 考虑到商贸流通产业自身的特点,笔者认为用外资市场控制率和产业资本对外依存度两项指标反映零售业产业的控制力水平较为妥当。

(1)外资市场控制率指标。市场控制率指标反映我国国内市场被外资企业控制的程度,一般可用外资企业占据的市场份额占国内市场总规模之比来衡量。具体到商业流通领域,可用两大指标衡量:一是用外资企业完成的社会消费品零售总额占市场总份额的比例指标;二是用国内大零售企业中外资企业或外资控股企业的相对数指标。上述指标两者或其中之一超过了一定的界限,均可警示产业安全危机。

(2)产业资本对外依存度指标。产业对外依存度指标的变化可以警示政府避免在战略性重要产业与产品上过度的对外依赖可能导致的国家经济安全风险。

近年来有关统计数据显示,我国经济明确出现对外依存度过高的现象:2003年,我国对外贸易总额达到8512亿美元,对外贸易占GDP的比重高达61%。从国际上看,作为世界第一大贸易国,美国的对外贸易只占其GDP比重的20%;而日本作为海岛型经济,且为世界第二大贸易国,外贸依存度也未超过30%。从我国对外贸易的控制权来看,到2002年,外国在华投资企业的产品已占我国出口总额的52.5%;从投资角度看,2003年,中国吸引外资已占全球发展中国家吸收外资总额的1/3强,与美国同期大体相当。但美国的经济总量是中国的7倍,外资在中国经济中的比重之高也就

① 何维达、何昌:《当前中国三大产业安全度的定量估算》,《中国工业经济》2002年第2期。

不言而喻;从外国投资占社会固定资产投资总额的比例来看,1992 年至 2000 年,中国外资投资的比例达到 13%,而同期韩国为 1.2%,印度为 2.2%,美国为 6.9%。外国投资在中国的过度发展,导致了外资企业和外国资本占据了我国内市场、垄断了产业的核心技术,由此带来的直接后果是,外资对中国经济的控制日益增加,对中国经济命脉的控制加速发展,对国家核心竞争力的提升形成制约,对国家经济安全的潜在威胁不断增大,中国的国家核心竞争力的提升受到压制。

在商业流通领域,对外依存度指标可以用当年我国零售业的国外资本存量占零售业的产业总资本的比率来表示。一般来说,产业对外依存度越大,产业生存就越可能受到国外企业的影响,因为国外资本一旦撤离而本国又没有足够的资本注入的话,就将危及该国的产业安全。根据历史经验,资本的对外依存度不能超过 30%。

3. 产业竞争力指标

准确地说,产业竞争力指标有别于产业竞争度指标。竞争度是静态现状评价指标,而竞争力则是动态对比指标。目前,理论界对流通产业竞争力问题的研究大多停留在定性的分析和主观判断的层面,从建立一套评判竞争力的指标体系和进行具体的实证分析的角度来探讨流通产业竞争力的研究少之又少。黄繁华、张蕴如根据波特的钻石理论,对决定南京流通业竞争力基础的六个要素进行了较全面地分析,[①] 但缺少一套综合的指标体系来具体衡量竞争力大小,缺乏普遍应用性。石忆邵、朱为峰将商贸流通业竞争力定义为“能否扩大本地区对区域的商业辐射力和对产品的集散力,巩固和提升产业在区域的地位,并使本地区企业获得竞争优势的能力”,并从规模指数、增长指数、市场潜力、业态及结构指数、国际化程度、基础设施及服务设施条件和社会经济水平等层面构建了商贸流通业竞争力评价指标体系,利用主成分分析法确定了相应的评价模型,但其采用的计算方法过于繁杂,选择指标涉及的数据较多,不利于广泛使用。[②]

杨亚平在其“区域流通产业竞争力指标体系设计及测算初探”一文中曾设计了一套流通产业竞争力的基本评价指标,认为基于流通产业竞争力的含义,区域流通产业竞争力的评价指标体系可从四个方面设置:

一是规模竞争力。产业规模既反映产业目前的总量规模和达到的水平

① 黄繁华、张蕴如:《南京流通业竞争力分析》,《软科学研究》2000 年第 5 期。

② 石忆邵、朱为峰:《商贸流通业竞争力评价初探》,《财经研究》2004 年第 5 期。

层次,又为未来扩张提供平台基础。因此,产业规模是衡量流通产业竞争力的基础。考虑到流通企业具有特别典型的规模经济特性,衡量规模竞争力时应将企业的平均资产规模考虑进来。因此,我们可以从流通产业创造价值层面、流通产业具有的生产能力层面以及企业平均资产规模层面衡量产业规模竞争力。考虑统计数据的可得性,在实际应用中,我们用流通产业增加值、产业消费品零售收入总额和平均资产规模来衡量区域流通产业规模竞争力。其中,平均资产规模为产业内企业资产合计与产业活动单位个数的比值。

二是产业增长力。产业竞争力的根本表现在于不断占领市场和扩张产业的能力,这种保持并扩大市场的能力一方面要求流通业具有长期稳定的巨大的市场需求,另一方面流通业自身必须拥有保持一定增长速度的能力。因此,产业增长力是产业不断成长和保持、扩大竞争力的基础。我们从各区域的市场需求潜力和产业增加值增长率两方面对区域流通产业竞争力进行评价,在具体指标选择中,分别采用各区域的居民人均消费水平和产业增加值增长率两个指标来反映区域产业增长力。

三是结构竞争力。产业结构的现状和变动趋势,不仅反映区域经济内部产业资源的配置格局,更重要的是它体现产业资源是否从低效益向高效益部门流动,产业资源是否得到了最充分的利用。因此,产业结构状况是衡量产业竞争力的重要方面。一般说来,流通产业结构状况可从业种结构、业态结构、技术结构、组织结构和区域结构等方面分析,但在具体计算中,很难用统计数据从这些层面来反映结构竞争力大小。而流通产业增加值占GDP的比重和流通产业增加值占第三产业比重这两个指标能在一定程度上反映流通产业结构竞争力,因为它们反映了流通产业目前在国民经济中的地位和作用,而且随着流通产业在第三产业和GDP中所占比重的提升,流通产业结构本身和产业内部必定是个不断优化升级和增强产业竞争力的过程。

四是产业效益能力。产业竞争力最终表现为产业获得良好的经济效益,同时良好的经济效益也是产业进一步增强竞争力的物质和技术基础。这种经济效益主要表现在产业内企业获得经济利润和提升技术效率两方面。这里,我们采用各区域流通产业内企业的商品销售收入利润率和全员劳动生产率来反映区域流通产业效益能力。其中劳动生产率采用产业增加值除以产业内从业人员数。

在上述区域产业规模竞争力、产业增长力、结构竞争力和产业效益率等四个方面因素起决定作用的基础上，流通产业竞争力还受国际、国内和区域经济环境、产业政策、相关产业和辅助设施、企业战略、结构及竞争对手等因素的综合影响。①

三、商贸流通产业安全监测预警理论与模型

(一)商贸流通产业安全监测预警的内在要求

1."大豆风波"引发的问题

1996年以来，我国从大豆净出口国变为净进口国，进口数量快速增长。目前，我国是世界第一大豆进口国，进口量占国际市场贸易量的1/3。2003年11月至2004年4月期间，国际大豆市场价格猛涨，缺乏国际市场经验的我国企业签订了大量进口合同。但从2004年5月份开始，国际大豆市场价格暴跌，我国大豆加工业遭受重创，出现全行业亏损。"大豆进口风波"让国人明白建立及时、有效的产业安全监测与预警机制是十分必要的。

WTO允许的保护期结束后，中国的众多产业，包括商贸流通业，都将迎来外资、外企全面进入后引发的激烈竞争市场，中国经济深层次、结构性问题也将逐步显现，中国的部分产品将进入贸易争端高发期，面临的国际经贸环境更加错综复杂。对产业进行静态的监测与动态的预警，制定科学有效的产业政策，是在一个开放、透明、公平、公正的国际环境中，预防出现更为严重的产业安全危机的根本之策。一些国际通用的贸易救济措施和产业安全预警手段将在维护产业安全方面发挥越来越大的作用。

就商贸流通产业而言，目前应立即全面调查外资流通企业在我国的发展情况，深入分析其对我国民族流通产业造成的损害；研究按照目前的情况发展，未来5至10年后我国经济产业的格局；重视现状发展对我国经济安全可能造成的危害，做到心中有数。这是随着产业保护期结束，政府原有的一些行政管理措施逐步取消后，中国维护产业安全度的必由之路。

2.商贸流通产业安全监测预警的作用

产业安全监测，一般指对于某一产业目前的运行、发展状态进行实时性评价，以发现系统运行的非正常之处及其成因，为及时进行某些调控决策、采取某些调控措施提供依据。它主要是面对该产业系统的目前状态。

---

① 参见网址 http://chenzhou.mofom.gov.cn

产业安全预警，一般指对于某一产业未来的演化趋势进行预期性评价，以提前发现该产业系统未来运行可能出现的问题及其问题的成因，从而为提前进行某些决策、实施某些防范措施和化解措施提供依据，它更多的是面对该产业系统未来的发展。

在一定时期内准确把握一国产业安全的总体状态，正确预测产业安全的变动趋势，及时预报可能出现的危险，是产业安全监测预警的主要内容。建立与完善商贸流通产业安全监测预警系统具有重要的现实意义。

从国际竞争角度考察，能否建立起科学有效的商贸流通产业安全监测预警系统，关系到我国流通产业政策的制定是否科学合理，是维护国家、经济、产业系统整体安全程度的基础与前提保障。在预警系统的作用下，当国内产业受到实质性损害时，政府可采取相应的措施（如反倾销、反补贴，及其他政策保障措施），对国内产业进行必要的实质性保护。从政策层面上看，由于我们主要可以从国家对产业的控制力及产业本身竞争力两个指标展开产业监测预警机制，对于重点、敏感产品而言，可以通过对进出口数量、价格等重要参数变化的监测，分析其对国内产业的影响，发布重要产业受到实质性损害、实质性损害威胁或阻碍发展的预警，以提高产业竞争力，提出应对预案。例如，建立预警系统，可以在参考进口需求量预测的基础上，根据前3年或5年的产需及进出口情况，将重要商品划分为短缺型、平衡型和过剩型三种，按照不同类型商品，分别建立不同幅度的价格安全带，当国内市场价格高于价格警戒线的上限，就放松进口控制，鼓励进口，平抑市场价格；当国内市场价格在价格安全带区间正常波动，就不干预进口；当国内市场价格低于价格警戒线的下限，表明进口过量，打压了国内市场价格，就要启动进口调控预案，维持公平竞争，保护国内市场。而对于重要行业而言，应重点监测外资、外商进入的数量与程度，其在国内市场份额的变动情况及对国内同类型企业造成的损失，如其现期或潜在扩张规模过大，导致国内企业生存危机，则应及时予以制止。

从商业企业微观经济活动过程考察，建立起科学有效的商贸流通产业安全监测预警系统，一方面可以为国内企业发展战略的制定提供指南，为企业创造一个良好的进出口秩序，为企业制定和调整发展战略提供了指南；另一方面，也是规范流通领域竞争行为，防止恶性竞争行为与低水平的重复建设的重要参考依据。长期以来流通领域的低水平重复建设所引发的恶性竞争严重损害了我国流通产业的健康发展，成为制约我国走上流通现代化道路的极大障碍，通过流通产业安全预警系统的构建，一些前期数据的测算以及测算口径的把握，能使政府对本国或本地区商贸业发展的现状资料心中有数。

构建一套商贸流通产业安全监测预警系统，也是澄清一些长期以来模糊不清的流通理念、发展指标与概念术语的好途径。为正确评价我国流通业的现状、发展水平、存在的问题以及同国外的差距，我们也需要建立流通现代化评价指标体系，以进行准确的量化比较和分析监测，构建流通产业安全监测系统的过程能有效推进中国流通现代化评价指标体系的建立，它可以规范、完善统计口径，澄清一些重要的流通产业发展指标。

（二）商贸流通产业安全监测预警的两类基本方法

1.定性预警分析法

定性预警是在对系统的过去的发展过程以及现状的本质的、规律性的认识的基础上，通过一定的思维方式预知系统未来的发展态势。定性分析法一般可与定量分析结合起来，在定量分析模型的准确性难以把握，或模型难以建立的时候，通过对一些经济指标或者是指标所出现的征兆的分析，来预测或推断另一些指标的变化趋势。其中最常用的是先兆指标预警分析法(Leading Indicator Method)和专家分析法两种。

(1)先兆指标预警分析法。先兆指标预警通俗地说就是借助事物变化的先兆来预测、预报事物的结果。一般说来，不同事物之间总是存在着一定的联系，这种联系可以是内在的，也可以是外在的(现象的)；可以是已知的，也可以是未知的。只要这种联系具有一定的稳定性，便可以进行预测、预报。例如，在日常生活中，日晕而风；瑞雪兆丰年；山雨欲来风满楼等，其中的日晕、瑞雪、风满楼等，就是刮风、丰年、山雨等等结果的先兆。如果准确地掌握了现象间的这种联系，就可以根据先兆指标预报后继现象的到来。

由于从先兆的出现，到后果发生尚有一个时间的间隔，亦即前因对后果具有滞后作用，且社会经济问题毕竟不是不可违反的自然现象、自然规律，正如前文已经分析的，在必要的情况下，政府部门是可以利用相关经济政策尤其是产业政策起缓和乃至消解作用的。建立和完善产业损害预警机制，分析国际经济发展变化、货物进出口、技术进出口和国际服务贸易的异常情况，分析其对国内产业已经或可能造成的不利影响，及时发布相关预警信息，帮助政府主管部门、国内相关产业和企业及时制定应对预案，这是国际规则所允许的，也是世界众多国家包括发达国家维护本国产业安全的重要工作环节。以商业流通产业而言，产业市场竞争度、集中度情况、国际投资所占比例、外资、外企商业对中国本土商品的采购率，以及实际完成的社会消费品零售总额在中、外资企业中的分配比例的变化趋势等，均可用做先兆指标加以收集、分析。

(2)专家分析法。专家分析法通常在一项较为复杂的评估项目中被采用。通过专家意见的征集，对经济现状及未来走势作出判断。一般常用德尔菲法(Delphi Poll)，用规定程序对专家经验匿名收集，通过几次反馈和综合，吸收专家们趋于一致的意见，所以能够尽量准确地反映出专家们的主观估计能力，是经验预测中一种比较科学的方法。

定性预警多采用主观经验方面的判断方法，虽说逻辑性不如定量分析强，但由于它是建立在人们长期实践经验总结的基础上，因而同样具有极高的可信度。

2.定量预警分析法

定量预警分析是对系统的发展过程、因素影响程度及各目标之间的比例关系，或相互制约的关系出发，用数学计算(分析)的方式预测、预报系统未来的发展态势。目前普遍认同的定量分析方法是利用动态经济计量议程系统作为预警模型。在关键数据准确率高和模型设计本身对现实系统具有高模拟性的基础上，定量分析精确性的优点有望得到充分体现。

定量预警分析常用的基本方法是综合评估法。综合评估法首先需要分割评价指标体系的各个指标观测值，然后根据预先给定的每个指标的预警界限，将观测值转化为各个指标的安全状态评价值，各个指标的安全状态评价值按某种方式综合，即可得出产业安全状况的整体评价值。综合评估法将统计预警系统的相关性分析及模型预警系统的动态经济计量方程加以综合，并且可以通过模型的变化进行回归分析预测。具体操作方法如下：

在综合评价体系具体实施过程中，每一项指标体系均可有不同的安全状态评价分值 g_i，$i=1,2,\cdots,n$(n 为指标个数)，各级预警信号的分值则为各指标分值的函数 $G=f_i(g_i)$，$i=1,2,\cdots,n$。在实际评价中，函数式较多地采用加权求和的形式，即：

$$G=\sum_{i=1}^{n}\omega_i g_i,\ \sum_{i=1}^{n}\omega_i=1,\omega_i\geqslant 0,i=1,2,\cdots,n$$

各相关指标的权重 ω_i 的确定方法可以用多目标评价方法，或称层次分析法(Analytic Hierarchy Process, AHP)，分三个步骤进行：

第一，在设有多个指标(n 个)的情况下，通过两两比较指标之间的重要性，得出指标重要性矩阵 $A=(a_{ij})_{n\times n}$，$a_{ij}>0$，$a_{ij}a_{ji}=1$。其中 a_{ij} 表示指

标 i 与指标 j 的重要程度的比较值。如果在决策者看来，指标 i 比指标 j 重要，则取 $a_{ij}>1$；反之，则取 $a_{ij}<1$；如果两者的重要性相同，则取 $a_{ij}=1$。指标 i 比指标 j 的重要性越大，a_{ij} 的值就越大。

第二，由矩阵 A，计算 A 的最大特征根 λ_m 和对应的特征向量 σ，$A_\sigma=\lambda m_\sigma$，其中 $\sigma=(\sigma_1,\sigma_2,\cdots,\sigma_n)^{\mathrm{T}}$，$\sigma_i>0$。

第三，将向量 σ 归一化，即可得到 n 个指标的权值。

$$\omega=(\omega_1,\omega_2,\cdots,\omega_n)^{\mathrm{T}}，其中\ \omega_i=\frac{\sigma_i}{\sum_{i=1}^{n}\sigma_i}。$$

通过这种方法，一般地可以将某产业的安全态势分绿色（安全）、黄色（潜在非安全）、橙色（显在非安全）、红色（危险）等几种态势，并可将评价结果依照时间顺序在坐标图上加以动态描述，以形象地反映该产业整体安全变动情况。

在上述测定的基础上，能否给出各个指标合理的预警界限，是决定评价方法能否得到正确运用的重要条件。为了合理地确定有关指标的预警界限，一般是根据过去各个时期的经验值、产业政策要求，及参考未来经济发展的目标等进行综合判断。由于定量分析的数据难以收集，准确性不能保证，其对现实系统的模拟也是建立在简化和量化的基础上的，所以如果分析中对现实系统的运行机理缺乏深入剖析，就容易出现偏差。所以，在实际的预警工作中，较为科学的是把定性和定量两种分析方法相结合，例如需要充分借助专家的经验，重视定性分析，实现两种方法的互补，以提高预警结果的可信度。

（三）产业安全预警系统构建的难点及应注意解决的问题

要正确地进行一个产业的安全监测预警，客观上必须先解决以下五个方面的问题：

1. 对影响产业安全态势的主要风险因素及其作用机理的估计与分析

这是进行产业安全性分析的基本条件。重点是考察一国某产业安全态势要受哪些风险因素影响，各风险因素之间存在怎样的关联性；继而在机理上分析各类风险因素对产业安全态势影响度的大小。在具体操作上要区分显在和潜在风险的影响、直接与间接风险的影响等。

2. 较为准确地界定产业安全与否的界限

预警的前提是对警态的认识，亦即对产业安全的程度做出界定。首先由于“安全”与“不安全”实质上并无严格的界限，在人为的认定“不安全”的情况下，也并非一定意味着该产业，乃至该国经济已经陷入了危机，故而在大多数情况下，准确界定产业的安全性是困难的，一般只能在信息发布的同时做出相对准确的判断。

3.充分考察产业安全状态的转化机制

这实质上是一种对本国产业未来发展的趋势的预测。从“安全”到“不安全”，或者是再回到“安全”状态，取决于形势的发展与本国产业的成长速度。客观地说，只有在揭示了影响产业安全的各类风险因素的相互联系和作用机理，以及该产业抵抗风险能力的变化情况，才有可能对产业安全的态势提出大致准确的动态评价指标体系、模型体系和监测预警体系，才能对产业安全态势进行实际的监测预警。

4.从技术上解决监测预警所需的基本数据

这是整个产业预警监测体系确立的核心问题。产业安全的监测与预警离不开定量分析，这就需要大量的相关领域的统计数据，而不少数据由于各种原因总是难以收集或难以准确收集得到。

5.正确认识产业安全问题的地区性差异

从现实角度看，不存在没有国界、地域特色的产业安全问题与产业安全监测预警体系。由于各地经济发展水平差异性的客观存在、对外贸易程度也不尽相同，对A地经济安全构成威胁的问题在B地可能就不构成威胁，因此，产业安全监测、预警系统的构建必须充分考虑国情与地区性差异，只能是适合某个特定的国家或地区。

四、日本的流通产业安全监测预警系统

日本具有完备的商品流通统计监视体制，除产业监测外，还包括重要产品发展状况监测系统。日本商品的市场统计监测制度具体包括监测、统计数据采集途径、管理体制及机构、发布方式、有关法规及技术标准等多项内容。

日本商品流通主要以批发和零售形式存在，因此，商品市场的统计和监测数据主要通过对批发企业和百货店、超市及其他零售业渠道获得。日本各行业建立了自下而上垂直管理的组织体系，确保了商品市场监测数据采集渠道畅通。其监测机构主要由政府与行业协会两级构成。

1.日本政府部门在构建流通产业安全系统中的作用

政府部门的主要作用在于负责商品市场统计、监测的组织体系健全。战后，日本政府一直在市场经济中发挥强有力的宏观调控作用。日本流通管理体制属于跨部门管理，不同商品的生产及其市场统计监测工作由不同部门管理。对国内市场重要商品供求及价格等所监测的内容由相关产业管理部门具体负责。

(1)产业部门的职能。经济产业省商务信息政策局：具体负责商业发展以及商业环境改善，零售业和批发业管理事务，百货店以及大规模零售店等有关零售事项。

中小企业厅的商业课：负责中小零售商业、服务业以及批发业培育及发展，商店街振兴，中小零售业振兴，中小企业流通业务促进，中心街区有关中小企业商业环境和商业活动环境创造。

经济产业政策局调查统计部：负责根据经济产业省职能，审查、汇总、分析、发表各主管局、课收集的统计数据，生产、出货、在库指数、制造工业、生产能力及开工率指数、编辑出版《商业销售统计》杂志、统计百货店销售额、零售店销售额、数码家电的国内出货量、批发零售价格及批发零售企业等情况。

(2)日本内阁府的职能。负责经济财政分析，经济判断政策分析，每月发表《月例经济报告》，对个人消费、设备投资、住宅建设、公共投资、出口、企业生产、企业收益、就业形势、国内企业物价、消费者物价、汇率、国内外金融形势等公布相关数据，对走势进行分析。从宏观经济、企业生产的角度监控商品市场的现状及走势。

(3)总务省的职能。按月度、季度、年度公布《家计调查》、《消费者物价指数》。从家庭消费等消费者角度监测商品市场。

(4)公正交易委员会的职能。内设经济交易局和审查局，负责对日本经济运行态势、主要产业和商品市场的竞争状况、企业市场活动等进行调查分析；负责对垄断业界的价格动态进行监控，避免形成价格垄断。对违反《反垄断法》企业按商品和服务销售金额比例予以处罚并负责罚金征收。

(5)农林水产省负责的职能。农林水产品的生产和流通管理。负责食品批发市场、中央批发市场、地方批发市场的建设进行规划、指导，对各类批发市场的开业实施认可，对中央批发市场经营者进行业务会计监督；规划市场交易制度，对食品市场交易进行检查；对重大食品投资项目、海外商品交易、交易期货协会进行许可及监督。

农水省食粮厅计划流通部：负责制定稳定大米、谷物相关价格的基本计划、生产和出货方针，对自主流通米价格予以指导，负责搜集大米小麦的流通、交易价格、消费等关联信息和指标；负责审核大米小麦进出口数量计划，一般进口业务的管理及其招标、选定进出口港口工作。负责对日本国产大米、进口大米的检查指导、制定规格。

加工食品课：负责以主要粮食为原料的食品、饮品的进出口规划，负责对酱、酱油、小麦加工食品的生产、流通、消费及市场价格进行指导、监控。

林野厅林政部：负责特定林产物的生产、流通及消费等。木材课负责对木材进出口、关税及各国木材贸易情况的调查和信息收集工作以及木材和木材加工品有关的流通和监测工作。

水产厅渔政部：负责制定水产品加工、流通和消费规划，了解和把握水产品的需求和流通情况等。

(6)厚生劳动省的职能。负责食品、医药品保健品和转基因食品的安全确认、流通与销售。

(7)财务省的职能。负责烟草、盐的流通管理事务。外围机构国税厅负责酒类的流通管理。

2.各类民间团体的作用

在日本，各类民间团体、协会、行业组织承担起了商品市场统计监测数据采集和市场调查工作。由于商业监测、预警工作需要收集、整理大量的前提数据，光靠政府部门的力量难以完成，在日本，各类民间组织、商业团体起到了巨大的作用。

第八章

政府推进商贸流通产业现代化

提升产业竞争力，维护经济安全，这是一个动态的推进过程，经济后发国为实现赶超的目标，防止与发达国家产业梯度的扩大，客观上需要依赖国家产业政策的保护，通过学习效应，积累技术和经验，从而迅速提升本国产业国际竞争力，与发达国家相抗衡。流通产业事关国家经济系统安全，更需要借助于制定合理的产业发展政策，大力推进流通现代化，引入新型流通业态，改造、提升传统流通方式，开拓新的发展渠道。政府应在这一动态推进过程中发挥更大的作用。

一、流通现代化的基本内涵

流通现代化的内涵极为丰富，它是伴随着工业化社会和信息化社会的出现而在商品流通领域出现的变革、创新过程，既是一种基本理念，也需要技术因素的支撑，同时也体现出与此相关的流通政策现代化。具体说来，就是观念上彻底更新传统的流通理念，拓宽商业、流通产业的范畴，用现代流通方式武装传统流通企业；从技术层面上，就是要在传统商业经营活动的基础上，引入连锁经营、物流配送、电子商务、会展、中介等融和了大量最新技术、信息成果的现代流通方式，通过流通业态、经营方式的革新，实现流通效率的根本性提高；从政策角度分析，它应包括一国的促进流通现代化的基本政策体系，例如一国在流通设施、流通组织结构、流通方式和手段以及流通企业经营管理等方面的促进现代化的政策体系，流通现代化离不开政府对互联网、连锁经营和物流配送等为基础的流通现代化改造和创新提供政策支持。也有学者从流通制度现代化、流通组织现代化、流通方式现代化、流通技术现代化、流通观念现代化和流通人才现代化等六个方面解释流通现代化。[①]

流通现代化的一个关键评价指标是产业的科技含量，而科技含量中最重要的就是现代信息技术。信息化是流通现代化的重要依托，也是流通现代化的重要标志。无论是发展连锁经营，还是发展物流配送、电子商务等现代流通方式，都离不开现代信息技术的运用。从世界范围看，随着现代科学技术在流通领域的推广应用，流通方式出现了与传统截然不同的变革，带来了流通效率的飞速提高。近年来，国内一些经济发达省市(如上海、广东等地)以信息化带动传统商业的改造已经取得了巨大的成就，大中型商场90％以上都建立了时点销售系统(POS)，一大批连锁企业建立了管理信息系统(MIS)和电子订货系统(EOS)，一些物流企业积极应用EDI、全球卫星定位系统等现代信息技术，推进物流配送中心的建设。加速推进流通现代化在中国具有紧迫的现实意义与深远的历史意义。

首先，大力推进流通现代化，是我国加入世贸组织后应对国际竞争的重要举措，迎合中国加入WTO后国内流通企业提升竞争力的迫切需要。

中国流通产业的逐步开放，在享受世贸组织成员权利的同时，也必须履行世贸组织成员的义务，在这一进程中，随着过渡期的结束，中国在流通领域中参与国际合作与竞争的激烈程度日益加大，为维护国内产业安全，必须在短期内使我们商业流通有一个大的发展。提高竞争能力，特别要提高流通效率，提高企业效益；同时，加入世贸组织后，中国为更广泛地参与国际合作与竞争，需遵循国际经贸游戏规则，推进流通现代化能帮助中国与国际市场接轨，为国际市场所接纳。

中国目前在技术层面上面临着流通现代化的迫切要求。中国传统流通服务业企业数量多、覆盖面广，吸纳就业能力强，但企业规模小、大多以单店经营为主，企业竞争力弱、抗风险能力差，尤其是流通方式、流通业态陈旧，受技术条件限制，流通工具落后，许多流通工具、流通模式几十年不变，大多只能以现货交易为主，流通规模扩大受到极大的制约；加入WTO，中国零售业面临严峻的挑战，外资企业之所以能够获得比民族企业低得多的价格，就是因为其规模采购和规模销售所形成的良性循环机制，而以单店经营为主的民族商业，则因为没有实力从事大规模采购，没有大规模的销售网络而制约了发展。对于中国商贸流通产业而言，摆脱单店经营的限制，通过各个

① 参见国家统计局2001年批发零售贸易、餐饮业统计年报“中国流通现代化评价指标体系研究”。

分店对广告、信息、市场推广、统一配送、经营管理模式等资源的共享，进而降低流通费用和进货成本，才能最终通过规模实现利润的增长。以规模性整合达到规模性营销，是中国零售业应对国际零售巨头的惟一对策。现代流通服务业充分利用现代科学技术进步的成果，尤其是充分发挥电子计算机在流通领域的作用，是现代流通服务业发展的根本方向。尤其重要的是，推进用现代流通方式和组织形式改造传统流通服务业，可以带动我国农业、加工制造业的发展和经济结构的调整，不断提高产品的市场竞争力，增强企业开拓国内外市场的能力，扩大市场规模，是提高我国产业整体竞争力和促进经济持续增长的重要途径。

其次，流通现代化能加速生产、流通资金的周转，可以有效缓解目前国内建设资金不足的问题。

目前中国经济发展面临着资金不足的问题，而资金不足在相当程度上是由于流通因素导致的资金循环速度太慢，物流成本过大，流通效率不高。流通现代化滞后的直接后果是在时间上导致了国民经济运行中不断累积的巨额库存，造成了最大的耽搁和停顿，造成了最大的资源闲置和浪费，占压了巨额的流动资金。只有大力推进流通现代化，借助于流通创新，才能彻底疏通流通对生产与消费的传导机制，提高流通效能，加快经济节奏，加快商品流通和资本周转；才能实现国民经济从静态化、慢节奏、高成本、低效率向动态化、快节奏、低成本、高效率的根本转变。

第三，流通现代化可以通过快速提升流通效率而缓解国内目前的供求矛盾。

国内外的实践已经证明，现代化的大生产，需要现代化的大流通，只有现代化的大流通，才能带动现代化的大生产。20 世纪 90 年代中期以来，国内宏观经济形势发生了较大的变化，市场供求格局发生逆转，从一直以来的供不应求开始进入结构性过剩，据国家经贸委对 2002 年上半年 600 种商品市场供求情况的分析预测，86％以上的产品销售困难；然而另一方面，由于流通企业效益低下、流通渠道不畅，在承担产销通道任务时力不从心的情况也在相当程度上加剧了供求矛盾。中国国内经济发展形势的变化，对流通工作提出了新的挑战，流通领域如何提高效率，促进产业结构和产品结构的调整，提高经济运行质量和效益，已成为迫切需要解决的大问题。发展连锁经营等现代流通方式，是适应新的市场形势，促进经济良性循环，提高经济运行质量和效益的有效途径。

第四，流通现代化可以满足人民收入水平提高后消费能力与消费档次提高的要求。近年来,城乡居民收入水平、消费水平不断提高,已形成多层次、多样化的消费需求,对购物场所、购物方式等也有了很大的改变。只有大力推进流通现代化,才能适应老百姓消费结构和消费层次变化的需要,获得价廉物美的商品和一流的服务,继而引导和扩大消费。

从世界范围来看,流通业态的演进过程就是不断适应消费者收入与消费习惯转变而逐步发展的,同时流通业态的演进反过来又对消费者消费行为的转变及引导起到了巨大的作用。西方零售组织形式的发展与演变如果从19世纪中叶被称为"第一次零售革命"的百货业诞生之时算起,迄今已近

表8-1　美国主要零售业态的发展历程及特点

业态类型/主要竞争业态	成熟阶段	相对于其竞争业态的优势	形成时期的外部条件
百货公司/城市中的杂货店	19世纪70年代—20世纪30年代;目前仍是主流业态之一,但发展缓慢	规模大,价格低,品类齐全,大批量采购,大批量销售,周转快,装修豪华,高水平服务,实行一价制,建立商品保证制度	人口迅速增长及城市化;大量分销体制的建立;工业集中与垄断;铁路、电报连接全国市场;巨型制造业公司诞生;杂货店细小分散,效率低;30年代的大萧条,消费者对价格敏感度增加;汽车、冰箱进入家庭;食品工业、包装食品、广告和商品品牌化的发展
超市/杂货店,百货公司	20世纪50年代发展迅速,目前仍是主流业态	开架售货,人工成本低,经营面积小,设施简单,有免费停车场,价格更低,以经营食品为主,种类齐全,商品周转速度快	
便利店/超市	20世纪50—90年代	经营食品为主,营业时间长,规模小,购物轻松快捷,价格高,服务水平较高	战后需求膨胀,基本形成买方市场;中产阶层的形成;城市人口大量迁入郊区;建立了四通八达的公路网;汽车在家庭中普及;消费需求向多样化,个性化发展;临时的难以预料的需求的存在
购物中心/百货公司	20世纪50年代后迅速发展,是目前的主流业态之一	价格更低,功能全,集合了多种的综合和专业商店,服务功能全面,满足购物的多样性选择,满足一站式购物习惯	
折扣百货/传统百货公司、专业店	20世纪50—80年代后期	规模大,建筑设施柜台廉价,运营成本更低,高周转,价格更低,商品种类多,每类品种较少,经营自有品牌	
仓储俱乐部/超市、折扣百货店	20世纪80年代后逐步成为主流业态之一,成长迅速	价低,经营品种多为需求最多、销量最大的品种,仓储合一,会员制,停车场大,售货人员少,店内几乎无修饰,直接从制造商处订购商品	
网上销售/店铺销售	20世纪末	网上销售,无经营场所,商品品类齐全,信息量大	计算机、网络技术的飞速发展

资料来源:根据吕一林《美国现代商品零售业——历史、现状与未来》,清华大学出版社2001年版有关资料整理。

150 多年。在这期间,零售业态从最初的小型杂货店,到现代的百货公司、邮购、连锁商店、超市,再到目前占据零售业主流业态的大型综合超市、购物中心、仓储俱乐部、超大型专业店等,零售业的经营形式、组织形式不断创新,给世界零售业的蓬勃发展注入了新鲜血液。美国拥有世界上最庞大的零售业,其零售业态的变迁过程极具代表性,新业态的出现都与技术的进步紧密相关,流通的技术含量不断提高。表 8-1 反映了美国零售业态在不同历史时期的主要特点,每一阶段的递进伴随着的都是流通现代化水平的提升,中国流通产业发展应迎合这一趋势。

第五,流通现代化通过引入现代流通方式,能有效规范国内流通市场,在根子上堵住不正当的竞争行为。

中国近年致力于建设成熟、完善的市场经济秩序,严厉打击不正当市场与竞争行为,整顿和规范市场经济秩序。但是行政与立法治理手段作为强制性的政策措施,并不能从根本上解决深层次的问题,出现不正当竞争行为问题的根源并未能堵住。实践证明,大力推进流通现代化,推进连锁经营、物流配送、电子商务等现代流通方式,能大大提高交易活动的公正、公开、透明度,有利于从源头上减少假冒伪劣商品进入市场,净化流通环境,有利于强化国家税收征管,防止逃税漏税。

二、现代流通方式与流通业态的引进与发展

“大流通”、“大商业”观念的形成,打破了传统商贸服务业仅局限于商业、饮食、贸易和各类批发零售市场的范围,商贸业的内涵随着现代经济的发展,有了极大的拓展,内容涵盖了连锁商业、现代物流、电子商务、商务会展、现代旅游商业,以及拍卖业、旧货业、房地产业、金融业、会展业、社区服务业等众多行业,与之相适应,商贸流通业态也有了极大的创新。充分研究上述业态、业种,用现代化的理念加以培育、改造,能大大提高我国的流通效率,提升产业竞争力。

(一)连锁商业的发展

连锁商业是目前国际上最盛行的商业经营方式。根据连锁企业与总部关系的密切程度,可以分正规、特许、自由连锁经营三大类。

正规连锁经营在欧美国家有较严格的连锁门店数规定,美国一般要求至少拥有 11 个分店组成,英国要求 10 个以上分店,国际连锁协会对正规连

锁经营的定义是:"以单一资本直接经营11个商店以上的零售业或餐饮业。"

特许连锁经营涉及特许方与受许方之间的权利义务关系,国际特许经营协会对特许经营定义为:"是特许人和受许人之间的一种契约关系,对受许人经营的某些领域、经营技巧及培训等方面,在双方签约后,特许人提供或有义务保持继续性的指导;受许人的经营是在特许人所有和控制下的某个共同标志、经营模式或过程下进行,受许人从自己的资源中对其业务进行投资。"

自由连锁经营加入的各方关系相对比较松散,各方自由度大,可由参与各方自发组织成总部,进行统一进货、配送,各加盟店独立核算、自负盈亏、人事自主,在经营品种、经营方式、经营策略等众多方面均具有相当的灵活性。

上述三种主要的连锁经营方式以其标准化、专业化、简单化配送等供应特点,正日益成为各国主要的国内与跨国商业经营方式。在美国、法国等发达国家,连锁经营完成的销售额一般能占到市场销售总额的40%。图8-1反映了美国正规连锁公司的基本经营情况。

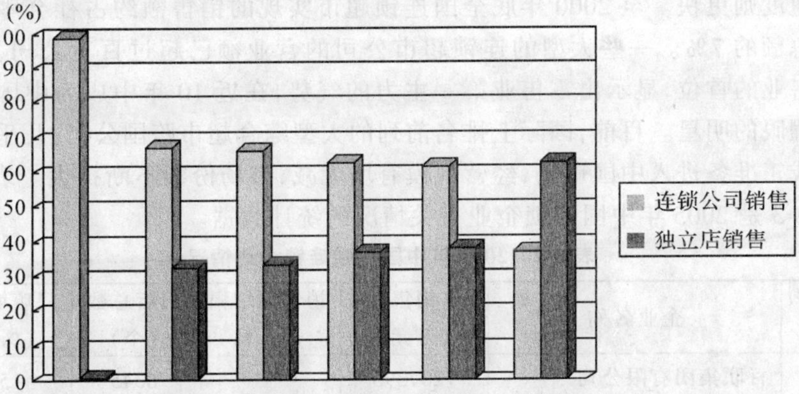

图8-1　美国含11家以上分店数连锁公司占业内总销售额的比重[①]

连锁商业的发展摆脱了单店经营的限制,通过各个分店对广告信息、市场推广、统一配送、经营管理模式等资源的共享,能降低流通费用和进货成

① 吕一林:《美国现代商品零售业——历史、现状与未来》,清华大学出版社2001年版。

本;连锁企业门店数的扩张,最终能达到规模性营销,实现利润的增长;连锁经营企业通过对城市现有零散小店的整合、规范,可以实现产品服务档次的提升、消费观念的引导与需求的促动;连锁商业进农村,在为农村居民提供更加丰富的日用消费品、更加舒适的消费环境以及更加完善的商贸服务的同时,可以培养农村居民积极、正确、健康的消费观念,提高自我保护意识。根据发达国家连锁业发展的经验,当人均收入250～600美元时,连锁商业开始发展,当收入达到600～850美元时,连锁业将进入快速发展阶段。中国传统流通产业,尤其是零售业一直以单体小店经营为主,缺乏规模效益,抗风险能力弱,通过对其加以连锁化改造,小企业可以借助于与大企业的合作、合营,以最快的速度、最低的成本走上规模化发展之路。中国目前现代流通方式在流通服务业中所占的比例还很低,据有关资料统计显示,我国零售业和餐饮业限额以上连锁企业年销售额占全国社会消费品零售总额的比重不到10%,而发达国家这一指标通常在30%～40%,中国连锁商业发展潜力巨大。

从20世纪90年代初开始,以连锁方式发展超市的热潮在中国快速兴起,年均增长速度高达70%,尤其是在北京、上海、广州等经济发达地区增长速度则更快。至2000年底全国连锁超市实现的销售额约占社会零售商品总额的7%。一些大型的连锁超市公司的营业额已超过百货公司,名列零售业的首位,显示出零售业第一主力的气势,在近10年中成为中国商业最耀眼的明星。目前,国际上排名前列的大型综合超市跨国公司,几乎都已经或正准备进入中国市场,经营规模有增无减,市场份额不断扩大。表8-2、表8-3是2005年中国连锁企业有关情况的统计数据。

表8-2　2005年中国十强连锁企业情况

序号	企业名称	年销售额（万元）	销售额增幅（%）	门店总数（个）	门店增幅（%）
1	百联集团有限公司	7207393	7	6345	15
2	国美电器有限公司	4984000	109	426	88
3	苏宁电器集团	3971841	80	363	88
4	华润万家有限公司	3129946	26	2133	20
5	大商集团股份有限公司	3011739	30	130	8
6	北京华联集团投资控股有限公司	2080000	30	74	6

续表

序号	企业名称	年销售额（万元）	销售额增幅（%）	门店总数（个）	门店增幅（%）
7	物美控股集团有限公司	1907184	44	659	8
8	农工商超市(集团)有限公司	1754900	28	1572	28
9	家乐福(中国)管理咨询服务有限公司	1743580	25	78	26
10	上海大润发有限公司	1570000	35	60	28

资料来源：中国连锁经营协会 2005 年数据。

表 8-3　2005 年中国十大外资连锁企业基本情况

序号	企业名称	国别或地区	年销售额（万元）	门店数（个）
1	家乐福(Carrefour)	法国	1743580	70
2	大润发(RT-MART)	中国台湾	1570000*	60
3	百胜集团(YUM!)	美国	1330000	1700
4	好又多(Trust Mart)	中国台湾	1320000	105
5	华润万家(Vanguard)	中国香港	1201946	509
6	百盛(Parkson)	马来西亚	1100000*	36
7	易初莲花(Lotus)	泰国	1006000*	61
8	沃尔玛(Wal-Mart)	美国	993370*	56
9	乐购(Hymall TESCO)	英国	792000	39
10	锦江麦德龙(METRO)	德国	754633	27

资料来源：中国连锁经营协会 2005 年数据，加 * 者为估计值。

中国企业在连锁推进过程中，明显存在着以下不足：

一是中国的连锁企业门店少，单店规模偏小，完成的销售额低，规模效应缺乏。表中数据显示，中国最大的连锁集团——百联集团，虽说 2005 年完成的销售额达到 700 多亿，但单店平均销售额仅有 1000 多万元，而同期外资首位的万家福中国店均销售额却达到了 2.5 亿元，十大外资连锁零售企业的 2663 家门店年总销售额 11811.529 亿元，店均约 0.45 亿元，是百联的 4 倍多。据初步测算，我国连锁企业实现的零售额在全国社会消费品零售总额中所占的比重仅为 7.8%，国内连锁业最发达的上海也只占 10%。

而这一比例在印度尼西亚为30%，泰国为40%，马来西亚为45%，美国达到60%，日本为40%。

二是国内连锁企业发展的核心链条薄弱，很多是“形连实不连”或“连而不锁”，一些地区由于对连锁经营的实质、运作方式等研究不够，仍用传统的经营方式来运作连锁企业，盲目推进，或是政府官员“政绩”倾向明显，导致连锁效益不高。

三是连锁企业工商登记和税收政策带有明显的地区封锁性质，人为地阻碍了连锁企业拓展市场的空间，成为连锁企业纵深领域发展的主要瓶颈。

四是连锁经营方式的推广面狭窄，较主要地集中在商业，更偏重于超级市场这一业态，而在批发业和工业领域中，连锁经营的方式几乎没有得到运用。

五是连锁企业规模扩张手段单一，后劲不足。很多连锁公司扩大规模的主要方式是对国有网点进行连锁化改造和通过租赁、购买、新建网点等方式扩张，这些都属于单一资本的扩张。而在联合、兼并、收购和加盟等方式上没有突破性进展。

针对上述问题，笔者认为政府的经济政策应从以下几方面推进国内连锁商业的发展：

第一，政策思路转变，从传统的优惠政策转向市场法规的建立，为市场发展扫除障碍。

(1)连锁企业跨区跨省市开店在工商登记、税收交纳等营业正常开展的诸环节上，亟须制定全国统一的政策法规。

(2)扫除连锁企业各个店铺营业款解交银行不一致造成资金周转慢的障碍。营业款项按属地就近原则解交当地银行，由于解交银行不一致，各银行之间的电脑不联网，以及各银行的利益需要(普遍占用企业在途资金的余额)，营业款项汇总到总部的时间太慢，直接影响到连锁企业的经营效益。

(3)增强对顾客的便利性服务功能。如代收公用事业费服务项目，目前在各大城市中就受到各部门、各银行为了各自利益的人为限制，很难形成在一个城市中随处可交纳公用事业费的服务系统，这严重阻碍了连锁经营在服务领域的发展。对这些影响连锁经营发展的市场障碍，政府应该出面加以扫除。

第二，要注意因地制宜，有步骤、分层次地推进连锁商业发展，防止一刀切。由于我国地区经济发展不平衡，而连锁商业大多与较高的收入水平相对应，所以国内经济发达地区已经具备了快速发展连锁商业的条件，政府一般应鼓励正规连锁，合理地规划布点、引导发展，在已形成较大规模且具备完善的连锁经营管理系统的企业适当发展特许经营，自然能促其健康发展；而对于经济发展落后地区，尤其是广大的农村地区，连锁商业的发展还需要政府必要的资金扶持，不宜强制推行。

第三，各级政府要加大扶持力度，切实加强对发展连锁经营工作的领导。进一步改革条块分割、地方保护的管理体制，按照资源、平等、互利、双赢目标，以资本为纽带，鼓励各种商业资源进行跨所有制、跨部门、跨地区重组，尽快形成规模巨大、实力强的流通企业集团；各级政府可通过设立大型流通企业发展专项资金，按照扶优扶强的原则对大型流通企业给予重点扶持；改革各种不合理的行政审批制度，为连锁经营健康发展创造良好环境；加快制订连锁经营方面的法律法规。同时为鼓励本国企业做大做强，政府应给予大型流通企业土地、用电、用水、融资、信贷、税收等优惠政策；政府还可通过规划设计各地连锁经营方式进程表，引导连锁业的有序推进。

(二)现代物流业的发展

随着世界经济的快速发展和现代科学技术的进步，物流产业作为国民经济中一个新兴的服务部门，正在全球范围内迅速发展。在国际上，物流产业被认为是国民经济发展的动脉和基础产业，其发展程度成为衡量一国现代化程度和综合国力的重要标志之一。

现代物流被称为企业除低成本、高销售外的"第三利润源"，它要求从材料运输开始到供应产品给用户的整个制造及销售流程中，管理好所有有关运输、仓储及配送活动，将材料及产品经济、无损、适时地送达指定目的地，尽可能节省各项直接、间接费用开支，并在每个环节中记录及传达给客户有用的数据资料，它的范围涉及到运输、仓储、装卸、搬运、包装、流通加工、配送以及物流信息处理等各个方面，并正日益向"利用信息技术为消费者提供低成本的服务"的方向发展。现代物流业中的第三方物流是指在物流渠道中由中间商提供的服务，是中间商以合同的形式在一定期限内提供企业所需的全部或部分物流服务。第三方物流的服务范围包括仓储、运输、物资配送、信息交换，以及订货履行、自动补货、选择运输工具、包装与贴标签、产品组装、进出口代理等。现代物流业利润的增长不是像传统的商品运输业那样依靠劳动和资金的投入，而主要来自于信息和知识，这种新型的流通方式未来将有巨大的发展空间。

现代物流业包括生产资料物流与生活资料物流两方面的内容。生产资料物流主要是通过建设大型物流基地，为大宗生产资料的流转提供服务；消费资料物流的主要任务是为连锁商店、超市等商业门店提供消费品配送服务。与发达国家相比，我国生产资料物流与消费资料物流水平普遍低于发达国家，而且差距较明显的：有关资料显示，发达国家运输成本占国民经济总成本的 10%，而中国为 30%；在欧美发达国家，社会物流总成本一般占 GDP 的比重 12%左右，而且随着物流管理现代化的推进，这个比例继续持续下降（美国的物流成本占 GDP 的比重由 1980 年的 17.2%降到 1995 年的 9%）。而世界银行分析报告显示，中国的物流成本占 CDP 的比重达 16.7%。以我国 2000 年 GDP10000 亿美元计，若物流总成本占 GDP 的比重降到一般发达国家 12%的水平，每年可为国家增加 470 亿美元的利润，约合人民币 3850 亿元。在我国，产品从生产者销往消费者手中，95%的时间耗在储存、装卸、运输方面，其费用平均占到 50%以上；这 95%的时间与 50%以上的成本空间便是巨大的利润源泉。市场经济发展在客观上要求社会化的、专业化的分工与协作，在欧洲，企业使用第三方物流的比重达 76%，而且 70%的企业不止使用一家。但我国企业的“大而全”、“小而全”的经营状况在许多工、商企业并没有多大改观，目前国内工厂多有自己的仓库和车队，社会化程度低，设施设备使用率低，运输成本高。这是中国的落后，但同时反映了我国物流业前景广阔，发展潜力巨大。

目前，国外大的跨国物流企业通过收购兼并等方式纷纷抢滩中国市场，越来越多的跨国公司在中国进行生产、销售和直接采购，同时在世界各地设立生产据点，跨国制造业在中国的聚集和中国的巨大市场，这一切将给我国物流业的发展带来巨大的发展空间。尽快形成规模，打造多层次、多类型的物流配送格局，健全专业化、社会化的物流企业，是中国目前提高流通效率的重要途径。国家需要在政策上、资金上对社会化、电子化的物流配送系统的建设进行支持和帮助，要在高速公路、铁路、航空、水运、信息网络的建设方面加大投资，保证交通流和信息流的畅通，加快覆盖全社会的交通网络和信息网络的形成，为现代物流发展提供良好的基础条件。

（三）电子商务与网络营销的发展

“电子商务(EC)”是英文 Electronic Commerce 一词的翻译。通常是指通过互联网来进行商业活动，就是综合运用信息技术，以提高贸易伙伴间商业运作效率为目标，将一次交易全过程中的数据和资料用电子方式实现。网络营销是指用第四产业（如信息业）的思维去挖掘第三产业（如零售业）的价值。网络营销突破了传统零售经营的时间、空间限制,实现了制造商、零售商和消费者的实时互动交流。电子商务与网络营销的优越性主要体现在:

(1)节省了流通费用,比如电子邮件节省了通讯费用,而电子数据交换大大节省了管理和人员环节的开支。

(2)增加了客户与供货方的联系。比如电子商务系统网络站点使得客户和供货方均能了解对方最新的数据。

(3)提高了交互式的销售渠道,使得供货方及时得到市场反馈信息,改进服务质量等。从经济发展趋势看,电子商务和网络营销在商贸服务业中所占的比重有不断扩大的趋势,因特网的功能从商业角度来说,可以满足零售商以下一个或多个目的:

一是最大限度地接近各类分散的消费者;二是为消费者提供各类信息,并回答一般的提问;三是促销新产品,对新产品加以充分的说明、展示;四是通过电子邮件的方式强化客户服务,获得顾客反馈;五是接受顾客订单,扩大销售;等等。

从发达国家情况来看,电子商务的快速发展,均得益于政府的大力引导与支持。美国经济持续多年的增长奇迹,正好伴随着互联网应用的增长和电子商务的飞速发展。据美国制造者协会的调查表明,目前至少已有80%的美国制造商已经拥有自己的网站,电子商务交易的使用率为接近一半;美国电子商务营业额1997年为40.6亿美元,2000年迅速增加到400亿美元。1991年9月1日,美国参议院通过了《高性能计算法规网络案》,该法案的宗旨是建设"信息高速公路"计划。美国政府制订出了一系列的计划时间表,来推动信息化、数字化的发展,政府决定从1998年开始,联邦政府机构的全部经费开支实行电子化付款,通过EDI技术实施电子化付款完成政府年度采购任务,并于1999年最终取消纸面单证。1997年7月1日,克林顿发布了《全球电子商务纲要》,他将Internet的影响与200年前的工业革命相提并论。在"信息高速公路"上,由于美国政府的支持,电子商务开展得如火如荼。大量的商品广告、机构宣传、商务交易及日常服务已经上网,大众也早已习以为常。美国电子商务营业额1997年为40.6亿美元,2000年达400亿美元。国内一些大公司都不失时机地推出电子商务解决方案,并利用强大的国际互联网、内联网与外联网,大力开拓市场。

为适应发展的潮流,在未来的发展中,中国应逐步鼓励、引导工商企业投资电子商务,推动传统商业企业逐步实现商务电子化,扩大电子商务交易规模。

我国电子商务的发展始于20世纪90年代初，近两年我国电子商务获得了迅速发展：1996年中国互联网用户为10万户，1999年互联网用户为400万户，增长了40倍，2000年达到2225万户，增长了200多倍。据权威机构调查，我国信息产业总规模已超过14000亿元人民币，电讯业务年均增长率为33%，信息产品制造业年均增长率已大于30%。中国电子商务正由起步迈入繁荣阶段。但还存在着法律制度不健全、物流配送落后、付款方式单一、安全性能不高等现实问题，政府应借鉴发达国家的做法，从以下几方面强化政策支持：

1.发挥政府的宏观规划与指导作用

电子商务是企业信息化实施的重要目标之一，同时也是国民经济信息化的重要组成部分，这使得它具有全局性、综合性、整体性与复杂性等特点。为此，必须发挥政府的宏观规划与指导作用。要加强政府有关部门间的相互协调，制定有利于电子商务发展的优惠政策，引导电子商务的发展，推动电子商务的应用。

2.健全法律法规体系

电子商务的发展需要一个良好的法制氛围，因此必须有一个健全的法律法规体系。健全法律法规体系体现在两个方面：一是要完善原有的法律体系并进行必要的调整；二是为适应发展的需要制定新的法律法规，这些法律法规涉及关税、税收、支付、版权、专利、网络加密、消费者权益等方面。

3.引导电子商务发展与国际接轨

政策要认真研究和借鉴国际经验，吸取其中积极的合理的因素，尽快出台国家电子商务发展总体框架。国家电子商务发展总体框架是指导我国电子商务发展的方向指南，必须符合我国的发展实际，体现我国的发展特色。坚持在国家总体框架下，实现政策的统一和组织的协调。各国电子商务发展的实践证明，必须发挥政府的作用。

4.加速推进企业信息化进程，鼓励更多行业积极介入

开展电子商务的主体是企业，企业信息化的程度必将影响电子商务的发展。目前我国15000家国有大中型企业中，只有10%基本实现了信息化，而中小企业这一比例更低。因此，必须采取措施，促进企业利用网络参与竞争，开拓市场。同时，对适合电子商务发展的行业，如外贸、银行、证券、民航、出版发行等，政府应大力积极鼓励电子商务发展，并在资金、税收等方面给予大力支持。

5. 大力引导发展物流配送，完善现代物流体系

电子商务发展涉及的一个最大技术问题是物流配送，必须建立高效快捷的物流配送中心，将连锁经营与网络营销有效结合起来，可以实现优势互补。所以它要求建设本地区、全国与全球的物流运输配送网、计算机管理中心、运输配送与库存设施，要求建立快速、准确、低成本与优质服务的配送体系。随着连锁商业在我国的蓬勃发展，加强建设现代物流体系、塑造多层次、多类型的物流配送格局，是为我国连锁商业的健康发展铺平道路的有效途径。

(四)商务会展业的发展

会展业是会议业和展览业的总称，商务会展业的发展是地区经济繁荣的一大标志，通过举办各种形式的会议和展览，包括大型国际博览会展览会、交易会、运动会、招商会、经济研讨会等，可以吸引大量商务客和游客，促进产品市场的开拓、技术和信息交流、对外贸易和旅游观光，并以此带动交通、住宿、商业、餐饮、购物等多项相关产业的发展，并被称为"无烟工业"。会展已成为各国经济结构中不可缺少的组成部分。

从欧盟、日本等发达国家和地区的情况看，在会展业发展初期，各国政府都设立专门的展览管理机构，采取较多的行政介入手段，推动会展业发展。随着会展业逐渐进入成熟发展阶段，展览管理机构则减少了行政介入，强化了宏观调控职能。中国会展业起步时间不长，其发展一般也应遵循这样的规律，在会展业发展初期，主要借助于政府的力量来推动发展，但应随着其发展成熟逐步引导其转入市场化发展轨道，建立与会展业相关部门的工作协调机制，综合运用法律、经济和行政手段加强对会展业的行业管理。政府的作用主要体现在宏观调控，对展会的质量和会展公司的资质进行市场化、动态化评估和认证，逐步从审批制过渡到标准制和登记制，防止展会过多过滥，使各级会展业能够有"法"可依、有"章"可循。

目前，中国会展发展中存在的突出问题是政府管制不到位，一方面是政府行政性干预过多，不该管的管得太多，强制性地要求举办展会，致使展会过多过滥；另一方面是该管的缺位，会展场馆建设缺乏规划，对会展行业协会的扶持、监管力度不够。根据中国会展业的发展现状，借鉴发达国家的做法，在国内会展业进入成熟阶段的大中城市，应率先通过成立会展行业协会，实现政企分离，使各类展馆企业和专业展览公司成为会展市场的主体。政府应从利用行政手段干预或直接参与微观会展经营活动，转变到利用法

律手段和经济手段调节会展业的发展上来。通过立法或制定行政法规，规范会展经营行为，使有关执法部门以可预见的方式在工商登记、货物检验和海关、公共安全登记等方面提供服务、进行监管；通过税收、财政资助等机制调节会展活动。

政府的作用主要体现在以下方面：

第一，政府会展职能定位。政府应正确引导，规范自身行为，重点扶持展览企业主体的发展。在国外，会展业的管理主要依靠行业自律机制和自律规范，政府的介入一般体现在基础设施的投资和国际大型展会的协助招揽上。政府应顺应规则，转变职能，退出对市场经济运作的直接干预管理。引导发挥协会组织的作用，加强行业自律和协调。尽早成立全国性的会展行业管理组织，并采用计算机网络技术等高科技手段，建立覆盖全国的信息网络；理顺与海关、税务等相关部门的关系，取消价格多轨制，建立公开、公平、公正的展览环境和竞争秩序，在操作上力争尽快实现规范化，并与国际惯例逐步接轨。

第二，加强法规建设。这是政府进行宏观调控的重要手段。欧盟、日本等发达国家都非常重视会展业的法规建设，不但制定了会展业的法律法规，而且制定了会展业中长期发展规划和年度发展计划。我国当前要进一步完善会展业管理办法，新形势下迫切需要出台一些更具有市场化和国际化特点的管理办法。政府有关部门应充分适应新形势的要求，进一步修改完善会展业管理办法，指导会展业健康发展。同时要抓紧制定会展业的中长期发展规划。目前许多城市在研究制定“十一五”发展规划时，也应把会展业作为一个重要行业加以考虑。在依法治市方面，首先，要抓紧制定《展览法》、《会展市场准入条例》及《会展业发展规划》等法律法规，以对会展业进行有效的监控和规范。其次，要搞好行业自律。消除计划经济体制遗留下来的政府管制痕迹，取而代之的是运用市场手段对社会经济活动进行调节。政府应有意识地引导会展业实行行业自律，通过行业协会，规范和管理会员行为，加强业内的交流与合作，协调会展活动。再次，会展企业自身要不断完善内部管理制度，对违反规定者要给予通报，甚至取消参展资格；要加强对知识产权的保护，对展馆内出现产品、商标等侵权行为，要严加惩处，切实保护贸易商的合法权益。

第三，提供政策支持。这是世界各国推进会展业发展的普遍做法。例如新加坡政府把会展业视为国民经济的支柱产业，从国家贸易政策和发展目标出发，特别批准实施国际贸易展览会资格计划(AIF)，对符合政府产业发展方向的展览会,或者经评估符合标准的展览会,授予 AIF 资格证书,并给予最高达 2 万新币的政府资助;为提高参展企业的竞争力,政府还减免参展企业的税收,对参展企业的场馆租金进行补贴。中国政府一方面应进一步加大对展会活动的政策支持,采取专项基金的方式,用于支持各项重大的展会活动。如:对规模大、效益好、有发展潜力的展会进行奖励;对会展业的形象推广和宣传促销活动进行资助;对企业出展进行补贴;对会展业的市场调研和人才培训进行资助等。另一方面应进一步加大对展览企业的政策支持,培育一批实力雄厚、具有较强竞争力的专业展览公司,推动会展业走向市场化和国际化。

体现在具体政策上,政府应对展览企业放宽市场准入,减少行政收费;对展览企业给予贷款贴息政策;对展览企业给予定额优惠税收政策等等。同时,政府还应为展览企业提供信息咨询、人才培训等服务,并引导展览企业通过并购重组做大做强。政府部门对经过筛选的展览会应予以经费和资金支持,以减轻企业出国参展的经费压力,从而提高企业出国参展的积极性,以在国际市场上寻求更多的贸易机会,最终达到扩大出口的目的。

(五)现代旅游商业的发展

旅游作为一种健康的、回归自然的消费方式,是现代一大社会消费热点,今后必将有巨大的发展前景。旅游业的发展与商贸服务业的发展存在着密切的互动关系。一方面,旅游业的发展能够给商贸服务业带来大量的游客,促进商贸服务业的繁荣与发展;另一方面,繁荣、发达的商贸服务业,必将使当地的旅游业更具吸引力。通过发展旅游商业,形成“吃、住、行、游、购、娱”一条龙,集旅游、商贸、服务于一体的服务供给体系,能够促进旅游业、商贸服务业以及其他相关服务业的发展,商业依附于旅游业的发展,寻求自己的发展空间大有可为,旅游业发展了,商业的发展就有了销售的对象,美国的洛杉矶凭借迪斯尼和好莱坞两个旅游景点吸引了近亿国外游客的光顾,为旅游服务的相应商贸业也得到了大发展,我国很多城市是很好的旅游胜地,大有潜力可挖。因此要抓住旅游业发展中的商业机会,在风景旅游名胜区确立商业旅游业互为联动的发展目标。

政府需合理引导、规范地方旅游商业发展,防止盲目发展、恶性竞争、暴利宰客等不良行为,各地旅游商业的发展应充分结合地区旅游资源与旅游发展规划,在主要的景点配置相应的商业服务设施;在主要的旅游集散地配套一定规模的宾馆、商业设施、餐饮、娱乐服务场所;在休闲区、度假村创造良好的消费休闲环境,满足游客度假以及商务活动必需的服务设施。

例如,随着城市居民休闲娱乐意识的日益加强,一些大城市周边的地区越来越重视开发特色旅游商贸服务业,"生态苑"、"农家乐"、"休闲度假区"已经成为城市居民休闲度假的好去处。这就要求有比较整洁、完善的住宿、商贸、饮食等服务设施相配套,此举经济和社会效益相当可观,既可以缓解大城市人口的拥挤程度,又可为度假者提供舒适的休闲环境,还可使旅游资源得到充分开发,带来人气,带来商机,带来农村新气象,带来地方经济发展。

在现代旅游商贸服务业发展过程中应重视商贸服务业与旅游的互动性,商贸服务业发展需适度超前。商贸服务业的发展要与旅游业的发展相适应,同时又不能只局限于现状,要有超前意识,规划先行,在旅游景点,尤其是大型旅游景区,应预留未来商贸服务业发展的空间,根据旅游景区和周边大型基础设施建设的进展情况,进行相应的旅游商贸设施建设。同时还应重视商贸服务业发展中的合理布点、网点的规范与档次的提升。

(六)商业中介机构的运行与发展

此处所说的商业中介机构区别于我们前面已经研究过的行业协会,是指介于政府、企业、个人三者之间,为提高市场经济运行效率而从事沟通、协调、公证、评价、监督、咨询等服务活动的中介机构。按照经济合作发展组织(OECD)国家所运用的定义,主要包括四个类型的服务:计算机软件与信息服务,研发(R&D)与技术检验服务,商业组织(包括管理咨询与劳动录用服务)与人力资本发展服务(培训项目与在岗培训)。而更广泛的中介业还包括法律服务、会计服务、广告及公关服务等。随着我国改革和市场化进程的不断加快,中介组织作为协调交易双方关系的市场第三方,在经济和社会发展中扮演着重要角色,发挥着沟通、协调、规范的作用,成为社会主义市场经济体系的重要组成部分,是当前进行各项改革的必要的配套系统,也是转变政府职能,实现"小政府,大社会"的重要条件。

目前,我国中介组织存在的主要问题是行业依附性强,独立性差;物质基础落后,整体服务水平不高;中介市场秩序不规范,信用缺失问题严重。非法中介屡禁不绝,无照无证经营扰乱了中介市场秩序;超出核准的经营范围从事中介活动,中介收费混乱,中介合同不规范,虚假信息泛滥,在社会上造成恶劣影响。上述问题的存在不仅严重扰乱了市场经济秩序,而且使中介行业的整体形象和信誉严重受损。上述问题的存在,既有计划经济向市场经济体制转轨过程中所产生的政府机构改革滞后、市场体系发育不完善、法律体系不健全等方面的客观原因，也有因政府和社会对中介组织的发展重视不够而导致的政策导向不明、缺乏长远规划以及管理不到位等方面的主观原因。长期以来，国内的大多数中介组织都是从“母体”中衍生而来的，是政府有关职能部门的转化物，带有明显的官办色彩，这严重削弱了中介组织的职能，影响其作用的正常发挥。在中介业十分发达的美国、德国、日本等经济发达国家，政府的作用往往体现在通过立法、政策导向和监督管理来推动、引导、鼓励中介组织的发展，为中介业的发展提供发展空间和强有力的政策保障，而中国这一领域严重缺乏这方面保障。为规范和发展中介组织，逐步建立起与社会主义市场经济体制和 WTO 规则相适应的，体现现代化国际港口城市特征的特色明显、结构合理、功能完善、信誉良好的现代中介市场体系，必须通过政府、社会、中介组织三方面的共同努力。

首先，从政府层面来说，要顺应改革和市场化的要求，继续加大改革步伐，转变职能，从对中介组织的微观事务管理中摆脱出来，彻底与中介机构脱钩，放弃对中介组织具体经营业务的限制，从政策、体制、机制上为中介组织的发展创造相对宽松的、公平竞争的市场环境，从而实现对中介组织的宏观调控和高层次的监管。

其次，从社会层面来说，要强化行业协会的作用，通过制订行业规则、行业标准以及培训考核等办法，切实发挥行业自律组织对中介组织的管理、引导及服务职能，加强对中介组织的社会监督，规范其中介行为，促进中介行业健康发展。

第三，从中介组织层面来说，要以提高市场竞争力为核心，加快自身的改革，健全内部管理运行机制，调整业务结构，规范服务行为，提高服务质量，重塑诚信形象，更好地服务于经济和社会发展。

政府管制工作思路主要体现在两方面：一是加快政府职能转变，进一步确立中介组织的主体地位；二是以市场化为导向，加大政策扶持力度，为中介组织的进一步发展创造良好的外部环境。管制的具体工作思路可考虑从以下方面展开：

(1)高度重视中介业发展，将其作为地区第三产业的重要组成部分进行科学合理的规划，包括总体目标、基本原则、工作思路、发展重点以及相配套的政策措施等，为中介业的健康发展提供宏观指导。

(2)按照“宽进严管”的原则，取消对中介组织市场准入的限制，特别是要废止部门规范性文件设置的准入门槛，防止部门利益法制化。在管理体制上打破部门所有、部门管理、业务分割的现状，逐步实现以执业资格管理来替代行政审批，以协会行业管理来替代政府行政管理，为中介组织创造宽松的市场准入环境。

(3)政府扶持建立中介业发展扶持基金，主要用于中介企业创业辅导和服务，开展人员培训，支持技术创新，开拓国际市场，建立中介信用担保体系，鼓励专业化发展以及与大企业的协作配套等。

(4)政府部门主动向社会开放行政管理公共信息，牵头进行信息整合，建立经济的、商业的信息数据库，实现信息共享，保证中介组织信息的准确性。政府需要科学引导、合理规划中介业的发展。但是需要注意的问题：①政府加强对中介业的管理，重点是规定从业资格、从业标准等法律法规的建设，而不要直接控制经营业务的大部分权利。②积极鼓励建立一种独立的、自律的中介产业的组织，自行处理诸如资格认证和定价问题，以加强中介业的竞争。

(七)其他新兴流通业态、业种的发展

典当、租赁、拍卖、旧货等行业也均是随着中国市场经济的建设的深化而新出现的行业，它们迎合了社会的需要，今后应有很大的发展空间。政府应鼓励与扶持这些行业的发展，使其走上健康发展的轨道。政府在典当业的工作重点应是规范典当行为，控制典当风险，加强典当行业文化建设，重塑典当行业形象；在租赁业则重在建立和完善租赁业管理的基础数据和档案，加强各部门之间的协调配合，协调解决租赁业发展中遇到的税收待遇、经营范围限制等问题；在拍卖业要建立监管机制，重点规范公物、国有资产和专营物品拍卖，要建立拍卖业的监督核查、信用管理和年度统计制度，鼓励业务创新、有序竞争和规范经营。在旧货业要将二手货市场的建立纳入规划，加强对旧货市场与旧货企业的监督管理，严禁旧货市场、旧货经营者销售假冒伪劣产品及销赃窝赃等不法行为。

三、中国商贸流通企业规模整合与结构重组

(一)对外开放背景下中国流通企业规模整合的客观必要性

按照发达国家流通产业发展的轨迹，流通产业的发展大致都经过了两个阶段，一是伴随着工业化的出现而出现的流通领域的变革、创新过程，这

一时期工业先行国的流通业快速发展,流通渠道迅速扩大,带动了生产的进一步发展,各种规模的传统百货商场、商品交易市场大量出现,市场供销活动活跃,这是世界范围内的第一次流通现代化阶段;二是伴随着信息化社会出现的流通领域的变革、创新过程,这是自战后尤其是70年代以来随着电子计算机在流通领域的普及推广,电子商务、物流通配送快速兴起,超市、连锁经营全面铺开,电子付款方式、POPS机在商场的普遍运用,大大缩短了流通渠道,方便了购买,减少了各类商品的库存,这可以称为世界范围的第二次流通现代化。从欧美等国的产业发展情况看,这两个阶段是明显的依次递进过程。而中国目前流通业发展的国情特点是,由于传统经济体制所限,加之城乡二元经济结构的客观存在,流通领域的两次现代化没能依次发生,而是以并存的方式同时到来,融合进行。对于现代流通产业的和流通现代化的认识几乎可以说是在极短的时期内迅速确立起来的,这就势必增加中国流通现代化和现代流通方式发展复杂化和难度。

化解这一难题的方法除学习借鉴发达国家流通产业发展的经验,在流通业态等方面加速推进现代化外,还需结合中国实情,从规模整合入手,加速流通产业结构调整步伐,这也是中国流通现代化的当务之急。

正如我们前面多处已经做过的分析,目前中国商贸流通企业与发达国家相比,一个明显的不足是企业规模小、网点杂、层次低,市场过于分散,各地区、各企业在数量扩张过程中均各自为政,相互之间缺少良好的协作与沟通,新增加的商业网点以小店铺居多,资金弱、店面小、经营品种少、效益低下,与发达国家之间的差距日益拉大:2000年,中国有销售额亿元以上的零售企业仅有1000多家,中小企业约100万家,而单体的小商店则多达2350万家;全国273家主要大型零售商场商品零售额1072.8亿元,仅占全社会消费品零售总额的3.8%(美国同期前50家流通企业的销售额占其全国销售额的20%以上)。沃尔玛的巨大盈利,来源于它遍布全球的零售网络系统、全球性的采购带来的低成本和高效的配送系统,这一切都离不开规模化的作用,失去了规模效益,也就失去了降低成本的能力,现代流通业也无从得以发展。为改变这种竞争中的被动局面,中国流通企业应快速走上规模化发展的道路。在零售小企业遍地开花的中国市场上,如何对中国流通产业进行规模整合,促进其引进、使用现代流通方式,引导其走上规模化、集团化的道路,事关中国企业是否具备参与国际市场竞争实力。

根据传统产业组织理论的基本思想,规模经济与垄断是一对孪生兄弟,垄断损害竞争效益,所以发达国家都把反垄断作为本国产业政策的重要内容，当然反垄断也是中国政府经济工作的一项重要工作。但是，在中国刚刚迎来全面开放的流通领域，尤其是流通终端的零售领域，目前面临的最严峻问题是提升竞争力，维护产业自身与国家经济安全，这时政府工作的重点理应是引导企业走规模化发展之路。就目前中国零售产业的实际情况分析，根据调查，一些经济发达地区的零售网点数还是较多的，尤其是在城市的老区，甚至有过剩的势头，经营方式雷同导致的恶性竞争也时有出现，目前存在的主要问题一是网点分布不均匀，二是网点以单体小店居多，产品来源渠道混乱，农村零售市场更是假冒伪劣充斥。对现行国内流通企业进行结构重新组合，业态重新调整，客观上也是流通现代化的一项重要工作内容。

（二）政策大力扶持本土流通企业走集团化、规模化发展之路

国外跨国流通企业所拥有的资本规模和技术优势都是在长期的市场经济、自由竞争中自然发展壮大的，必然具有其自身强大的竞争力；我国的流通企业长期受计划经济体制的影响，在市场竞争中受到行政保护，且多为中小企业，尚没能形成与国外强势企业具有抗衡能力的企业集团，规模经济发展明显不足，产业整体竞争实力非常薄弱。加入 WTO 后，本着公正、公开、透明、非歧视的基本原则，国内企业与跨国企业同台竞争，正面较量不可避免。对于国内流通企业而言，当务之急是苦练内功，大力引进现代流通方式，不断改进技术、降低成本，力争早日培育起与国外企业分庭抗争的能力。在这一基本思路下，中国商贸流通产业政策的具体措施可以体现在以下两个方面：

一是在整体政策管制思路上，考虑反垄断低度立法原则。中国一直都在酝酿出台适应本国经济发展实际需要的反垄断法，笔者以为，就商贸流通产业而言，反垄断法应充分考虑对外开放环境下中国产业发展的实际需要，在鼓励企业规模扩大方面有所偏向，亦即体现低度立法原则。低度立法原则强调的是反垄断法不应规制企业的市场支配地位，只有当企业滥用市场支配地位，限制了竞争，反垄断法才予以规制。低度立法目前已成为世界各国反垄断立法的潮流，即使以前对反垄断立法较为严厉的美国、日本等国，也开始采纳合理原则来对原先的严厉规则进行补充修改，强调市场支配地位本身并不违法，只有当其滥用了支配手段限制竞争才属违法，反垄断应反对企业的垄断性行为而非垄断性市场结构，这也正是现代产业组织理论对“反垄断”的新定义。正如前面已经探讨过的，如果中国滥用市场支配地位的概念来反对拥有规模、技术优势的企业，将不利于国内产业的健康发展。

低度立法原则不仅顺应了各国反垄断立法的发展趋势，也适合我国流通领域的国情，既可以促进竞争，建立竞争性的市场结构，防止出现垄断，又可以在相当程度上促进中国商贸流通产业规模经济的形成和发展。

二是在具体政策措施上，应鼓励本土企业采取各种措施开拓、占领国内新的市场空间。

中国本土商业零售业应把在国内网点上的优势最大限度地发挥出来，采取主动，占领有战略意义的制高点。随着中国零售业全面开放的到来，跨国大企业又酝酿着对中国市场展开新一轮的冲击，其触角正逐步从省会城市转向地级市，甚至一些经济比较发达的县级市，总体上说，其看中的主要还是中国迅速膨胀的城市集中消费能力。事实上，随着中国农村经济体制改革的深入，富裕起来的中国农村、中国农民蕴含了巨大的潜在消费能力，而中国农村地区地域广阔，人口居住相对分散，短期内外资企业尚无暇也无能力顾及，非中国企业莫属，所以向农村市场推进，走农村商业连锁化发展的道路，能使国内商贸流通企业实现低成本的快速扩张，在满足中国农村不断提高的消费要求的同时，避免了城市商业的过于集中、过度竞争，同时也可借此为平台，实现规模化发展。

政府流通产业扶持政策应体现在鼓励农村连锁商业发展上，积极筹集、发放必要的扶持资金，并从批地、贷款、开业、税收等各方面给予政策优惠。在具体工作方法上，可引导利用农村供销社的传统销售网络解决布点问题。农村供销合作社作为中国农村传统的流通组织，经历了几十年的发展，在广大的农村地区形成了一张相当完备的布点、销售网络，虽说目前多数地区供销社已完成转制，但传统的关系网基本还在，目前国内一些地区凭借供销社网络发展起来的连锁经营在县城、乡镇已经具有良好的发展势头。政府产业扶持政策应充分重视利用现有的网络资源对现有的基层供销合作社进行连锁经营改造，以较少的资金投入和较小的风险开展连锁经营，集团作战，开拓农村市场，占领竞争优势。

（三）政策应动态性地保护国内中小商贸流通企业

中小企业保护政策与反垄断政策一起，是政府用来维护必要的市场竞争格局的常用手段，也是各国产业组织政策的重要内容。日本的流通产业政策在中小企业保护、反垄断方面的措施非常严厉：为避免无序竞争、保护中小商业企业，原通商产业省出台了《大规模零售店铺法》和《零售商业调整特别措施法》，对大零售企业的营业时间等给予限制；为帮助中小商业企业发展，通过经济立法确立中小企业地位，引导其适应经济发展，出台了《中小企业基本法》、《中小企业指导法》和《中小零售商业振兴法》。在反垄断方面，日本政府则制定了《独占禁止法》(禁止垄断法)等相关法规，禁止共同拒绝交易、禁止生产厂家约束批发商和零售商的批发、零售价格，限定销售地域、销售店铺和顾客等。日本流通产业政策的实施，事实上形成了国内产业较强的封闭性与排外性，虽说这在相当程度上保护了日本本土生产企业与流通企业的发展，维护了本国产业安全，但另一方面也造成了日本店铺过多、过小，流通环节过多，流通业生产性低，流通成本高等弊病，其过多地保护本国产业尤其是本国中小企业的政策措施所形成的进口壁垒也招致了各国广泛的批评。

正如我们前面已经探讨过的，中国本着彻底的、非歧视的对外开放基本原则，目前流通领域存在的最严峻问题是对外开放背景下的跨国大企业大量进入而本土流通企业散、小、弱，缺乏竞争力，中国流通产业政策的一项紧迫任务是鼓励国内中小流通企业联合、重组，做大做强，所以中国流通产业政策在协调维护市场竞争性与保证产业安全性两方面关系上的任务艰巨，需在保护中小流通企业与鼓励企业走规模化经营道路两方面做通盘慎重的考虑。事实是，政策本身就是在综合比较各种矛盾与利害关系后的优选方案，某项政策本身必然存在一定的机会成本，只要政策的机会成本低于其综合收益，这就是一项值得推行的政策。同时，一项政策出台以后也不是一成不变的，而是适应经济发展一定阶段的实际需要，具有阶段性特征，就目前而言，中国流通产业政策应更多地重视鼓励、扶持本国流通企业走上规模化发展道路，但与此同时，为维护市场的竞争性，政策的另一方面要做好中小流通企业保护发展的文章，政府部门要按照资金使用方向和程序，安排中小企业发展专项资金、中小企业科技创新资金等，支持中小流通企业发展。鼓励有条件的流通企业到境外开展流通业务，在市场准入、信用担保、金融服务、物流服务、人才培训、信息服务等方面进行扶持。

(四)政策积极鼓励流通企业努力提高流通效率

我国的流通产业目前仍然是国民经济的薄弱环节，对国民经济贡献度低，与经济发展不相适应。据商务部提供的数据，2003 年，我国的 GDP 总量为1.4万亿美元，其中批发、零售、餐饮业的贡献度为 7.7%，而发达国家这一比重在 20 世纪 90 年代就已达到 15%以上，我国流通业对 GDP 的贡献明显与国民经济快速发展的要求和全面建设小康社会的客观要求不相适应;另外,我国企业500强中的流通企业流动资金周转速度仅为2.3次,而发达国家流通企业资金周转速度一般都能达到20次以上,流通效率低、效益差是我国流通产业发展的巨大障碍。

无论外来的扶持力量如何强大,企业在竞争中能否占领优势,最终还是取决于其自身的核心竞争力。政府对商贸流通企业的扶持主要体现在产业政策上的稍加倾斜,但一般而言,流通产业政策仅能在流通产业发展的速度和规模方面有所作为,而对于流通效率的提高、效益的改善并不一定有效,类似于制定行业门槛,限制外资比例等措施一般均无助于流通企业的创新和竞争。当然,在必要的时候,中国流通领域也可以借鉴日本的一些做法,在资金、税收等方面扶持国内流通企业加速引进现代流通方式,加速传统落后经营业态与设备的改造与淘汰。但现代流通方式的进入并不一定意味着流通效率的提高,决定流通企业效率提高的关键在于其是否处于一个公平竞争的市场环境中,因此流通产业政策的导向也就在于如何创造条件,为企业营造起充分、公平的竞争环境,促其在竞争中提高效率。

(五)政府流通产业发展评价指标应是科学性与政策性的统一

经济发展的评价指标本身应具有科学性、导向性、前瞻性,政府有关部门应借鉴发达国家常用的千人均商业面积拥有量,再考虑地区商贸业发展的连锁率指标(连锁企业年销售额占销售总额比率的递增率)作为本国本地区商贸业发展评价指标。

政府对商业零售企业的扶持主要体现在在产业政策上的有所倾斜,但一般而言,流通产业政策仅能在流通产业发展的速度和规模方面有所作为,而对于流通效率的提高、效益的改善并不一定有效,现代流通方式的进入也并不一定意味着流通效率的提高,决定流通企业效率提高的关键在于其是否处于一个公平竞争的市场环境中,因此流通产业政策的导向也就在于如何创造条件,为企业营造起充分、公平的竞争环境,促其在竞争中提高效率。

对于竞争性行业,政府客观上不应再出台任何直接性扶持政策,零售业的全面开放,意味着所有企业都能享受国民待遇,政府不能再对本土企业实施直接扶持,取而代之的是行业性扶持政策。针对中国商业零散度大,与国外强势企业竞争实力弱的情况,国家应扶持一批本土大企业、大集团在市场中起主导作用,利用政策的力量给予必要的扶持,当然扶持形式并不完全是出台支持政策,而是为本土大企业的发展清除一些政策性的障碍:帮助解决连锁企业各门店之间合并报表和统一纳税的问题;享受减免呆坏帐以及债转股的优惠政策；支持流通企业跨区域发展；利用内外贸发展基金；国家贴息贷款支持企业技术改造；加快基础设施建设；等。

四、农村流通体制改革与政府农村商业连锁化发展战略

（一）新形势下农村商业发展走连锁化道路的战略意义

商业尤其是零售业处于整个国民经济产业链的终端，其生存与发展状况直接关系到国内其他产业的正常发展。近年来，国内市场供求关系结构发生变化，买方市场逐步形成，流通的重要性日益加大，社会各界对商业在经济发展中的作用有了重新的认识；城乡人民生活与收入水平的提高则进一步对商业发展提出了高要求。环境条件的变化，要求中国商业有创新发展思路，走农村商业连锁化发展道路，能较好地适应这种形势变化的需要。

1. 维护国内产业系统安全

近年来，随着沃尔玛、家乐福、麦德龙等国外零售巨头大举进入中国，其对国内商业制高点的占领，在给中国商业零售业带来先进的经营业态、管理经验的同时，其全球性采购的进货方式也使中国产业系统隐藏了安全危机。在与国外企业竞争的过程中，本土商业企业规模小、效率差、竞争手段低级简单，目前无论规模、能力均无法与国外大企业相抗衡。为避免本土商业的衰弱可能引发的国内产业安全危机，迫切需要政府与企业共同努力，从本国国情出发，充分结合本国传统优势，寻找企业合理发展的新空间。从目前情况分析，沃尔玛等国外大企业看中的是中国迅速膨胀的城市集中消费能力，尚无暇也无能力顾及中国地域广阔，人口居住相对分散的农村地区，在这一市场非中国企业莫属。国内连锁企业进入广大的农村市场，走农村商业连锁化发展的道路，能够以较低成本实现快速扩张，同时也可避免城市连锁业的恶性竞争，是国内流通企业做大、做强，并最终实现自我发展壮大的最佳选择。

2. 满足农村居民收入水平提高后消费水平与消费能力增强的需要

改革开放以来我国农村经济迅速发展，农民收入明显提高，相应的消费水平与消费能力迅速提升。统计数据显示，近年来我国县及县以下地区实现的消费品零售额约占全部社会消费品零售总额的35%，虽说仍远远低于城市占65%的水平，但由于农村人口众多，在农村收入预期良好的情况下，未来增长潜力巨大，且容易为国内连锁商业企业所获得；据国家统计局对全

国31个省(区、市)6.8万个农村住户的抽样调查,2004年农民人均纯收入为2936元,比2003年增加314元,增长12%,扣除价格因素,实际增长6.8%,为1997年以来增长幅度最高的一年,农村居民家庭恩格尔系数则从1997年的55%降至45%以下;在我国经济比较发达的沿海地区,农村居民人均纯收入普遍在3000元以上,部分地区甚至已达到6000元以上,农民消费水平已经高于中西部某些中等城市。随着我国城镇化步伐的加快,未来几年中国将有大批农业人口转成城市居民,据预测,仅此一项就将增加消费需求800亿~2000亿元。农民收入水平的提高将从根本上促动农村消费水平的提升与农民消费观念的转变。然而中国农村商业体制、流通组织形式落后,消费环境恶劣,大量个体商业分散经营,经营能力小,商业设施落后,服务观念陈旧,商品价高质劣且品种稀少,不能很好地满足农民日益提高的消费需求:一方面是国有商业、传统农村供销社商业经营萎缩,失去了活力,正在逐步消亡;另一方面是近年大量新出现的农村个体商业经营分散,各自为政,难以适应农村市场需求的变化。这种状况导致了农村市场有效供给不足,大量农村购买力被迫流往城市,加大了城市的流通压力,也不利于农民就近方便购物,破坏了城乡商品的合理布局。现代连锁商业的业态特点和规模效应能够较好地起到改组农村传统商业,增加有效供给,引导和满足农民消费的作用。

3.促进农村产业结构调整与农业产业化发展,确保农民收入水平的持续增加

中国农业要实现由传统型向现代型、由数量型向效益型转化,必须大力发展农业产业化经营,增强中国农产品在国际市场上的竞争力,这就要求有高效、发达、顺畅的现代化农村流通体系相配套。我国农村地区落后的流通方式限制了农村经济的进一步发展,成为制约农民收入增长的重要瓶颈。只有将农业产业化与农产品流通现代化建设紧密结合在一起,才能实现农村产业化经营,使农民增收问题得到真正的落实。

随着中国的农副产品生产逐步进入产业化、规模化发展,客观上也需要有现代化的流通经营方式相配套。现代化流通方式的进入,能运用其连锁网络,推动农产品的规模经营和农村的产业化生产,通过大量销售农产品,解决农民卖难问题。发展连锁商业是一个巨大的商业流通体系改造工程,是对农村商业的一次革命和对农村流通网络的重新构造,连锁商业的发展能带动农副产品生产、加工的贸工农一体化龙头企业的发展,连锁公司可以利用自己网点广、信息灵的优势,帮助当地企业及时掌握市场信息,进而引

导农民调整种养结构,生产更加适销对路的产品,地方农副产品可以借助于连锁商业的销售网,通过扩大地方农副产品的品牌知名度和企业知名度。连锁经营方式对配送货的特定要求也为地方农业产业化经营提供了平台,完善的农村连锁商业发展可以充分利用其大规模采购、加工与销售的功能,带动农业产业化经营。由农村连锁商业发展所带来的生产加工链,同时会消化、吸收相当一部分农村剩余劳动力转移到生产加工业中来,对人口非农化、生产工业化等均有积极的促进作用,有助于国民经济产业结构系统的有效调整。

(二)推进农村商业连锁化发展的政策建议

推进农村商业连锁化发展,在中国这样一个具有广阔的农村市场、众多的农村人口的大国,是一项系统工程,需要各级政府与企业协同努力,采取灵活措施,开拓渠道、手段创新,具体可从以下几方面开展工作。

1.观念上,充分重视农村连锁商业发展对推进中国农村流通现代化,建设社会主义新农村中的战略地位,确保这项工作的快速、合理推进

加快农村市场体系建设,构建符合中国国情的新型现代流通网络,是解决“三农”问题的一项重要内容。长期以来受“重生产、轻流通”观念之影响,中国农村市场体系建设滞后,农民“卖难”、“买难”问题相当突出,且目前假冒伪劣消费品大量流向农村、价格欺诈事件时有发生,农村流通网络建设任务相当紧迫。

中国农村地区人口众多,农村市场蕴藏着无限的商机和巨大的潜力;连锁商业企业在广大农村地区的全面推广,可以通过员工本地化,降低人力成本,为当地政府解决部分富余人员的就业问题;可以通过农副产品的产业化生产经营使传统农业人口转移到农副产品加工、包装行业;国内大连锁企业的发展更能成为与国外大零售商抗衡的中坚力量,防止中国出现严重的产业安全危机隐患;国内连锁商业走农村化发展道路也迎合了国家宏观产业结构调整的需要。大力推广农村连锁商业发展,应该成为今后政府流通产业政策实施的基本导向,各地政府部门对于连锁商业的进入,应从批地、贷款、开业、税收等多方面给予政策优惠。

2.具体措施上,充分认识中国农村商业发展的难点,有的放矢地加以推进

中国农村商业落后的历史由来已久,长期以来中国农民极低的收入水平成为农村商业发展的巨大障碍。相对于规范的现代连锁商业而言,农村

传统小店经营场地面积小，经营品种多为廉价商品，开店成本极低，而连锁商店业的发展一般需有一笔相对较高的初始资金投入，考虑到日后的经济效益，若非经济十分发达的农村地区，一般连锁企业不会愿意进入布点，而当地门店也会考虑资金压力与经营风险而不愿积极配合，单纯依靠市场的力量自发引导农村商业走连锁化发展的道路时间长、难度大，因此需要借助地方政府的力量促成这项工作的开展，选取经济条件比较好的乡、村做试点，分步推进，重点在于解决合理化推进、配送公司的组建与资金扶持三方面问题。

首先是合理化推进问题。

中国农村地域广阔，各地经济发展水平很不均衡，即使在同一个地区的不同乡镇或村，农民收入差异也很大，自然地理和经济地理的差距，经济发展的差距，消费观念的差距等带来了城乡连锁商业发展过程中的复杂性和多样性。连锁商店的推广，因其规范的进货渠道、严格的商品质量要求，与传统乡村小店相比，商品价格相对较高，在一些贫困地区农民现代消费观念、消费习惯尚未形成，推广现代连锁商业时机可能并不成熟，所以应该因地置宜，率先重点促进连锁商业在农村零售市场的发展。

从品种上看，农村连锁业的多行业应着重在坚持以食品类、日用品类、百货类、综合类、餐饮服务业等多业并举；从规模上看，农村连锁商业的多业态，应以发展中小型连锁超市为先导，以发展便利店连锁专业店为主体，以县为区域有选择地合理发展综合性百货店或商场连锁，适度推进仓储式商场的连锁经营的业态。由于正如我们上面已经讨论的，连锁方式可有直营连锁(正规连锁)、自由连锁(自愿连锁)、特许连锁(合同连锁、加盟连锁)等多种方式。我国农村地域广阔，居住人口相对分散，县乡一级的农村商业多数处于单店经营、个体经营的状态，竞争能力和服务能力都比较弱，依靠农村商业自身力量发展具有较大规模的正规连锁企业资金压力重、风险大，不易推广，应引导这些众多的私营、个体以及部分国有商业企业走多种形式的连锁的路子。自由与特许连锁形式，在现阶段是我国农村零售市场发展连锁经营、开始起步的一个不可少的形式，日本在20世纪60年代从国外引入连锁商业的起步阶段时期，根据本国的情况，也经历了一个由自由连锁到规范连锁的过程。它对我国城乡连锁商业的发展，亦可借鉴。笔者认为，在经济比较发达、农民收入较高的地区，政府可以引导推行正规连锁；在经济发展一般地区宜采取由若干个门店或企业自愿组合起来，在不改变各自资产所有权关系的情况下以共同进货为纽带开展经营的自由连锁及门店与总部签订合同,取得总部的商标、商号经营技术等形式开展具有独立法人地位的特许加盟经营方式,以加盟形式推广。特许连锁,则克服了正规连锁对总公司资金、管理方面的压力,符合总公司与门店双方的需要,有望用最低的成本、最快的速度,推动农村商业的改革与创新。经济落后地区则由地方政府选点出资试行。

其次是扶持组建连锁公司及相应的配送公司问题。

连锁商业的最大特点是其必须遵循连锁的"3S法则",即标准化(Standard)、专业化(Special)、简单化(Simple)。客观上一家有一定规模的连锁企业应具有自己独立的配送公司。

连锁公司应紧跟市场的变化和需要,兼顾企业发展的实际,坚持积极与稳健相结合的扩张原则,实行开办与整合同步、规模扩张与层次提高并重的策略,引导连锁公司根据不同地域经济发展现状、人口分布情况、居民消费水平、习惯及发展趋势作店址选定和商圈界定,充分发挥自身良好的品牌信誉和货源优势,着力建立跨行业、跨所有制、跨区域的加盟连锁体系。在巩固和完善现有商业网点时,应努力扶持企业培育建造适应近阶段连锁超市发展需要的现代化大型配送中心,打造规范、高效的物流配送体系,建成管理现代化、营业合理化的区域性连锁超市集团。鼓励国内连锁企业以"输出品牌、发展加盟,坚持实施低成本运作、连锁化发展"作为农村发展战略的基本思路。

第三是安排必要的扶持、发展资金问题。

从目前来看,这是政府推进农村商业连锁化发展的一项最紧迫的工作。农村连锁商业发展最大的障碍是解决资金问题。从2005年起,商务部在全国范围内推广在农村建立现代化流通网络的"万村千乡"工程,其核心内容为引导、鼓励大中型流通企业以连锁和超市形式到农村投资建立、改造"农家店",同时支持各类中小企业通过自愿连锁,以统一采购、统一建立销售网络的方式建设"农家店"。商务部规定了连锁商业发展的补助标准:对承担"万村千乡"的企业,为建设或改造配送中心而向银行借贷的中长期固定资产投资贷款,将获得贷款利息补助。企业开办的每个乡级"农家店"将得到2000元补助,每个村级"农家店"补助3000元,中、西部地区每个农家店补助标准还可分别增加800元。此外,相关减免税政策预计不久后也将出台。

除政府扶持资金外,一项重要的政府工作内容是政府牵头,推行多元化出资政策。可考虑由县、乡一级地方政府依据本地财政情况,抽取一笔专项资金对每个建成点专款专用,可采取诸如"放心店"、"优质店"挂牌奖励等措施发放到位;连锁企业出资规范门店外装修,负责配送货;加盟店与连锁企业签订有关连锁协议等做法确保这项工作有序运行。笔者认为,政府连锁商业扶持资金应分为两部分,用在经济落后地区主要目的是合理布局、试点推进,而用在经济发达地区,主要在于奖励先进与帮助连锁公司发展配送中心。目前国内一些地区政府农村连锁商业扶持资金使用欠当,效率不高,一些地方政府把速度和数量作为惟一的效益衡量指标,在一些条件尚不成熟的地区强行实行连锁经营,在资金上给予倾斜,结果却适得其反,根本原因就在对连锁商业发展的进程、规律缺乏了解。

(三)充分利用农村供销社传统销售网络解决布点问题

供销合作社是中国农村传统的流通组织,在经历了几十年的发展后,在广大的农村地区形成了一张相当完备的布点、销售网络,供销合作社的主要阵地在农村,主要服务对象是农民,主营业务是流通,在国内一些地区仍然是农村中组织体系完整、经营网络健全、服务手段有力、工作基础较好的经济组织。虽说目前国内经济发达地区原供销社下属代销店已完成转制,现有的经营网络合作形式松散,基层的供销社组织机构基本处于停滞状态,但传统的关系网基本还在,与其他分销商相比,供销社企业最大的优势在于对农村市场的熟悉,对中小城镇和农村的消费习惯、消费心理有较为准确的把握,这是一笔巨大的无形资产,目前国内一些地区凭借供销社网络发展起来的连锁经营在县城、乡镇已经具有良好的发展势头。农村商业的发展应重视对现有的基层供销合作社进行连锁经营改造,既充分利用现有的网络资源,又以规模化经营和企业化管理完善现有的网络,利用供销社点多面广的网络优势及已有的人才基础,以较少的资金投入和经营风险开展连锁经营,集团作战,开拓农村市场。

在计划经济时期,计划是供销合作社之间联系的纽带,在市场经济条件下,必须用市场的办法代替计划的手段,把全系统联合起来,共同发展,建设高效畅通的现代流通网络,用现代经营方式提升网络的核心竞争力。充分发挥供销合作社从事农村商品流通、贴近市场和与农民天然联系的优势,大力发展专业合作社和农产品加工龙头企业,积极参与农业产业化经营,与农民结成真正的利益共同体,帮助农民增收致富。借助于供销合作社,可以分利用现有资源,加快经营网络现代化改造,大力发展连锁经营,做强、做大农产品、农业生产资料、再生资源、日用消费品等传统主营商品和优势产业的流通,促进村容整洁、乡风文明。加快基层供销合作社改革,夯实供销合作社组织基础，增强为农服务实力。在社会主义新农村建设改造中，应充分利用基层合作社的网络优势、组织优势和人才优势，围绕农民生产、生活、文化等多方面的需要，大力发展专业合作社、综合服务社、庄稼医院、乡村超市，完善服务网络，巩固和扩大供销合作社在农村的服务阵地，为建设社会主义新农村作出应有的贡献。

政府应切实加强对供销合作社改革发展的领导和支持。认真落实有关政策，努力营造有利于供销合作社改革发展的宽松环境。大力支持供销合作社改革与发展，支持供销合作社二次创业，形成共同推进供销合作社改革发展的良好氛围。

第九章

发达国家政府流通产业管制措施及中国的借鉴

从经济理论角度分析,竞争性领域政府干预越少越有利于产业自身效益的提高。市场机制在全球流通产业发展中起着调节资源合理和最优配置的基础性作用,发达国家政府一般很少直接干预本国流通产业运行。但是,少管制不等于放任不管,为保证本国流通产业健康、稳定、持续发展,市场经济国家的政府大多根据本国实际情况,对流通产业进行各种形式的宏观调控和微观管制,形成了各具特色的流通体制。

从发达国家的经验看,正是由于商业竞争度高,总量和结构容易失衡,各国政府都很重视对商业的管制。例如,日本作为自由企业体制国家,政府原则上无权对企业活动进行直接干预,有必要进行干预时,往往以法律的形式将其"正当化",先促成有关法律的制定,然后依据法律管制企业;法国是计划经济成分较高的市场经济国家,政府对商业的管制更加严格,为加强对超市的规范管理,政府先后制定了一系列法律;美国虽然非常崇尚自由竞争,但在商业领域也有严格规定,在商业设施规划中将网点配置明确分为城市中心、地区中心、社区中心和邻里等层次,分别予以调控,以保证合理建设、规模适度和有效竞争。正是由于有了严格的管制,这些国家的商业活动才没有出现诸如严重的过度竞争等混乱局面。其许多经验值得我们学习与借鉴。

一、世界三大产业发展模式与政府的作用

依据政府在产业成长过程中作用的不同,可以把世界各国产业成长模型归为以下三类。

(一)竞争型产业发展模式

竞争型产业发展模式主要存在于欧美等市场经济发达国家。从 17 世纪欧洲工业革命起,欧美一些发达国家经历了几百年的资本主义发展历程,其市场经济发展已经较为成熟,大多数情况下市场机制可以自发完成资源的配置,政府对结构调整、产业发展的干预较少,产业的成长与发展主要依赖于市场自发作用的过程。

崇尚竞争型产业发展模式的国家一般具有以下几方面基本特征:

(1)市场机制比较完善,资源可以自由流动,产业成长与发展主要依赖产业内部的自我均衡、自我调节。

(2)外部的政策力量对产业发展与成长的影响是间接的,政府并不直接干预企业的经济活动,而主要通过市场参数如利率、税收、价格以及货币等进行调节。

(3)一般具有较为完备的市场运行规范措施,例如法令、法律,以及自觉的贯彻遵守习惯。没有垄断因素作用和政府干预的完全自由竞争,仅存在于某些主张自由放任的人的幻想中,随着资本主义的发展,产业的自身有序发展过程被资本的集中和垄断所打破,出现了垄断低效率问题,宏观层次的调节——政府的作用于是开始出现。但即使如此,在市场经济发达的国家里,政府的干预也仅限于一定范围内,只是法律的约束能力越发加强了,政府对产业的管制也主要体现在立法管制上。

(二)干预型产业发展模式

干预型产业发展模式主要存在日本、韩国、中国台湾等经济后发国和地区。日本、韩国的经济发展历程与上述欧美市场经济发达国家相比有诸多不同:

(1)市场经济发展的历程比较短,市场机制的自发作用也比较薄弱。

(2)资本市场的建立和发展过程中,国有资本和私人垄断资本财团一开始就密切相连,形成左右市场的垄断势力。

(3)产业结构成长的起点较低,其可以支配的资源天然短缺,单靠市场机制的作用很难在短时期内迅速积累资本,完成产业发展与结构优化的目标。

在这种历史背景下,出现了有别于竞争性产业发展模式的另一种产业模式,这就是由政府产业政策引导,以垄断性的大规模生产为骨干的干预型产业结构成长模式,其一般表现方式就是“政府+企业”型的产业发展模式。

干预型的产业发展模式在一国或地区施行需要有两个重要前提:一是有政府干预和控制经济的历史传统;二是有短时期内迅速赶超发达国家的战略目标。在这两个前提的推动下,干预型产业发展模式实际上是基于下列思路:要实现本国经济的快速发展,摆脱资源短缺的约束,单纯依赖市场机制的作用是不可能实现的,而必须由政府来规划产业发展的目标,确定带动整个经济起飞的“战略产业”,并通过政府的经济计划、经济立法和经济措施,扶持“战略产业”的起飞和诱导经济按既定的目标发展。

这种模式贯彻最典型的就是日本。日本政府经济企划厅文件《中期经济计划》(1956)中曾直言不讳地承认,没有国家的干预,没有产业政策,单靠市场机制实现产业发展与结构的高度化是难以做到的。日本政府曾采取财政、税制措施,通过国民收入的再分配去促进战略产业的资本积累和获得利益,甚至采取立法,如日本早在20世纪五六十年代颁布实施的《特殊萧条产业临时安定措施法》就是强行推进技术改造和设备更新的典范,日本的机械工业就是靠了这种行政干预才得以发展起来。此外,日本还实施了种种保护贸易措施。

(三)计划型产业发展模式

计划型产业发展模式实际上就是政府主导型的产业发展模式。完全凭借政府的作用,出于某种战略目的,在政府的直接干预下,保证一国关键产业得到优先发展,幼稚产业受到保护,衰退产业得以撤离。以一国关键产业发展为例,关键产业一般是对一个国家或地区的经济生活来说有重大关系的工业部门,它的发展将对整个产业结构成长产生连带作用。但问题在于,市场的自动选择的长期性将使得关键产业的发展,对后发国家来说变成痛苦而难以忍受的漫长过程。政府对关键产业加以重点安排,可以保证一国产业系统的快速、协调发展。这可说是计划的优越性所在。事实上,中国改革开放以前产业发展就是完全依赖于政府的计划,在新中国建立之初,国家凭借经济计划集中起了优势资源保证的重点建设,也保证了中国工业制造业、钢铁、煤炭等重点产业产品的发展,中国在短期内建立起了比较完整的工业体系与国民经济体系,这是不容否认的事实。忽视市场作用的强制性计划却使产业发展失去了根基,丧失了竞争能力,事实上产业也未能有发展。

综合上述三种产业成长模式,政府作用的侧重点各不相同。竞争型产业成长模式政府侧重于事后调节、立法调节；干预型产业成长模式政府侧重于通过市场与企业的作用起间接调节作用；计划型产业成长模式则是政府的直接调节。虽说三种模式适合于不同国家的经济发展环境，但无论哪种模式，政府的作用均不容忽视。

二、日本政府流通产业管制体制研究

(一)日本经济运行的基本特点

日本作为后发的市场经济国家，其市场经济体制的运行尤其注重政府对企业决策的诱导作用，基本属于计划调控型市场经济，其经济运行的典型特点表现在：①经济的宏观决策主体是政府，议会的决策作用十分有限，而政府的宏观决策也主要体现在经济计划和产业政策上；②日本的经济计划层次较多，包括由企划厅制定的中长期经济计划、年度经济计划和国土开发及地区开发计划，虽说计划是软约束，但由于强有力的配套措施，其诱导性是强有力的，企业一般均愿意实施；③日本的大企业以集团和向下承包的方式直接控制了广大中小企业的生产经营活动，在经济决策中起着主导作用；④产业政策是日本政府在资源配置中发挥作用的有力工具，日本是世界产业政策体系最为完备的国家，政府为了在短期内促进本国产业的快速发展，实现赶超的目标，制定了一系列的产业扶持与管制政策，是政府干预产业发展的典型；⑤日本政府对经济运行和发展的调控主要采取财政和金融两大手段。

上述特点反映在日本的流通产业，可以明显看到其产业政策措施齐全、目的明确，可以说战后日本流通产业的发展轨迹一直是处在政府管制的框架之下。

(二)日本流通产业政策核心

第二次世界大战以后，日本推行的是政府产业政策引导下的大企业，尤其是大生产制造企业重点发展的战略，政府与大企业之间的良好合作是日本经济立国之本。日本的商品市场一方面受国内大生产制造商的控制，另一方面受政府产业政策干预，流通领域中企业的自由度相对较低。

日本政府流通产业发展的总体政策思路是保护本国产业，尤其是保护本国中小企业，以期维护商品交易秩序、完善市场建设。为防止国内出现过多的失业者,政府如同保护农业一样保护本国中小商业者。为禁止大企业垄断,日本政府制定了《独占禁止法》(日本的反垄断法),成立反垄断执法机构——日本公平交易委员会(Japan Fair Trade Commission,简称 JFTC),从防止私自垄断、限制不正当交易和不公正交易方法三个方面禁止包括商业在内的各行业的垄断行为,其限制范围涵盖所有流通活动。为依法确立中小企业的地位,日本通产省先后出台了一系列旨在保护国内中小企业的法令、法规,如《大规模零售店铺法》、《零售商业调整特别措施法》、《中小企业基本法》、《中小企业指导法》和《中小零售商业振兴法》,日本的大型零售企业开业需获得政府有关部门的许可证,这对中小企商业企业的支持非常直接。日本鼓励国内发展以小店铺经营为主的商业街等商业业态,并通过向中小企业提供信息和进修机会、由地方政府的中小企业综合指导所对其进行经营会诊、由中小企业事业团和公立试验研究机构组织技术指导、技术开发和技术进修等活动、指导中小企业调整或转换经营方向等各种行政手段对中小商业企业进行指导,提供全方位的帮助。

(三)日本流通产业政府管制体制基本框架

日本流通产业政府管制措施主要体现在以下几方面:

1.设立流通行业行政组织机构

日本的流通行业行政组织网络以中央、地方、民间三者相结合,遍布全国。通产省、公正交易委员会、中小企业振兴委员会等均在促进流通产业发展方面发挥了巨大的作用。

早在 1949 年,日本就设立通商产业省(简称通产省),通产省是日本流通政策和工业品产销政策制定和实施的基本主体,集生产与流通、内贸与外贸管理于一身,对日本工商界具有重要影响。通产省内设通商政策局、贸易局等,负责流通产业具体事务,参与制定流通政策;通产省在国外设有派出机构及几十个咨询机构,除提供咨询服务外,还出版与流通产业直接相关的《通产统计》、《商业统计速报》等定期刊物。

除通产省外,日本政府还于 60 年代设立了负责维护公正交易、公平竞争的合议制机关——"日本公平交易委员会"、以加强对中小流通企业的管理为宗旨的"中小商业振兴委员会"等。

2.制定与流通产业政策密切相关的法律、法规

日本政府及相应的政策机关对市场的干预主要是通过各种政策、法规来实现,其在流通产业方面的法律、法规主要可从以下四方面加以归类:

(1)确立中小企业的地位,保护中小商业企业发展。日本通产省曾先后出台了一系列旨在保护国内中小企业的法令与法规,如《大规模零售店铺法》、《零售商业调整特别措施法》、《中小企业基本法》、《中小企业指导法》和《中小零售商业振兴法》,日本的大型零售企业开业需获得政府有关部门的许可证,这对中小企商业企业的支持非常直接。

(2)禁止大企业垄断。日本政府在参照美国反垄断法的基础上,于1947年制定了日本的反垄断法——《独占禁止法》,从防止私自垄断、限制不正当交易和不公正交易方法三个方面禁止包括商业在内的各行业的垄断行为:例如禁止共同拒绝交易、禁止生产厂家约束批发商和零售商的批发、零售价格,限定销售地域、销售店铺和顾客;禁止超市、百货店和大型批量销售店等流通企业滥用优势地位强买强卖,收取赞助费、低于成本廉价销售、附带销售和搭配销售;禁止限制交易方经销竞争产品;禁止排他性交易。

(3)规范市场建设。早在1923年,日本颁布了第一部《中央批发市场法》,1971年修改为《批发市场法》,日本政府通过批发市场实现价格监控。根据日本《批发市场法》规定的要求设立批发市场,在日本全国大约有2500个,它不仅具有流通功能,还具有价格形成、信息发送等功能,是政府商品监测的重要信息来源地。除大米之外,农林水产省对各种农产品供需及价格的统计和监测主要是通过设在全国各地的批发市场来实现的。日本政府在全国各地设有31个食肉批发市场,负责肉类集中批发销售。通过批发市场的公开交易形成公正价格,批发市场负责统计当天交易金额,发布批发价格,收集发布交易信息等。

(4)保护消费者权益。日本政府通过法律制定产品规格、质量标准和卫生标准等,要求生产企业标明产品质量,通过品质管理保证商家的经营利益和消费者的权益。政府通过制定如《食品卫生法》等一系列法律,保证食品卫生安全。2005年又进一步修订、补充,对食品进口实行"肯定清单"制度,对日本尚未颁布最高残留标准的农药实行统一标准管理,食品中含有列入清单的农药,且残留量超过一定的统一标准后将一律禁止在日本销售。

3.运用行政指导与经济利益诱导相结合的方式促使商业企业充分贯彻商业政策

行政指导是日本政府管理商业的颇具特色的手段。日本通产省经常以"行政指导"名义对日常发生的商业活动进行规制,使之符合政府的政策意图。除行政手段外,政府还利用经济手段来诱导企业,影响其商业行为。政府最有效的经济杠杆是金融和税收。为了扶助中小企业,日本政府专门组织成立了金融机构——"商工组合中央金库"、"中小企业金融公库"、"国民金融公库",对中小企业进行贷款。日本政府还通过向中小流通企业提供信息和进修机会、设立中小企业综合指导所等措施对其进行经营会诊、指导中小企业调整或转换经营方向等各种行政手段对中小商业企业进行指导和提供全方位的帮助。

4.充分鼓励民间组织发挥积极作用

日本有许多与流通行业密切相关的民间团体,还有以维护消费者利益为目的非营利性的合作经济组织,政府依靠和通过它们联系广大商业企业。这些民间团体的负责人多半是大财团、大流通集团或大企业的领导人,他们经常向政府反映情况,提出建议。政府设有各种委员会、审议会,这些团体的主要人物一般都参加了有关的委员会、审议会。审议会和相应咨询机构给他们提供了一个相互交流的场所,保证了政府商业决策的科学和商业政策有效的执行与贯彻。

(四)日本的《大店法》与《大店立地法》评析

1937年,日本制定了《百货商店法》,也就是《大店法》的前身。19世纪初,随着百货商店在日本的蓬勃兴起,零售业竞争十分激烈.为了防止百货商店之间的"自相残杀"和"以大欺小",日本政府在1937年制定了首部《百货商店法》。然而,第二次世界大战后,《百货商店法》因与新制定的《反垄断法》有所抵触而一度被废除。但在百货商店从恢复期走向成长期的过程中,日本国内出现了反对百货商店的运动,导致了1956年新的《百货商店法》的出台,百货商店的设店再度被置于许可制之下。《百货商店法》以百货商店为对象,对其设店加以限制,但其后出现的超级市场因业态不同而不在该法律的限制范围之内。20世纪60年代以后,由于超级市场作为新型业态迅速发展,对此,中小零售商和百货商店整个业界都感到了极大的不平等。在此背景下,日本政府于1973年废除了《百货商店法》,取而代之的是《大规模零售店铺零售事业活动调整法》(简称《大店法》)。

《大店法》规定,不论采取何种业态,只要是店铺面积超过1500平方米以上的商店,一律采取"事先申报审查制度",对其加以限制,并以大规模零售商店事业活动"是否对其周边中小零售商业的事业活动造成相当程度的影响"为标准。在开店日、店铺面积、闭店时间、歇业天数等四个方面进行调整。此后,政府又于1978年对该法进行了修改,将管制对象扩大到店铺面积超过500平方米的商店。根据《大店法》规定,东京都内营业面积超过

3000平方米或政令指定城市营业面积超过500～3000平方米的大型零售企业开店时需向经产省和地方政府部门提出开业申请,并需征求当地商工会议所及由消费者、小零售企业、有识之士组成的"商业活动调整协议会"的意见,如各方意见认为大商店会对周边中小企业产生影响,有关部门则要求该商店推迟开业、削减营业面积、缩短营业时间等,否则予以罚款处理。2000年6月,在美国等国家的提议下,日本政府废除《大店法》,实施新的《大规模零售店铺立地法》(简称《大店立地法》),从市政建设的角度对在城市边沿地区、郊区新建大店制定了严格的法律而加以约束。

表9-1、9-2反映了日本《大店法》制定与修改的演变历程,体现出了日本流通产业政策随着国家经济发展环境及企业发展状况的变化不断变迁的特点。目前,《大店法》已从传统的保护中小零售企业、限制大型零售商业的发展、解决就业压力转向从考虑消费者及周边居民的利益为出发点,从保护环境、交通安全等角度出发合理规划商业的发展。20世纪中叶以来,世界流通产业风起云涌,新的业态层出不穷,国外大跨国流通企业在全球范围内大肆攻城掠地,考虑到大型店铺的过度进入会夺去周围中小零售店发展的机会,同时也会招致地区零售业垄断的隐患,日本借助于《大店法》,限制了外资企业进入日本流通产业尤其是零售业,而日本的零售企业则通过不断吸收国外先进的流通经验,创新零售物流管理方式和零售信息系统,这在相当程度上维护了本国经济的安全,并有效地防止了大型零售店铺有可能带来的地区零售业垄断,保障了消费者的利益,同时也消化了国内巨大的就业压力。

表9-1　日本《大店法》放松管制措施概要

	1990年5月(适当运用阶段)	1992年1月(修改后的《大店法》)	1994年5月(进一步放松)
审核期限	1年半	1年	1年
审核对象面积	500平方米以上	500平方米以上	1000平方米以下原则上无须审核
闭店时间无须申报标准	下午6—7点	下午7点	下午8点
年休日数无须申报标准	月4天(年48天)	年44天	年24天
手续		废除开店冻结制度	
地方独自规制		独自规制适当化	设置商谈窗口

资料来源:日本总务厅编:《放松规制白皮书》,大藏省印刷局1999年9月版,第5页。

表 9-2　日本《大店法》与《大店立地法》的比较

	《大店法》	《大店立地法》
主要目的	为保护消费者利益，适当确保中小零售店事业活动的机会	保护周边地区的生活环境
规模	500 平方米	1000 平方米
管制标准	经济性管制(保护中小零售店)	社会性管制(保护环境)
方式	认可制	申报制
审查主体	通商产业大臣	都道府县及政令指定城市
闭店时间	晚上 8 点	无限制
年休日数	24 天	无限制
审核期限	1 年以内	10 个月以内
规范标准	经济活动(店铺面积、闭店时间、休息日数)(避免对中小零售业产生影响)	环境质量(噪音、废品、废气排放、交通阻塞、交通安全及停车)(避免对环境质量产生影响)

资料来源：[日]http://www.kkbrain.co.jp/tokushuu/daiten

三、法国政府流通产业管制体制研究

(一)法国经济运行的基本特点

法国的市场经济强调国家计划对市场经济的指导，法国的国有经济在国国民经济中占有举足轻重的地位，基本属于计划调控型市场经济。政府对经济活动的干预主要体现在两个方面，一是政府对国有企业的干预较多，国有企业的决策权基本上控制在国家手中；二是十分重视国家计划的调节作用，其经济计划主要是经济发展的宏观指导性的中长期战略，且是通过政府、企业、社会各方协商的基础上制定并执行的。法国政府高度重视流通服务业在经济社会文化发展中的地位和作用，其管理举措值得借鉴。

(二)法国政府对流通产业的管制措施

1. 重视流通立法，构建了一套较为健全的现代流通法律体系，为行业规范有序发展提供了有力的制度保障

法国流通服务业法律法规大体上可分为四类：

第一类，制定于1810年的《商法典》。《商法典》是法国规范商业活动的根本大法，经过不断的修改完善，管辖范围涵盖了生产、流通和服务业的所有领域，既规范政府的流通服务业管理体制、组织机构、职能权限，也规范企业的具体商业经营活动。其他流通服务业的法律法规主要是从发展变化中的实际情况和需要出发，依据《商法典》的主要精神和原则而制定的。

第二类，规范商业网点设施建设的法律法规。主要有《鲁瓦耶法》、《拉法兰法》、《城市团结与更新法》及一系列法令、政令等。

第三类，反垄断与不正当竞争，维护公平竞争秩序的法律法规。如保护消费者权益的《消费法典》、禁止低价倾销行为的《加朗法》、《关于确定实施〈商法典〉第四部分有关价格自由化与竞争条件的政令》(2002年4月30日第2002—689号政令)等。

第四类，规范特定领域的法律法规。主要是规范烟草、酒类、成品油等特殊商品流通的一系列以出台时间和编号来识别的法令、政令和部颁文件，内容庞杂，但成体系。

2. 政府强化现代流通管理职能，创立了新型流通管理体制

法国政府在维护自由竞争原则的前提下，对市场经济的干预比较多，仅商业领域的各项审批就有100多项。中央对大区和各省实行上下垂直的经济贸易管理体制，比较注重发挥中介组织的作用，有效地保障了政令畅通，使得地方保护、行业垄断、市场分割等这些市场经济发展障碍难有滋生发展的土壤。

经济财政工业部是法国最庞大最重要的政府综合经济贸易管理部门，负责宏观经济监测、预测、调控和行业管理职能，统一管理生产与流通、内贸与外贸、财政税收与海关等经济贸易事务。目前，在经济财政工业部里内贸管理职能由商业手工业服务业总司、竞争消费反欺诈总司等几个内设机构各司其职。

法国的市场中介组织非常健全，各个行业都有自己的协会组织，分工细致，在行业内外都有较大影响力。工商会作为接受政府管理的公共服务组织，是法国最重要的市场中介组织，是地方经济权利的代表机构，履行企业登记注册、咨询服务、教育培训和重要商业基础设施建设管理等职能。工商会由企业家选举的代表组成，每个工商会都有自己管辖的区域。法国现有工商会183个。成立于1803年的巴黎工商会是法国和欧洲最大的工商会组织。

3.政府鼓励大型流通企业与中小流通企业协调发展

大型流通企业与中小流通企业存在一定的竞争关系,但它们在经济社会发展中的作用又是优势互补,不能相互取代的。法国既高度重视中小企业的发展,保障就业和满足居民日常生活消费需求,采取了许多保护扶持措施;又重视发挥大型流通企业集团在带动生产、稳定物价等方面的作用,促进其合理有序发展。在具体管制措施上,政府实行"两手抓"政策:

一手是积极鼓励大企业发展。20 世纪 60 年代以来,在法国政府的推动下以大型超市为主业的大型流通企业集团发展迅猛。大型超市以规模大、商品种类齐全、价格低廉而得到消费者的青睐。

另一手是大力扶持中小企业发展。大型超市的发展,带来了法国众多中小商店的倒闭,影响了社会稳定。为了引导大中小流通企业协调发展,20 世纪 70 年代以来,法国政府出台了一系列的法律法规,依法加强对大型商业设施的审批,严格控制大型商店的过度发展,保护扶持中小流通服务业企业的生存和发展。

法国 1973 年制定的《鲁瓦耶法》、1996 年制定的《拉法兰法》等,对商业网点的设立规定了详细的审批要求,在法国凡新建、改建和扩建营业面积 300 平方米以上的食品商店及 1000 平方米以上的非食品商店均须由政府进行审批,超过 6000 平方米的商店还需要进行民意调查。法国各省都要制订商业网点现状图,作为重要决策依据。法国国家商业设施规划委员会及省级商业设施规划委员会负责具体审批管理工作。各级商业规划委员会不是政府机构,委员具有较强的代表性。全国商业设施规划委员会由法国经济财政工业部负责组建,由 4 名政府成员及 4 位经济界人士组成,委员会秘书处设在该部商业手工业服务业总司商业设施规划处。省级商业设施规划委员会由工商会、手工业协会、消费者协会、所在市镇的市长或镇长、省议会、省内人口最多的城市的市长共 6 名成员构成。除通过法律法规来保护中小企业的发展外,法国政府还通过一系列的财政税收政策实现抑大扶小的目标。

4.政府加快推进流通方式创新,推进流通现代化

法国政府站在经济社会协调发展、开拓国际市场、保护和扩大法兰西文化影响力的战略高度,非常重视流通方式创新,推进流通方式和商业业态的多元化、协调发展。突出表现在政府大力推动现代连锁业和电子商务发展上。

法国政府重视推动传统流通方式和业态的现代化,积极推动中小流通

企业进行集中联合采购，共创商品和服务品牌，进行松散式的经营联合与合作，通过行业协会等中介组织帮助一些小的商店购买维持正常营业所必需的现代化设施。20世纪五六十年代以来，法国连锁经营、物流配送、无店铺销售、电子商务等新型流通方式和超市、大型综合超市、专业超市、便利店、折扣店等不同业态发展迅速。目前法国全国有720个连锁公司，3.3万个连锁店铺，店铺数每年新增1000多家。2002年连锁店铺销售额达到340亿欧元，约占零售及服务业营业总额的8.5%。法国超市发展已达到相当水平，每千人拥有超市营业面积已达到280平方米。

电子商务在法国起步较晚，但发展迅猛。1999年法国电子商务销售额仅为2亿欧元，2002年已达到20亿欧元，目前，法国每8个人中就有1个人利用电子网络进行购物和消费活动，一些大超市如家乐福也在积极拓展电子商务业务。法国政府高度重视电子商务管理工作，1994年就成立了数字经济部际联系机构，该机构在法国经济财政工业部的每个内设机构中都有联系人，主要负责监督电子商务活动和参与者的行为，跟踪中小企业电子商务应用情况。目前，法国拥有6～200名员工的中小企业的82%已具有上网链接能力，员工超过200名的企业上网率已超过95%。欧盟对电子商务等现代流通方式的发展制定了一些专门的法律法规和政策，法国统一执行欧盟的有关规定。

5.政府对流通服务业发展提供了大量的财政税收政策支持，并形成规范的制度体系

法国政府于1972年设立了商业手工业服务业企业扶持税。该税专门针对营业面积超过400平方米的店铺征收，2003年以前税率是营业额的千分之一，2004年以后提高到千分之三。这项税收每年可以收到10亿～12亿欧元，主要用于中小企业人员安置费；帮助安置中小企业失业和退休的从业人员；建立商业手工业企业基金；帮助小商店维持营业和改造、搬迁等。从而保证了乡村乃至城市小区商业服务业网点的存在和发展，既扩大就业，也满足了人民的消费和社交需要。

法国政府还对农产品流通设施建设进行补贴。政府每年财政拨款对改善农产品运输、储备、加工及销售的设施建设项目进行补贴，包括修建道路、码头、仓库(含冷库)和市场等基础设施，此项补贴占农业补贴的25%，设施较差的地区可达30%～50%。

同时，政策还积极扶持小店铺和中介企业发展。政府对没有雇员的特小商业服务业企业提供营业补贴，或由政府出面购买一部分商业服务业网

点,无偿提供给有一定商业经验并经过培训合格的人员去经营。此举既可以扩大就业,又能满足小规模的社区或农村的消费需求,同时也避免一些具有法国民族文化特色的小商业服务业企业或社区商业网点的消亡。政府通过特定的税收、公共设施建设运营管理政策安排,为工商会等中介组织提供经费来源,通过工商会等中介组织对中小企业提供咨询服务、教育培训、资金补助等特殊的扶持政策。

(三)法国的《大店法》及其对商业网点设立的规制

法国于 1973 年设立了专门的法律,对大型店的开设进行严格规制,这就是《商业手工业法》(俗称法国的《大店法》)。其立法宗旨主要是保护生活环境和促进中小企业发展。该法以听证为主,规定建筑面积在 3000 平方米(4 万人以下的城市为 2000 平方米)以上、营业面积在 1500 平方米(4 万人以下城市为 1000 平方米)以上的店铺,或者现有属于规制范围的大型店增设 200 平方米以上的营业面积时,要向省级商业设施委员会提出申请并通过听证来做裁决。美国虽然没有专门的法规,但对大型店的开设仍有一定限制,主要是联邦政府授权州政府把商业网点规划纳入整体规划中,大型店的开设必须服从城市的整体开发计划。这种规制不是为了对店铺本身进行规制,而是出于有效、合理地利用土地的考虑。德国和英国没有专门的法律来规制大型店的开设,但在土地开发和城市建设等法律中对大型店的开设有所规制,只要大型店没有对城市的环境、交通、地区景观和传统风格及其他公共事业带来负面影响,原则上大型店的开设和经营是自由的,但购物中心只能在部分指定的区域开设。

法国政府规定,城市商业网点的布局必须符合城市的整体规划。在 1973 年以前,只要符合城市的规划要求,各种形式的商业网点可以自由发展。但随着大型百货、超市、购物中心的迅速崛起,严重地威胁着大量小店铺的生存。为了解决这一尖锐的社会矛盾,1973 年,当时的法国商务部部长提出了旨在限制大型商业零售企业发展、保护中小店铺生存的《商业手工业法》。该法规定,4 万人口以下的城镇新建 1000 平方米以上的商店,4 万人口以上的城镇新建 1500 平方米以上的商店,要报省级以上的商业网点委员会审批,如果委员会中有 2 人以上持反对意见,则要报法国政府商业网点委员会批准。为维护市场的竞争性,防止大型商场过度开设,法国在 1981 年和 1993 年曾两度冻结超市的审批,1993 年后,规定建设超过 400 平方米的商店都要上报,由省经济部、城市发展部、工商会等部门批准,要兴建

3000 平方米以上的超市,则要经由 7 人组成的全国专家委员会投票决定。为防止过度竞争,还规定一定辐射区域内不能同时开设两个巨型超市,一个企业集团不能在同一区域内开设 3 家以上的商店。1995 年法国政府进一步作出规定,限制 2000 平方米以上的商店发展,资料显示,家乐福在法国申请新开一家商店,必须关闭自身一家同等规模的商店。

四、美国政府流通产业管制体制研究

(一)美国经济运行的基本特点

美国的市场经济体制基本上属于自由市场经济,政府不直接干预市场上私人的微观经济活动,政府对经济的干预主要表现在两方面,一是通过制定和实施各种反垄断的法规和措施,保护竞争,促进市场机制更有效地发挥作用;二是运用宏观调控政策,对经济运行进行调控。法律手段是美国政府调控市场经济运行的重要手段,美国政府对市场经济运行的调控主要采用财政与金融手段。

(二)美国政府的流通产业管制措施

1. 国会立法

通过法律来规范商业行为是美国商业管理的最大特点。美国立法有两大体系:一是促进商业竞争、防止商业垄断的法律;二是保护消费者权益的法律。

美国反对垄断、防止不正当竞争的最重要的法律是 1890 年通过的《谢尔曼反托拉斯法》及 1914 年通过的《克莱顿反托拉斯法》。

美国管理商业的另一大法律体系是维护消费者利益的法律。国会通过了 20 多个比较重要的保护消费者合法利益的法律,例如《食品卫生与药品法》、《肉类检疫法》、《食品、药品和化妆品法》、《凯弗维尔—哈里斯修正案》等。

2. 政府监督

美国政府在商业管理中的主要职责是依据法律对商业行为进行监督,并为企业提供相应服务。

美国联邦贸易委员会是美国管理商业的重要机构。它成立之后,职权不断扩大。该委员会由法律专家和经济专家组成,其职责范围是:搜集和编纂情报资料,对商业组织和商业活动进行调查,特别是对不正当的商业活动发布命令。

美国商务部对国内商品流通管理介入较少。商务部主要致力于就业机会创造,促进经济增长,可持续发展及美国人生活水平提高等国家宏观经济目标的实现。美国商务部下设服务业处,负责流通市场的管理和服务事宜。政府对商贸业的规制是通过地方政府实施的,虽然没有限制新建大店铺和营业时间的全国性法律制度,但各州和市都制定有从规范建筑、保护环境角度出发,限制大店建设的法律规章,并以听证会等方式充分论证本地区大型商店开设的合理性,有一个具有代表性的例子是:1999 年加利福尼亚州以沃尔玛在当地新建一个 8000 多平方米的大卖场导致周边众多中小店铺倒闭为契机,出台了一个"凡新建营业面积 9000 平方米以上的店铺,其中食品等消费税非课税商品所占营业面积不得超过 1350 平方米"的地方法规,实际上是变相地限制了拥有较大食品经营面积的大卖场发展。

3.行业自律

在美国商业管理中,行业自律是很重要的方面。行业协会的组织与协调对本行业的商业行为具有很强的约束性。行业协会通常规模巨大,诸如批发业的行业组织是"全国批发——分销协会(NAW)",它由 112 家全国性批发行业协会和 45 个州、地方及地区性行业协会组成。具体而言,行业协会职能和具体的市场行为主要有以下三个方面:

第一,市场信息收集职能。美国的行业协会通过要求各成员厂商统一向行业协会定期呈报产量、价格、成本、销售额、订货额、库存等生产经营信息,相互交换信息;通过由行业协会广泛收集国内外各方面的政治、社会、经济情报,以出版刊物、提供咨询、学术交流等形式开展对会员厂商和社会的无偿或有偿服务,进行信息服务。

第二,经营协调职能。行业协会通过出面代理政府安排成员厂商的生产短缺原料和能源的配给,以促进行业的均衡发展,维持正常的市场竞争秩序,避免供过于求的过度竞争局面;并且代替政府,履行对市场活动进行监督、约束和惩罚等管制职能。

第三,行会的促进发展职能。具体包括制定生产规范和标准;研究、论证乃至直接制定本行业的发展规划,降低整个行业生产的社会成本;联合研究与开发;联合教育与培训等。

美国行业协会的工作是在政府的引导与监督下进行的。

五、德国政府流通产业管制体制研究

(一)德国经济运行的基本特点

德国的市场经济体制是建立在自由市场原则和社会平等原则基础上的。一方面强调以自由的市场竞争为中心的市场机制的基础性作用,一切经济活动均围绕市场展开;另一方面又提出为避免市场经济的弊端,保证社会公平,政府必须通过经济政策对市场经济进行适当的调节和控制,以创造正常的市场环境,鼓励和保护竞争,促进经济活力和效率,并防止或补救市场调节所带来的负面效应,保障经济稳定和社会安定。德国政府调控经济运行的方式与美国极为相似,但在具体做法上各有侧重,美国政府侧重于需求管理,而德国政府则侧重于货币管理,更多地强调经济的稳定运行而不是经济增长。

(二)德国政府的流通产业管制措施

1.积极发挥商会等民间商业团体的自我管理作用

德国管理流通产业的一个显著特点是政府与商会的密切合作。德国政府不直接管理企业,而是通过为数众多、覆盖面广泛的行业组织与成千上万个企业进行密切联系并做实际工作。德国约有30万个协会和联合会等社团组织,这些社团组织以促进企业行业的发展,满足企业需要为宗旨,在影响政府产业政策的制定、开拓国际市场、改善企业的工作环境和协调劳资关系等方面发挥着重要作用,其工作章程和日常工作受到国家法律的保护。德国有两大商会组织:德国工商大会和德国中小企业联合总会,它们都是依据联邦法律建立的公法法人。德国政府把某些任务委托给商会完成,同时监督其行动的合法性,这种国家与经济界机构的并行是权利分散的一种表现形式,它适应了低成本、高效率的工作和互相依赖、相互交融的现代化社会经济生活的需要。

2.立法管制

德国在商业网点建设中一直奉行自由竞争政策,但20世纪70年代以来,由于新型业态不断出现,各地竞争加剧,盲目引进大型商业项目时有发生。为此,德国将商业网点规划纳入国土发展规划,加大对商业网点规划力度。1998年,德国政府设立了《国土规划法》(Raumordnungsgesetz,ROG),

立法手段管制商业网点设置,保障健康的市场竞争秩序与人民生活的稳定。德国《国土规划法》规定,商业网点建设应符合全国和各州的均衡与可持续发展。该法规定,具有跨地区意义的大型项目、措施应相互协调;社会与经济的发展应与当地生态功能相适应;应适应分散居住的特点,保持商业网络的覆盖率,同时不损害城市的核心商业功能;开发新商业项目时,应充分考虑欧盟有关规定,如不得对鸟类及自然保护区等造成损害。德国的联邦交通、建设与住房部负责国土规划法的监督实施,并在各州规划基础上,结合下属的联邦国情与国土规划研究院研究结果,制定全国国土开发指导方案。该部与各州主管部门之间建立了国土规划部长会议机制,定期通报政策信息集中大型情况,并对具有争议的大型项目进行协调。

德国政府还针对大型店铺的特点,出台了一些专项法规,进一步规范其设立和管理。经过20多年的努力,德国建立了较完善的商业网点规划体系,为保障居民生活、建立富足、稳定的社会作出了贡献。

3.建立明确的商业网点规划具体措施

首先是日用品就近供应措施。德国人口地域分布较分散,仅1/3人口居住在10万人以上大中城市,60%左右的人口生活在2000至10万人的小城镇,约8%的人口生活在2000人以下的村庄。为适应上述特点,德国将日用品便民化原则作为商业网点规划的重点,通过加强道路、水电供应等配套设施建设,鼓励在人口聚居地建立商业网点,使当地居民在步行距离内可以购买生活必需品,满足日常生活需要。

其次是分级设置商业中心。根据各市镇特点及发展前景,国内各地区发展规划将其分为高等中心(Oberzentren)、中等中心(Mittelzentren)等,制定统一的商业发展计划,被确定为中等或高等中心的规模较大的城市,供应高档次、专业化的商品。拥有文化、休闲等配套设施的大型商业项目,一般引导在高等中心的城市内实施。小城市、乡镇的商业网点主要向居民提供日常必需品。各城市之间既有一定的竞争,又在商品种类、供应方式上相互补充。

德国政府将城市按功能划分为工商业区、混合区、工业区、市中心区、村庄区、居住区、专门区等,小型商业网点可以分布在各区域,大型店铺只能在市中心区和专门区设立。销售面积在700平方米以下的零售场所,只要选址在市政规划允许区域内,可在商业区、工业区、中心区或混合区设立。购物中心、百货商场等大型项目,除市中心区外,只能建在专门设立的购物区。将大城市划分为不同等级的商业中心,各自承担相应的商业保障任务。德国很多大城市实施中心发展方案，以市区为中心，放射状规划商业网点的分布。第三大城市慕尼黑1998年城市发展规划中，将该市商业区分为市中心、城区中心、居民区中心、周边地区中心四个等级。周边地区中心负责附近5千至1万居民的日常用品供应，零售面积不少于2000平方米。居民区中心辐射1万～3万人，零售面积在5千至1万平方米，日用品种类更多，中期消费物品种类增多，同时销售一定的长期耐用品。城区中心辐射周边5万以上居民，零售面积在2万～5万平方米之间，业态、种类、档次较齐全，除短期日用品外，主要经营中长期用品。市中心零售场所销售的日用品较少，主要经营较高价位的耐用商品，如电器、鞋、体育用品、装饰品等，既有中小商业企业，也有购物中心、商业街等大型网点。此外，也有专门开辟、适于驾车采购的购物区和商业中心（如奥林匹克购物中心）。

再次是努力保持不同业态、产品和服务的多样性及适度竞争，不因规划过度而影响正常竞争。

机动车的普及，使德国消费群体的机动性普遍提高。消费者的消费态度更加理性化，购买短期日用品注重价格因素、便利性和能否停车，购买个性化色彩浓厚的中长期耐用消费品时，更重视购物环境、专业咨询以及同类产品性能、价格的比较。为此，德国出现了购物中心、消费者商场、自选商场等大型零售企业选择的业态，连锁超市则普遍为中小企业采用。不同业态零售企业的目标客户群、价格战略、产品战略均不相同，既互相竞争，又相互补充。

第四是对大型商业网点的设立制定特殊管理规定

鉴于大型商业项目对基础设施的压力及现有供应网络的竞争，德国政府从安全标准、审批等方面制定了以下管理规定：

(1)销售面积超过一定标准（多数州为2000平方米）的大型销售场所，应额外满足一系列安全标准。

(2)限定大型店铺占该地区同类产品销售额的最高比例，从而保护中小企业利益，防止大店铺垄断零售市场。

为了维护中小企业利益，实现不同规模企业的共同发展，德国各州纷纷出台规定，限制大型店铺的垄断性发展。巴伐利亚州规定，申请设立的大型店铺，所经销的短期日用品占周边地区市场份额不得超过25%。其他中长期消费品所占市场份额如下：10万人以下的，不超过消费额的30%，超出10万人以上部分不得超过消费额的15%，被确定为高等中心的城市，中长期消费品所占当地购买力比例不得超过10%。

(3)对设立销售面积超过 700 平方米的大型店铺进行严格审批,审查是否符合地区发展整体规划。

六、发达国家商贸流通产业发展对中国的启示

吸收各国流通产业发展的经验和教训是很有必要的。但必须注意的是,一国的经济、产业发展历程是与其国情特色紧密相结合的,在学习借鉴他人的经验时,需要深刻地理解其产生发展的原理和各种原因、结果关系,这并不是一件容易的事。发达国家的流通产业发展历程有值得我们学习的经验和我们应引起重视的教训。

(一)发达国家政府流通产业管制经验的学习与借鉴

1.重视市场竞争的作用

无论是日本的政府干预性流通产业发展模式,还是美国的自由竞争型产业发展模式,共同的特点是注重良好市场环境的培育,重视市场作用的发挥,美国政府很少干预企业微观经济活动,其宏观经济政策主要通过市场来实现,但会根据流通业具体情况,利用国家购买和流通政策形式,对市场进行干预,制定保护消费者的法律法规。如为保障稳定的需求和价格,政府通过签订合同的形式向市场采购商品和劳务;通过商品流通的规划和条例,实现政府对市场的管理和调节;成立消费者同盟和保卫消费者利益代理处和委员会等等。另外,美国自 1890 年来,通过了 26 个有关保护小企业,防止托拉斯和垄断的法案,维护市场的竞争性。日本政府重视流通产业市场竞争性则表现在重视政府与企业的良好合作,充分发挥企业的自主作用,同时通过中小企业保护措施维护市场的竞争性。在市场经济条件下,世界经济一体化的环境中,任何一个政府都不可能为国内产业撑一顶永远不变的保护伞,这顶保护伞撑的时间越长,可能给产业未来成长带来的危害越大。日本商贸流通产业发展走过的道路可以为今天中国政府流通产业政策的制定与实施提供有益的经验和教训。

中国流通产业的发展虽说离不开政府产业政策的扶持、引导与管制,但应尽可能发挥市场的作用,遵循政府“有限控制论”的基本思想,只有在市场解决不了、解决不好的领域内才运用政策的力量,防止产业政策凌驾于市场机制之上,这是中国流通产业最终走上独立、健康发展轨道的必由之路。

2. 在遵循 WTO 基本准则的前提下，行政性管制与立法管制双管齐下

一直以来，日本的流通产业政策抓住了国际贸易规则中的"安全阀"机制，借助于国际贸易例外原则及立法手段，使其得以在市场化条件下一直维护着本国产业、企业的利益，并且在相当程度上规避了欧美等国的反倾销指控。欧洲重视法律和法规对流通产业的规范作用。欧洲市场经济国家都制定了各自的市场竞争政策，从广义上可包括许可类和禁止类两类法律。内容以反不正当竞争和反垄断为核心。如德国和法国分别对商店和跳蚤市场的营业时间作了严格规定，法国为防止垄断，还规定所有新建或扩建大型商业网点须经国家经济和商业委员会决定，每月在官方公报上公布等许多相关法律规范。总体而言，欧洲的流通产业政策围绕着"充分就业、物价稳定、经济适度增长、国际收支平衡"的宏观经济目标，注重保护自己的农产品市场、高科技市场。随着信息革命到来，网络经济的发展，经济安全成为欧盟流通产业政策的重要目标。

中国传统的流通产业管制以行政手段为主，政府部门下文件并监督执行，人为因素较强，中国加入 WTO，一方面在客观上要求经济活动与国际接轨，另一方面政策又多了一层维护安全的重任，这一切都要求政策增强透明度与公平性。

3. 走规模化、连锁化发展道路，壮大本国流通产业，增强国际竞争能力

日本经济发展进程中，以避免市场风险为经营方针的日本综合商社，作为日本大流通企业，在相当长的一段时期内起着很大的作用。作为委托代理商人，承担了全日本批发业务的 15% 以上，日本的大商社均是日本的最大企业，在日本经济中占有极为重要的地位。综合商社一方面起着连接日本国内生产、海外原材料市场和海外产品市场的桥梁作用，同时还起到了促进流通产业规模化发展的"产业组织者"的作用。综合商社承担了国内大宗生产资料的进出口任务，还在信息收集、提供资金、信用担保、市场风险负担等方面起着巨大的作用，迎合了现代化生产企业对"大量生产、大量流通、大量消费"的体制的需要，而这一体制又带来了生产厂家直接管理和控制流通过程的必然性。日本的综合性大财团，如三菱集团等，通过下属的三菱商事的运作，在防止假冒伪劣，保证销售时的产品质量，提高消费者对本国产品的信赖等方面都起到了积极的作用。而欧美国家的大流通企业如沃尔玛、家乐福等，更是凭借其规模化发展而成为世界流通(零售)领域的领军者，获得了巨大的经济效益。

就中国目前情况分析，以规模性整合达到规模性营销，是中国零售业应

对国际零售巨头的最佳对策。一方面，随着市场经济的建立与发展，社会流通、消费规模不断扩大，迫切需要有与之相适应的大市场、大流通格局；另一方面，企业效益的提高在很大程度上有赖于经营要素的合理配置，实现规模效益；另外，在入世之前，世界上 50 家最大的零售企业已经有 70% 进入我国，给我国零售业带来的冲击从未间断。而入世 1 年后，外资便可进入批发业；2 至 3 年内，零售业市场将对外资全面开放。与沃尔玛营业额近 2000 亿美元的业绩相比，我国零售业的老大上海联华则仅有 112 亿元人民币，差距实在太大。这些全球零售业巨头，挟各种先进的经营业态而至，在沿海地区和中心城市布点，在商业街区和黄金地段开店。可见入世后我国零售业将是与"巨人"赛跑，要打造能与世界零售业巨头抗衡的零售业"航母"，关键在于我国零售企业的快速做大做强。

走连锁化发展道路是中国加速商贸流通产业成长壮大的重要途径。近年来，世界零售业态发展正日益走向多种业态混合发展的格局，各种新业态层出不穷，尤其是现代超市、大卖场等连锁业态发展迅猛，连锁经营作为现代流通方式和经营组织形式的重要内容，不仅克服了单个零售企业组织化程度低，经营方式单一，经济实力单薄，难于获得规模经济效益的缺点，而且对扩大内需、促进消费、拉动经济增长发挥着重要作用。近几年来，我国上规模的连锁型企业发展势头良好，规模效益明显增大，市场份额也在不断扩大，今后的工作是进一步扫除发展中的市场障碍，以结构调整为重点，进一步推进发展。

(二)发达国家政府流通产业管制措施值得引起重视的问题——日本流通产业政策效果评析

在世界商贸零售业风起云涌，新业态、跨国大企业快速发展的今天，日本政府严密保护中小商业企业的流通政策运行制度，加之其传统的消费购买习惯，构造出了日本封闭性极强的流通体系，日本国内商品价格高昂，国内外商品价格差异巨大；错综复杂、批发层次繁杂的流通渠道更构筑起了零细的零售业系统，使外国企业一筹莫展，难以打入日本市场，进入 20 世纪 90 年代，世界连锁大超市在全球范围内迅猛扩张，而日本国内市场却仍然是内资企业的天下。日本流通产业最典型的特征是其细小性、以传统经济方式为主和极高的零售业店铺密度。通过与法国、德国、美国、英国等国情况的数字对比，可以明显地看到日本流通产业上述的结构特征(见表 9-3)。

表 9-3　日本零售业产业结构的现状和国际流通产业比较

	日本		法国	英国	美国	德国
	1979 年	1991 年	1979 年	1979 年	1977 年	1985 年
店铺规模（百万日元/店）	43.9	88.4	54.3	75.7	92.2	100.5
细小企业比例（%）	95.6	92.8	96.4	65.5	85.0	/
店铺密度（店/千人）	13.6	12.8	11.3	6.5	5.9	7.3

注：①店铺规模＝零售业年销售总额/零售业店铺总数

细小企业的比例＝人员总数 10 人以下的店铺数/零售业店铺总数

店铺密度＝零售业店铺总数/人口总数

②法国、英国、德国、美国的数字按购买力平价换算成可比价格。

资料来源：朱绍文、生野重夫：《日本市场经济与流通》，经济科学出版社 1997 年版，第 51 页。

第二次世界大战结束后至 20 世纪八九十年代，日本国内的流通领域，尤其是处于流通终端的商贸零售业呈现出以下两大明显的特点：

一是商业的零散度大，单体企业多，企业经营效率相对较低。日本小规模零售商店数目众多，单店从业人员少，2 人以下的极细小店铺占日本零售店铺总数的 1/2 以上，商业的零散度极高（见表 9-4）。

表 9-4　1991 年日本零售商业从业人员规模、商店数构成比

从业人员规模	商店数（个）	构成比（%）
零售商店总计	1591223	100
1～2 人	847185	53.2
3～4 人	416940	26.2
5～9 人	214007	13.4
10～19 人	71905	4.5
20～29 人	20204	1.3
30～49 人	12850	0.8
50 人以上	8134	0.5

资料来源：同表 9-3。

日本每千人商业网点拥有量高于同属发达国家的欧美等国 1 倍以上，每千平方公里零售网点数则是美国的 22 倍，法国的 6 倍，英国、西德的 3 倍（见表 9-5）。

表 9-5　日本与美、法、西德、英四国零售商业网点密度比

	每千人零售网点		每千平方公里零售网点	
	年份	数量(个)	年份	数量(家)
日本	1988	13.2	1982	4557
美国	1987	6.1	1982	205.2
法国	1985	8.6	1983	745
西德	1985	6.6	1979	1660.3
英国	1984	6.1	1982	1432.8

资料来源：同表 9-3。

20 世纪 90 年代，沃尔玛、家乐福之类的连锁大超市在世界范围内发展得风起云涌，而在日本，诸如传统小规模百货店、商业街这些在欧美发达国家已日渐衰落的商业业态却仍占据零售市场主流，其商业的发展轨迹与其他发达国家相比大相径庭。虽说日本商业零散度大与消费者注重生鲜食品的鲜活度，习惯于多频度、小批量的购买方式等传统的购买、消费习惯有一定的联系，中小商业企业有其特定的生存环境，然而战后日本一直实施的过度保护中小商业企业与限制大店铺发展的政策做法，则是导致日本在进入发达国家行列后，流通业态继续走传统小型化、零细化发展之路的最重要原因。

小规模带来后果往往是低效率。与日本国内发达的工业制造业相比，其流通产业缺乏规模效益，流通成本相对较高，商业企业经营效率较低。流通领域的低效率还体现在日本批零、运输、通讯等流通领域，其就业的人员占总就业人数的 34%，而创造的产值却仅占日本国内生产总值的 19%。[①] 占日本零售店总数一半以上的极细小商店（从业人员 2 人以下）的经营效率尤其低下，年销售额仅占零售商业年销售总额的 10.8%（见表 9-6）。

---

① 李智：《日本流通体制的管理经验及教训》，《外贸研究》2004 年第 1 期。

表 9-6　1991 年日本零售商业年销售额构成比

从业人员规模	年销售额(百万日元)	构成比(%)
零售商店总计	140638140	100
1～2 人	15224416	10.8
3～4 人	23006107	16.4
5～9 人	28877610	20.5
10～19 人	21408533	15.2
20～29 人	10673003	7.6
30～49 人	10477890	7.5
50 人以上	30970544	22.1

资料来源:日本流通经济研究所编:《流通统计资料集》1994 年。

从日本产业政策体系整体看,其还有“重生产、轻流通”的一面,大生产制造企业往往拥有专卖自己产品的批发商和零售商,可以凭借自己专有的流通渠道左右行业内产品的价格、流通秩序等,压制其他流通企业,大企业集团因此瓜分了市场大部分的销售额和利润额,对其他中小零售企业形成强大的压力,这也是中小企业低利润、低效率的一个重要原因。

二是国外流通企业很难进入日本市场,产业国际竞争力不高。

日本商业流通产业结构的另一个突出的特点是流通渠道错综复杂,批发的层次非常多。衡量批发层次多少的一个重要指标是批发业年交易额(W)与零售业年销售总额(R)的比率,根据各种推算,日本的 W/R 比率超过 4.0,是欧美各国的两倍,多层次的流通渠道构造了日本复杂的流通系统。在严密保护中小企业的流通政策运行制度下,一方面,日本传统的交易习惯得到了更加彻底和充分的运用,构造出了封闭性极强的流通系列化体系,给国内产业建起了天堑,严重阻碍了外国商品、外国大商业企业进入日本市场,在世界连锁大超市迅猛扩张的 20 世纪 90 年代,日本国内市场仍然是内资企业的天下;另一方面,日本的产业政策在保护了国内众多零售商店的同时,也保护了传统百货店的既得利益,使日本连锁、物流等现代流通方式、流通业态的发展步履迟缓,在世界经济一体化的大潮中,传统商店抵御力弱,受到的冲击大。

近年来,随着日本国内消费水平的稳步上升,消费经济进入高增长期,人口向大都市集中、大都市郊外住宅的发展、卫星城的形成、公路网的建设和形成及汽车社会化、由电视刺激的消费增长等，日本的零售业开始受到强有力的质变影响，尤其是在当今世界经济一体化的大潮中，日本政府作为世界经济大国，对中小零售商的过度保护也遭到国内外舆论的强烈反对，国内认为这种做法严重抑制了市场竞争，扼杀了市场活力，日本流通结构零散度高及国外大企业难以进入的事实，带来的后果就是本国的流通产业缺乏国际竞争力；欧美等发达国家则抨击日本国内大制造商对流通领域的强控制力等原因导致的国内高物价水平更进一步增加了外国产品进入日本市场的难度，而国内产品则易于产生倾销出口，认为这是导致日本国内市场非关税壁垒即闭锁性的重要原因，一直以来强烈要求日本政府放松对流通产业的管制，废除过多的流通产业保护，去除对价格、竞争者数量等直接或间接的控制和口头的行政要求或指导，减少对新产品和新竞争者的准入管制。

迫于国内国际上的压力，近年来日本政府开始逐步调整本国的流通产业政策，开始逐步松动对大型商店的限制，在 1997 年决定废除《大店法》，而代之以新法《大店立地法》，后者与前者的根本区别在于解除了对大型零售商的经营活动的管制，使其在开业申请流程上更加简洁、单一化及省时，表明日本的商品市场开始接轨国际市场。日本政府还进一步强化《独禁法》的运用和商品市场制度的建设，努力从传统的政策性、行政性规制方法向依靠市场机制和有效的立法、执法方向演变，由政府干预型向市场自动调节型转换。外国企业对日本市场的参与和国外商品进入日本国内市场，进而对原有的流通体系形成了更强大的冲击，特别是在市场交易规则方面，传统的交易习惯与国际通行惯例产生强烈的冲突，迫使日本国内流通产业结构重组，2002 年 3 月美国沃尔玛连锁公司终于以参股并逐步达到控股日本大超市公司——西友公司的方式进驻久攻不下的日本市场，沃尔玛的进入，是日本国内流通产业结构变动，传统政府保护下的闭锁式商业格局结束的一个最好例证。正如西友公司总经理木内政雄所言，由于日本国内流通业界的环境正在发生急剧的变化，为了在重组的大潮中立稳脚跟，必须寻找新的合作伙伴。

总结上述分析，以下两个方面在中国今后的政府流通产业管制政策制定与实施过程中应引起充分的重视：

第一，一些国家的流通产业政策过度保护中小流通企业，导致企业效率相对较低。日本的产业政策在保护了国内众多零售商店的同时，也保护了传统百货店的既得利益，使日本连锁、物流等现代流通方式、流通业态的发展步履迟缓，传统中小百货店、商业街这些在欧美发达国家已日渐衰落的商业业态却仍占据日本零售市场的主流，其商业业态的发展轨迹与其他发达国家相比大相径庭：在进入发达国家行列后，日本的流通业态继续沿着传统小型化、零散化的道路发展，中小流通企业低利润、低效率。

第二，严密的流通产业保护措施形成事实上的进口壁垒，不利于本国产业长远发展壮大。日本流通政策过多地保护本国产业和中小企业的做法，事实上形成了进口壁垒，给产业未来成长造成严重的危害。日本的流通企业整体上缺乏国际竞争力，传统商店自我市场抵御力弱，在日益迅猛的世界经济一体化大潮中，正受到越来越强烈的冲击。

主要参考文献

1. [美]艾伦·加特著. 管制、放松与重新管制. 北京:经济科学出版社,1999
2. [美]迪克西特(Avinash K. Dixit)著. 经济政策的制定:交易成本政治学的视角. 北京:中国人民大学出版社,2004
3. 蔡文浩. 商业制度创新论. 北京:中国审计出版社,2001
4. 曹海建. 过度竞争论. 北京:中国人民大学出版社,2000
5. 陈春花,赵海然. 争夺价值链. 北京:中信出版社,2004
6. 陈东琪. 新政府干预论. 北京:首都经济贸易大学出版社,2000
7. 陈富良. 我国经济转轨时期的政府规制. 北京:中国财政经济出版社,2000
8. 陈富良. 放松规制与强化规制——论转型经济中的政府规制改革(三联评论). 上海:上海人民出版社,2000
9. 陈富良. 政府对商业企业的规制研究. 北京:经济管理出版社,1999
10. 陈淮. 日本产业政策研究. 北京:中国人民大学出版社,1991
11. 陈清泰. 商会发展与制度规范. 北京:中国经济出版社,1995
12. 程瑞芳:中国流通产业组织结构优化目标模式与实现机制. 中国流通经济, 2004,(1)
13. 初宝泰. 警惕"水漫金山":外资在中国零售业的发展与展望. 北京:经济科学出版社,2003
14. [美]史普博. 管制与市场. 上海:上海人民出版社,1999
15. 丁俊发. 商品流通热点探索. 北京:中国物资出版社,1998
16. 董进才. 入世与商业领域政府管制方式的变革. 财贸经济, 2002,(4)
17. [美]曼弗里德·诺伊曼(Manfred Neumann). 竞争政策:历史 . 理论及实践. 北京:北京大学出版社,2003
18. 杜丹清:论对外开放条件下我国商贸流通领域的政府规制. 商业

经济文荟,2003(6)
19. 杜丹清. 城市化推进中的商贸业发展现状与对策研究. 江苏商论,2004,(6)
20. 杜丹清. 全面开放下零售商业农村连锁化发展战略研究. 商场现代化,2005,(3)
21. 杜丹清. 中国流通产业零散度分析与政府产业政策规制. 科技进步与对策,2005,(4)
22. 杜丹清. 零售业全面开放下的产业安全危机及消解. 国际贸易问题, 2005,(11)
23. 杜丹清. 中国本土商贸流通产业竞争力提升与政府行为研究. 江苏商论,2005,(2)
24. 樊钢. 市场机制与经济效率. 上海:上海人民出版社,1997
25. [美]施蒂格勒. 产业组织和政府管制. 上海:上海人民出版社,1996
26. 高援朝,任仲祥编著. 当代西方商业理论与实践. 天津:天津科学技术出版社,1993
27. 顾国建编著. 零售业:发展热点思辨. 北京:中国商业出版社,1997
28. 郭冬乐等. 中国商业理论前沿. 北京:社会科学文献出版社,2000
29. 郭冬乐等. 中国商业理论前沿Ⅱ. 北京:社会科学文献出版社,2001
30. 郭冬乐等. 中国商业理论前沿Ⅲ. 北京:社会科学文献出版社,2003
31. 胡家勇. 转型、发展与政府. 北京:社会科学文献出版社,2003
32. 何文君,马顺福. 流通产业的改革与发展:一个理论前瞻. 学术研究,2001,(3)
33. 洪涛. 行业协会运作与发展. 北京:中国物资出版社,2005
34. 黄国雄. 论流通产业是基础产业. 财贸经济,2005(4)
35. 黄泰岩. 美国市场和政府的组合与运作. 北京:经济科学出版社,1997
36. 贾履让,张立中. 中国流通产业及其运行. 北京:中国物资出版社,1998
37. 荆林波. 关于促进中国商业发展的战略性思考. 财贸经济,2005,(1)

38. 雷家骕. 国家经济安全理论与方法. 北京:经济科学出版社,2000
39. 李东贤. 日本现代流通产业. 北京:清华大学出版社,2001
40. 李海舰. 中国流通产业创新的政策内容及其对策建议. 中国工业经济. 2003,(12)
41. 刘德成. 法国流通产业政府管制体制研究. 商业时代,2004,(29)
42. 路志凌. 国家经济安全与流通. 北京:中国审计出版社,2001
43. 吕世平,师求恩,张占东. WTO与中国产业发展. 河南:郑州大学出版社,2003
44. 孙宽平主编. 转轨、规制与制度选择. 北京:社会科学文献出版社,2004
45. [美]斯蒂格里兹著. 政府经济学. 上海:春秋出版社,1988
46. [美]施蒂格勒(G. J. Stigler). 产业组织和政府管制. 上海:上海人民出版社,1996
47. 商务部、国务院发展研究中心联合课题组. 我国流通产业发展亟待提速. 中国产业经济动态,2005,(18)
48. 桑玉成等. 政府角色:关于市场经济条件下政府作为与不作为的探讨. 上海:上海社会科学院出版社,2000
49. 徐梅. 日本的规制改革. 北京:中国经济出版社,2003
50. 王俊豪. 政府管制经济学导论:基本理论及其在政府管制实践中的应用. 北京:商务印书馆,2001
51. 王俊豪. 英国政府管制体制改革研究. 上海:上海人民出版社,1998
52. 王俊豪. 现代产业经济学. 杭州:浙江人民出版社,2003
53. 王俊豪. 对我国流通产业市场竞争度的探讨. 中国流通经济,2000,(2)
54. 王慧炯. 产业组织及有效竞争:中国产业组织的初步研究. 北京:中国经济出版社,1991
55. 王重高,孙涛,邸洪旗. 世贸组织与成员方政府规则. 北京:国家行政学院出版社,2001
56. 文启湘,赵玻. 论我国流通产业进入管制制度创新. 商业经济与管理,2003,(4)
57. 香川敏幸(日),孙前进. 日本流通产业发展的历史背景和政府作用. 中国流通经济,2003,(6)

58. 肖怡. 国外大店法对我国流通产业进入规制的启示. 中国流通经济,2004,(8)
59. 魏成元. 市场规则论. 武汉:武汉大学出版社,2003
60. 吴鹍. 家乐福快意中国. 北京:中国经济出版社,2004
61. [美]小贾尔斯·伯吉斯. 管制和反垄断经济学. 上海:上海财经大学出版社,2003
62. 夏春玉. 现代商品流通——理论与政策. 大连:东北财经大学出版社,1998
63. 余兴发,陈信康. 中国商业变革与创新. 上海:上海财经大学出版社,1997
64. 张经. 行业协会与中国入世:论加入WTO后行业协会对国内市场的保护作用. 北京:工商出版社,2001
65. 张新国,张光忠. 西方商业. 北京:中国商业出版社,1996
66. 张韪钺. 美、日商业管理纵览. 商业企业管理, 2000,(11)
67. 张昕竹. 中国规制与竞争:理论和政策. 北京:社会科学文献出版社,2000
68. 张其泮. 国外商业研究. 北京:中国商业出版社,1990
69. [日]植草益. 微观规制经济学. 北京:中国发展出版社,1992
70. 郑勇军等. 解读市场大省——浙江专业市场现象研究. 杭州:浙江大学出版社,2002
71. 朱绍文,生野重夫(日). 日本市场经济与流通. 北京:经济科学出版社,1997
72. 中国现代国际关系研究院经济安全研究中心编. 国家经济安全. 北京:时事出版社,2005
73. 宋则等. 加快流通创新促进流通现代化"十一五"期间中国流通创新理论与政策研究. 财贸经济,2004,(4)
74. Bain J. S. Barrries to New Competition. Harvard University Press, 1956
75. Pigou Arthur C. The Economics of Welfare. 4th ed. London: Macmillan and Co,1938
76. Shleifer, Andrei, Robert W. Vishny. Corruption. Quarterly Journal of Economics, 1993
77. Shleifer Andrei, Robert W. Vishny. The Grabbing Hand: Govern-

ment Pathologies and their Cures. Cambridge, MA: Harvard University Press, 1998

78. Simeon Djankov, Rafael La Porta, Florencio Lopez-de-Silanes and Andrei Shleifer. The Regulation of Entry. NBER Working, 2000

79. Stigler, George J. The Theory of Economic Regulation. Bell Journal of Economics and Management Science II, 1971

80. De Soto, Hernando. The Other Path. New York: Harper and Row, 1990

图书在版编目（CIP）数据

对外开放与商贸流通产业政府管制方式变革／杜丹清著．—杭州：浙江大学出版社，2006.6
ISBN 7-308-04768-7

Ⅰ.对… Ⅱ.杜… Ⅲ.商业经济－国家干预－研究－中国 Ⅳ.F720

中国版本图书馆 CIP 数据核字（2006）第 061935 号

对外开放与商贸流通产业政府管制方式变革
杜丹清著

责任编辑	严少洁
封面设计	刘依群
出版发行	浙江大学出版社
	（杭州天目山路 148 号 邮政编码 310028）
	（E-mail：zupress@mail.hz.zj.cn）
	（网址：http://www.zjupress.com）
排 版	浙江大学出版社电脑排版中心
印 刷	德清县第二印刷厂
开 本	787mm×960mm 1/16
印 张	16.5
字 数	279 千
版 印 次	2006 年 6 月第 1 版 2006 年 6 月第 1 次印刷
书 号	ISBN 7-308-04768-7/F·639
定 价	26.00 元

浙江大学出版社发行部邮购电话 （0571）88072522